普通高等教育“十二五”规划教材
21世纪高职高专规划教材（管理类）

管理学基础

主　编　袁雪峰
副主编　黄继胜　张应语
参　编　张　艳　李新剑　郭　瑛
陈晓娟　吕　凯　杨辉平
王　军　何兴旺　洪俊国

机械工业出版社

本书是适应高职高专教学改革需要，体现高职高专教材特色为目标而编写的。在内容上，坚持实用性、针对性原则，根据学生就业后所需的管理技能来选择教材内容；在形式上，努力探索“讲、读、练”一体化的新型教学模式。本书各章后附自我测试题，便于学生对所学知识进行练习、巩固和自我评测。

全书共15章，内容包括：绪论、管理思想的发展、计划职能概述、战略管理、决策、组织职能概述、组织中的职权配置、人力资源管理、组织变革、领导职能概述、领导理论与领导艺术、沟通、激励、控制职能概述和控制方法，任课教师可根据教学计划和教学对象的具体情况对教材内容进行取舍。

本书可作为专科院校、高等职业学院、成人教育学院经管类专业教材，也可作为开设本课程的其他专业的教材。

为方便教学，本书配备电子课件等教学资源，凡选用本书作为教材的教师均可登录机械工业出版社教材服务网 www. cmpedu. com 注册后免费下载。如有问题请致信 cmpgaozhi@ sina. com，或致电 010－88379375 联系营销人员。

图书在版编目（CIP）数据

管理学基础/袁雪峰主编. —北京：机械工业出版社，2011.6
（2015.8 重印）
普通高等教育“十二五”规划教材　21世纪高职高专规划教材. 管理类
ISBN 978-7-111-34184-0

Ⅰ. ①管…　Ⅱ. ①袁…　Ⅲ. ①管理学-高等职业教育-教材Ⅳ. ①C93

中国版本图书馆 CIP 数据核字（2011）第 068493 号

机械工业出版社（北京市百万庄大街22号　邮政编码 100037）
策划编辑：余茂祚　责任编辑：赵志鹏　孙晶晶
版式设计：霍永明　责任校对：薛　娜
封面设计：赵颖喆　责任印制：李　洋
北京振兴源印务有限公司印刷
2015年8月第1版第3次印刷
169mm×239mm · 16印张 · 306千字
6501—9000册
标准书号：ISBN 978-7-111-34184-0
定价：28.00元

凡购本书，如有缺页、倒页、脱页，由本社发行部调换

电话服务	网络服务
社服务中心：（010）88361066	教材网：http：//www. cmpedu. com
销售一部：（010）68326294	机工官网：http：//www. cmpbook. com
销售二部：（010）88379649	机工官博：http：//weibo. com/cmp1952
读者购书热线：（010）88379203	**封面无防伪标均为盗版**

21世纪高职高专规划教材

编委会名单

前言

本书在编写过程中遵循和体现了以下要求：

1. 体现高等职业教育特点　贯彻“以能力为本位，以应用为目的，以学生为主体”的原则，内容上本着易于为高职学生所接受、理解的原则，尽可能贴近工作实际及学生特点，做到准确精练、深入浅出，突出实用性、可操作性，少讲“为什么”，多讲“怎么做”；理论知识与普通高等教育教材相区别，以“必需、够用”为度，但又保证达到高等教育水平，注意使学生掌握基本概念和理论的实际意义，把重点放在概念、方法和理论的实际运用上；在教学方法上，尽量体现案例（情景）教学、模拟教学、启发式教学的特点；在材料的组织上，增加案例和技能训练的比重。

2. 突出学习重点和教学方法　整册教材的编写详略得当，突出重点和难点，各章的编写也应如此。

3. 反映最新的变化和理论成果　教材内容应紧随当前管理理论的发展而调整，防止出现教学内容与实际脱节。

4. 注意教材内容排列的系统性与逻辑性　在编写工作中，注意教材内容排列上的系统性、逻辑性及各部分的层次关系。

5. 教材内容要体现专业特点　专业基础类课程要满足本专业对理论、技能及其基础素质的要求，体现专业特点，同时在知识的覆盖面上还要有所扩展，以满足学有余力的学生学习的需要。

此外，本书在编写过程中还着力追求——理论描述更为简约，案例与知识点具有更高的相关度且更为丰富和生动，安排题型丰富的自我测试题并提供答案，提供对教学更有帮助的课件等。

本书由安徽机电职业技术学院袁雪峰任主编，安徽机电职业技术学院黄继胜、曲阜师范大学张应语任副主编，参加编写工作的还有安徽机电职业技术学院的张艳、李新剑、陈晓娟、吕凯、杨辉平、山东外国语职业学院的王军、芜湖职业技术学院的郭瑛、安徽商贸职业技术学院的何兴旺、芜湖信息技术职业学院的洪俊国，全书由袁雪峰负责统稿。本书内容共分15章，编写分工如下：袁雪峰编写第1章、第2章和第13章，黄继胜编写第4章和第8章，张应语编写第11章，何兴旺编写第3章，张艳编写第5章，杨辉平编写第6章，王军编写第7

章，陈晓娟编写第9章，李新剑编写第10章，郭瑛编写第12章，吕凯编写第14章，洪俊国编写第15章。

选用本教材的教师要获得与本书配套的电子课件、自我测试题参考答案等文件，可以与本书的策划编辑联系，也可与本书主编联系（yxf97@126.com）。

由于编者的水平有限，书中难免存在不足甚至错误，还请各位读者批评指正。

编　者

目录

第1章

绪 论

【学习目标】

- 理解并掌握管理的定义。
- 熟悉管理的基本职能及它们之间的相互关系。
- 区分不同类型的管理者，了解管理者在组织中所承担的角色。
- 掌握管理者应具备的基本管理技能，清楚管理技能与管理者层次之间的关系。
- 了解什么是组织，什么是环境，以及它们之间的关系；能够从一定角度，应用一些工具（如SOWT分析法）对组织本身及其所面临的环境进行分析。
- 了解管理学的研究对象和研究方法。
- 理解管理的必要性和意义。

1.1 管理的内涵

1.1.1 管理的定义

近百年来，许多学者对管理进行定义，本教材采用的是斯蒂芬·P·罗宾斯（Stephen P. Robbins）、玛丽·库尔特（Mary Coulter）于《管理学》第8版中为管理所下的定义，即：管理是通过协调其他人的工作有效率和有效果地实现组织目标的过程。

这一定义强调：

1）管理是协调其他人的工作。

2）管理应当有效率和有效果。

3）管理是实现组织目标的过程，这一过程包括各项管理职能。

此定义中的“过程”代表了有管理者参与的一系列职能或活动。这些职能一般划分为计划、组织、领导和控制。“协调其他人的工作”区分了管理岗位与非管理岗位。

此定义中还包含了有效率和有效果地完成组织的工作活动的含义。效率是指以尽可能少的投入获得尽可能多的产出。因为管理者处理的是稀缺的输入，包括像人员、资金和设备这样稀缺的资源，所以他们必须有效地利用这些资源。以此观点来看，效率通常指的是“正确地做事”，即不浪费资源。但仅仅有效率是不够的，管理当局还应该关注效果，也就是完成活动以便达到组织的目标。效果通常是指“做正确的事”，即所从事的工作和活动有助于组织达到其目标。

1.1.2 管理的职能

管理的职能是指管理所应发挥的基本效能，是人们对管理活动的一般过程和基本内容所作的理论概括。通常把管理职能概括为计划、组织、领导、控制四大基本职能。如图 1-1 所示。

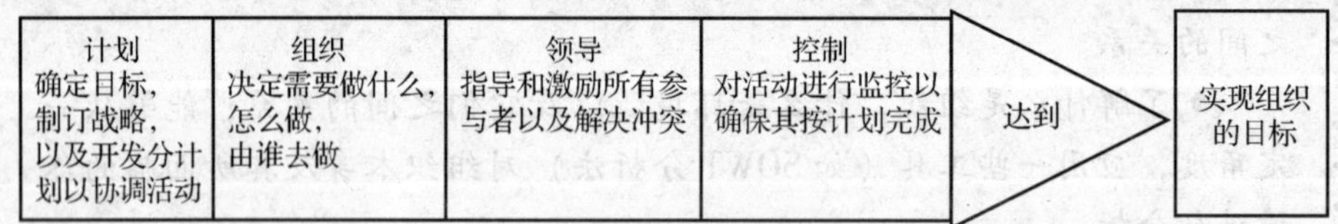

图 1-1 管理的职能

1. 计划 计划职能（Planning）包含规定组织的目标，制订整体战略以实现这些目标，以及将计划逐层展开，以便协调和将各种活动一体化。

2. 组织 管理者还承担着设计组织结构的职责，称此为组织职能（Organizing）。它包括决定组织要完成的任务是什么；谁去完成这些任务；这些任务怎么分类组合；谁向谁报告；以及各种决策应在哪一级上制订。

3. 领导 每一个组织都是由人组成的，管理的任务是指导和协调组织中的人，这就是领导职能（Leading）。当管理者激励下属，指导他们的活动，选择最有效的沟通渠道，解决组织成员之间的冲突时，他就是在进行领导。

4. 控制 管理者要履行的最后一个职能是控制职能（Controlling）。当设定了目标之后，就开始制订计划，向各部门分派任务，雇用人员，对人员进行培训和激励。尽管如此，有些事情还可能出差错。为了保证事情按照既定的计划进行，管理必须监控组织的绩效，必须将实际的表现与预先设定的目标进行比较。

如果出现了任何显著的偏差，管理的任务就是使组织回到正确的轨道上来。这种监控、比较和纠正的活动就是控制职能的含义。

1.2 管理者的角色与技能

1.2.1 谁是管理者

组织中的成员可以分为两种类型：操作者和管理者。操作者（Operatives）直接从事某项工作或任务，不具有监督其他人工作的职责。例如，汽车装配线上安装防护板的装配工人，快餐店中烹制汉堡包的厨师，或者机动车管理办公室中办理驾驶执照更换业务的办事员等，这些人都是操作者。相反，管理者（Managers）是指挥别人活动的人，他们处于操作者之上的组织层次中。管理者也可能担任某些作业职责，例如，保险索赔监督员除了负责监督保险索赔部门办事人员的工作以外，还可能承担一部分办理保险索赔的业务职责。

管理者通常分为基层管理者、中层管理者和高层管理者，如图1-2所示。

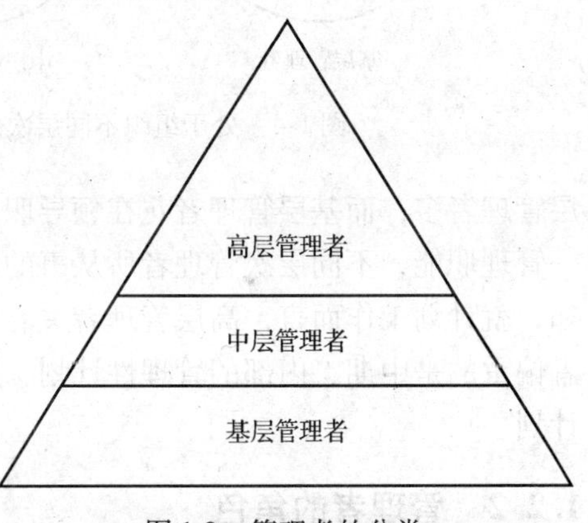

图1-2 管理者的分类

高层管理者是指对整个组织的管理负有全面责任的管理者。其主要职责是制订公司的总目标、总战略，把握发展方向，对组织绩效负责。高层管理者的决策是否科学，职权利用是否得当等直接关系到组织的兴衰存亡。

中层管理者通常是指处于高层管理者和基础管理者之间的管理者。其主要职责是贯彻执行高层管理者所制定的重大决策，监督和协调基层管理人员的工作，或对某一方面的工作进行具体的规划和参谋。中层管理者在公司中起着承上启下的作用，对上下级之间的信息沟通、政令通行等负有重要的责任。

基层管理者即一线管理人员，是组织中处于最低层次的管理者。其主要职责是给下属的作业人员分派具体工作任务，直接指挥和监督现场作业，保证各项任务的有效完成。

不同层次的管理者在执行管理职能时应各有侧重，如图1-3所示，他们在各种管理职能上花费的时间一般也不一样，如图1-4所示。

所有的管理者，无论他处于哪个层次上，都要制定决策，履行计划、组织、领导和控制职能。但是高层次管理者花在计划、组织和控制职能上的时间要比基

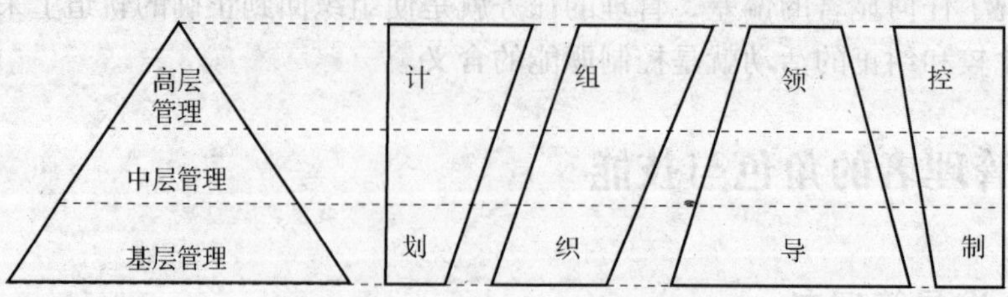

图 1-3　管理者层次分类与管理职能

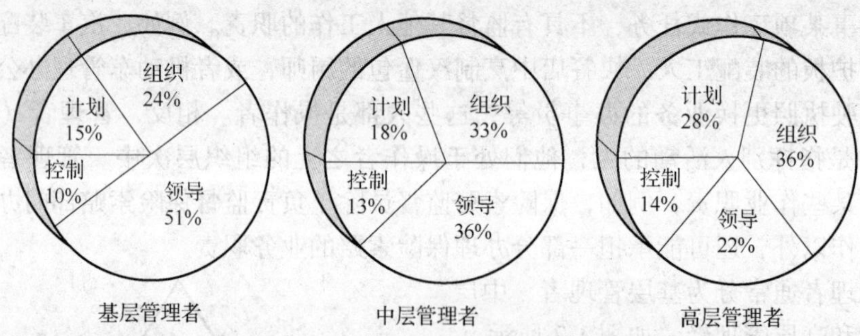

图 1-4　处于组织不同层次的管理者每种职能的时间分布

层管理者多，而基层管理者花在领导职能上的时间要比高层管理者多。即便是同一管理职能，不同层次管理者所从事的具体管理工作的内涵也并不完全相同。例如，就计划工作而言，高层管理者关心的是组织整体的长期战略规划，中层管理者偏重的是中期、内部的管理性计划，基层管理者则更侧重于短期的业务和作业计划。

1.2.2　管理者的角色

管理者是相对于一个组织的其他成员而言的一种角色，管理者角色（Management Roles）这个术语指的是特定的管理行为范畴。20 世纪 60 年代末，亨利·明茨伯格（Henty Mintzberg）对 5 位总经理的工作进行了一项仔细的研究，得出了著名的管理者角色理论。明茨伯格的实证研究结论为：管理者扮演着 10 种不同的，但却是高度相关的角色（见表 1-1）。

表 1-1　明茨伯格的管理者角色理论

角　色	描　述	特征活动
人际关系方面		
1. 挂名首脑	象征性的首脑，必须履行许多法律性的或社会性的例行义务	迎接来访者，签署法律文件

（续）

角　色	描　述	特征活动
	人际关系方面	
2. 领导者	负责激励和动员下属，负责人员配备、培训交往的职责	实际上从事所有的下级参与的活动
3. 联络者	维护自行发展起来的外部接触和联系网络，向人们提供恩惠和信息	发感谢信，从事外部委员会工作，从事有外部人员参加的其他活动
	信息传递方面	
4. 监听者	寻求和获取各种特定的信息（其中许多是即时的），以便透彻地了解组织与环境；作为组织内部和外部信息的神经中枢	阅读期刊和报告，保持私人接触
5. 传播者	将从外部人员和下级那里获得的信息传递给组织的其他成员——有些是关于事实的信息，有些是解释和综合组织的有影响的人物的各种价值观点	举行信息交流会，用打电话的方式传达信息
6. 发言人	向外界发布有关组织的计划、政策、行动、结果等信息；作为组织所在的产业方面专家	举行董事会议，向媒体发布信息
	决策制定方面	
7. 企业家	寻求组织和环境中的机会，制订“改进方案”以发起变革，监督某些方案的策划	制定战略，检查会议执行情况，开发新项目
8. 混乱驾驭者	当组织面临重大的、意外的动乱时，负责采取补救行动	制定战略，检查陷入混乱和危机的时期
9. 资源分配者	负责分配组织的各种资源——事实上是批准所有重要的组织决策	调度、询问、授权，从事涉及预算的各种活动和安排下级的工作
10. 谈判者	在主要谈判中作为组织的代表	参与工会进行合同谈判

1.2.3　管理者的技能

1. 技术技能　技术技能（Technical Skill）是指使用某一专业领域内有关的工作程序、技术和知识完成任务的能力。如外科医生、教师、工程师和音乐家都在他们各自不同的领域内具有技术技能，在公司里员工掌握的产品加工技能、会计核算技能、营销技能等。对于管理者来说，虽然没有必要使自己成为精通某一领域技能的专家，但要掌握一定的技术技能，否则很难与他所主管的组织内的专业技术人员进行有效的沟通，从而也就无法对他所管辖的业务范围内的各项工作进行具体的指导。技术技能可以通过教育、培训和学习等途径来获得和掌握，专业知识掌握得越多，技术技能的水平一般也越高。

2. 人际技能 人际技能（Human Skill）是指与处理人际关系有关的技能或者说是与组织内外的人打交道的能力，即理解、激励他人并与他人共事的能力。对一个组织而言，如一个企业，对于不同层次和领域，管理者可能分别需要处理与上层管理者、同级管理者以及下属的人际关系，要学会说服上级领导，学会同其他部门的同事紧密合作，同时掌握激励和诱导下属的积极性和创造性的能力以及正确指导和指挥组织成员开展工作的能力。

3. 概念技能 概念技能（Conceptual Skill）也叫做思维技能，是指综观全局、洞察组织与环境相互影响和作用的复杂性，并在此基础上加以分析、判断、抽象、概括并迅速作出正确决断的能力。具体地说，概念技能包括感知和发现环境中的机会与威胁的能力，理解事物的相互关联性并找出关键影响因素的能力，以及权衡不同方案的优劣和内在风险的能力等。显然，任何管理者都会面临一些混乱而复杂的环境，管理者应能看到组织的全貌和整体，并认清各种因素之间的相互联系，如组织与外部环境是怎样互动的，组织内部各部分是怎样相互作用的，经过分析、判断、抽象、概括、抓住问题实质，并作出正确的决策。

对管理者技能的理解，罗伯特·卡茨提出了上述的管理技能，但他认为这些技能的相对重要性主要取决于管理者在组织中所处的层次。首先，三种技能是各个层次管理者需要具备的；其次，不同层次的管理者对这三种技能的要求程度会有所区别。技术技能对于基层管理者最为重要；人际技能对高、中、基层管理者是同等重要，因为不管是哪一层次的管理者，都必须在与上下左右进行有效沟通的基础上，相互合作共同完成组织目标；越是处于高层管理人员，他们越需要更多地掌握概念技能，显然在组织中所处的层次越高，对全局、关键领域及组织所处的发展时期的理解就越重要，管理人员也就必须对组织的全景有更清楚的把握（见图 1-5）。

基层管理者	中层管理者	高层管理者
概念技能	概念技能	概念技能
人际技能	人际技能	人际技能
技术技能	技术技能	技术技能

图 1-5 管理者层次与管理技能要求

1.3 组织与环境

1.3.1 什么是组织

1. 组织的含义 管理者在组织中工作，如果没有组织，恐怕也就没有管理者了。那么什么是组织？在此把组织定义为一种具有明确目的、包含人员以及具有某种精细结构的实体。你所在的学院或者大学就是一个组织，再有像慈善团体、妇女组织、政府部门、教堂，你家附近的音像商店、某基金会，以及国家乒乓球队等，这些都是组织。

2. 组织的特征 由上述定义可知，组织具有三种共同的特征，如图 1-6 所示。

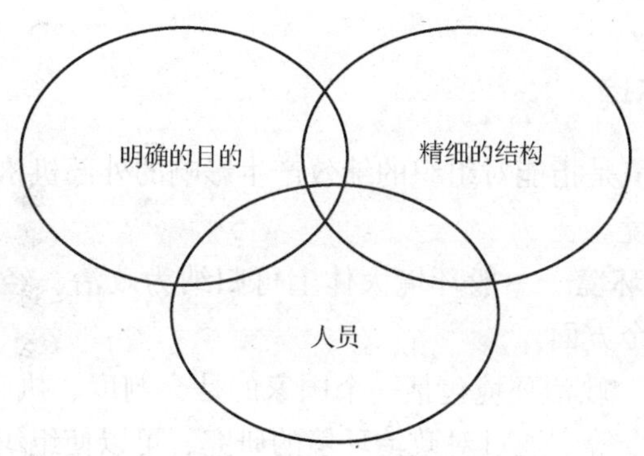

图 1-6 组织的特征

首先，每个组织都有一个明确的目的，这个目的通常是以一个目标或者一组目标来表达的。它反映了组织所希望达到的状态；其次，每一个组织都是由人员组成的，独自一个人工作是不能构成组织的，组织借助人员来完成工作，这是实现组织的目标必要条件；最后，所有的组织都发展出一些精细的结构，以便其中的人员能够从事他们的工作。一方面，组织的结构也许是开放的或灵活的，没有清晰的或精确的岗位职责描述，也不用严格地遵循某种明确的职位安排，换句话说，它也许只是简单的或松散的网络关系。另一方面，组织结构也许更具有传统色彩的清晰定义的规则、规章制度和职位描述，其中的某些成员可能被指定为老板，他们具有凌驾于其他职员之上的权威。但是不管组织结构安排采用哪种类型，它都要求具有某些精细的特征，以便使组织成员的工作关系是明确的。

虽然这三种特征对于定义组织是重要的，但组织的概念正处于变化之中。那种假设所有的组织都具有传统结构的观点已经不合时宜。表 1-2 比较了传统组织与新型组织的一些重要区别。正如表 1-2 所表明的，今天的组织正在成为更开

放、更灵活和更具有响应性的组织。

表 1-2　传统组织与新型组织的区别

传统组织	新型组织
稳定的	动态的
缺乏灵活性	灵活的
关注职位	关注技能
根据职位定义工作	根据任务定义工作
个人导向	团队导向
永久性职位	临时性职位
命令导向	参与导向
由管理者作决策	雇员参与决策
规则导向	顾客导向
相对均质的员工队伍	多样化员工队伍
工作时间固定	工作时间长度没有限制

1.3.2　什么是环境

这里所说的环境是指能对组织的绩效产生影响的外部机构或力量，可以分为一般环境和特殊环境。

1. 组织的一般环境　一般环境大体上可归纳为政治、经济、技术、社会文化和自然环境等五个方面。

（1）政治环境　政治环境包括一个国家的社会制度、执政党的性质与导向、各级政府的政策法令等。通过对政治环境的研究，可以使组织了解国家和政府支持什么，反对什么；鼓励什么，限制什么，从而使组织的管理活动能符合国家利益，受到政府的支持和保护。

（2）经济环境　经济环境又可分为宏观经济环境和微观经济环境。宏观经济环境包括一个国家及其周边地区总的经济发展概况，如国民生产总值、人口数量及其增长趋势、人均收入以及通过这些指标所反映的国民经济发展水平和发展速度。微观经济环境则主要是指组织所在地区的经济情况，如消费者的收入水平、储蓄与就业情况以及消费者的行为偏好，这些因素都直接或间接地决定着组织目前和未来的市场大小、产品定位、发展规模等，是企业进行战略决策的根本条件和关键因素。

（3）技术环境　技术环境是指与组织从事生产和产品开发的相关的技术条件、技术水平以及高新科技转化为生产力的速度和规模等。众所周知，企业的生产和经营过程就是劳动者借助一定劳动条件从事生产和销售一定产品的过程。科学技术的进步不仅促使生产手段和工艺流程的改变，同时将取代和淘汰那些落后于时代大量的老产品，因此，任何企业都必须密切关注其技术环境，不仅要注意科学技术的发展动态，更要注意广泛地应用新技术，提高组织的活动效率。同时要不断推出新产品，占领新市场。20 世纪下半叶，计算机技术得到迅速的发展和应用，更新换代的速度之快，超出了人们的想象，这一切，不但为计算机产业的发展提供了良好的机遇，同时也不断地淘汰那些过时的产品，使市场竞争更加激烈。许多事实表明，只有技术革新，企业才能在未来的发展中立于不败之地。

(4) 社会文化环境　社会文化环境包括一个国家和地区的居民与消费者文化传统、价值观念、风俗习惯、教育水平、宗教信仰等一系列心理因素和行为特征。近几年来，随着信息技术的发展以及世界经济一体化、全球化的浪潮，社会文化因素越来越受到管理者的重视。跨国公司要开展全球化业务，必须研究世界各国和各个民族的社会文化因素，因地制宜地开发和销售产品。从人类学和伦理学的观点分析，东方民族和西方国家在许多观念上都有明显的差别。在消费观念上，东方和西方也有很大的差距。以上种种因素，都需要组织予以高度重视。

(5) 自然环境　自然环境通常是指组织及其所在地区所处的地理位置、气候条件以及资源状况等因素。地理位置是制约组织活动特别是企业发展的重要条件。改革开放以来，我国沿海及东部地区的经济首先得到较快的发展，得益于优越的地理位置和发达的交通网络。这些地区人口稠密，不仅能为企业提供充足的人力资源和产品的用户，还有利于吸引来自各方面的投资，降低原材料和产品的运输成本，促进产业经济的发展。资源条件包括一个国家和地区的再生资源和不可再生资源条件，特别是稀缺资源不仅是国家和地区发展的基础，而且是经济发展的制约条件。例如，中东国家由于地下蕴藏丰富的石油资源，具备充足的资金财力和资金储备。反之，我国西部地区则由于缺乏足够的水资源，在一定程度上不利于工农业的发展。气候条件也是组织所面临的重要环境因素，良好的气候条件不仅有利于改变人们的生活环境，而且也是发展旅游产业的重要因素。

2. 组织的特殊环境　除一般环境外，组织更与其所面临的特殊环境发生密切的关系，因为它更直接、更具体地影响着组织的活动。组织的特殊环境包括产品的用户、竞争对手和供应商、政府机构与社会团体等。

(1) 用户　用户（顾客）是组织管理工作中需要头等关注的特殊环境，“用户即上帝”表达了用户对企业的重要性，因为用户对产品的总需求决定着行业的市场潜力，从而影响行业内所有企业的发展边界。此外，用户的购买行为随着环境条件和心理因素的变化而变化，具有潜在的不确定性。组织需要不断研究和分析这种变化，不断开发适销对路与高质量的产品，才能不断地扩大其产品在市场上的占有率，增强自身的实力。

(2) 竞争对手　竞争对手是企业面对的另一个特殊环境。在市场经济条件下，企业面对的市场是一个竞争的市场。多家企业生产相同的产品，它们必然会采取各种措施争夺用户，这就要求组织在经营管理活动中，通过市场调查和信息

的分析，弄清竞争对手的数量、分布、资金与规模、技术水平、今后的发展方向、产品的市场占有率、销售增长率、产品的获利能力等，特别是对企业构成威胁最大的主要竞争对手，更需要加强分析研究。值得注意的是，一个企业除现有的竞争对手外，还可能存在着潜在的竞争对手与替代品生产厂家。例如，瑞士一直是一个以生产机械手表闻名世界的手表王国，但是电子表由于其价格便宜、计时准确、使用方便的特点，对瑞士的钟表行业曾一度带来极大的冲击。同样在交通运输业的领域中，铁路运输除面临着公路、水路、航空运输的竞争外，也不可忽视新兴的管道运输的发展动向以及在货物运输方面的实力。

(3) 供应商　供应商也是组织的特殊环境因素，因为它在两个方面制约着企业的经营和发展：其一，它们能否根据企业的需求，按时、按质、按量地提供所需的生产要素，影响着企业生产规模的维持和扩大；其二，这些组织提供的原材料与半成品所要求的价格决定着企业的生产成本和获利能力。因此，企业在处理同供应商的关系时，除重视建立稳定的供货渠道外，还要注意研究分散进货以及寻求替代品的可能性，以提高在价格谈判中的主动权。

除上述因素之外，组织还需要不断分析研究同政府机构、行政执法机构、社会文化团体之间的关系，如工商、税务、环境保护、大众传播媒介、社会团体（如消费者协会）的相互关系，其目的不仅在于确保企业应有的经济效益，同时也保证一定的社会效益，维护组织乃至整个社会必需的秩序和公正。

1.3.3　组织与环境的关系

任何组织都存在于一定的环境之中。环境一方面为组织活动提供了必要的条件，另一方面又对组织活动起制约作用。因此，把握住环境的现状及未来的变化趋势，利用有利于组织发展的机会，规避不利于组织发展的威胁，这是组织谋求生存和发展的首要问题，对于最典型的组织——企业来说，认清组织与环境的关系具有极其重要的意义。

1. 环境是组织赖以生存的土壤　首先，一个组织是否应组建，要根据所在的环境、社会需要和可能的条件来决定。离开社会需要，组织的存在就失去了意义；符合社会需要而条件不具备，组织也无法组建。其次，组织要开展生产活动，就必须筹集各种生产要素——人、财、物，这些都需要从环境中获得。再次，组织的产出——产品和劳务，又必须拿到组织的外部去交换，才能获得收益，维持和扩大其生产经营活动。

2. 环境影响到组织内部的各种管理工作　环境对组织中的各种管理活动都会产生不同程度的影响。比如，外部市场竞争的加剧，要求企业重新调整内部各部门的分工协作关系以提高竞争能力；文化教育的普及和劳动力素质的提高，要求企业领导采取新的激励制度和措施，以满足职工的高层次的需求。所以说，管理者必须对可能影响企业管理工作的各种因素加以明确、评价，并作出反应。

3. 环境对于组织的管理工作质量、效益水平有重要的影响和制约作用 对于一个企业来说，其管理工作质量的好坏和效益的大小，首先取决于良好的外部环境。国家政策稳定，总体教育水平高，市场发育健全，法律政策齐备，则会促进组织的管理工作的质量和效益的提高，否则，会造成管理工作困难甚至混乱，效益低下。其次取决于管理者是否重视环境、适应环境，是否根据环境的变化作出正确的决策。作为管理者，要分析并把握外部环境变化的规律，认清外部环境中的机会和挑战，促进管理工作质量的改善和效益的提高。

4. 组织对环境具有反作用 组织与环境的关系，不是组织对环境作出单方面的适应性反应，组织对环境也具有积极的反作用。组织与环境的关系主要表现为：组织主动地了解环境状况，获得及时、准确的环境信息；通过调整自己的目标，避开对自己不利的环境，选择适合自己发展的环境；通过自己的力量控制环境的状况和变化，使之适应自己活动和发展，而无需改变自身的目标和结构；可以通过自己的积极活动创造和开拓新的环境，并主动地改造自身，建立组织与环境新的相互作用关系。另外，组织对环境的反作用也有消极的一面，即对环境的破坏。这种消极的反作用又会影响组织的正常活动和发展。组织环境是相对于组织和组织活动而言的，只有相对于组织和组织活动的外部物质和条件才具有组织环境的意义。在人类产生之前，自然界就客观存在，只有当人类通过分工协作形成了自己的社会活动，从而也产生了对这些活动的管理之后，自然界的一部分与人类的这种活动相关联，才成为组织环境。因而，组织环境的性质与内容都与组织和组织活动息息相关：与经济管理活动相联系的是经济组织环境；与军事管理活动相联系的是军事组织环境；与教育管理活动相联系的是教育组织环境等。这些组织环境都是与一定组织和组织活动相对应的。

1.3.4 组织和环境状态分析

1. 识别环境的不确定性程度 外部环境的不确定性程度对企业经营有着重大影响。依据企业所面临环境的复杂性（指环境构成要素的类别与数量）和动态性（指环境的变化速度及这种变化的可观察和可预见程度）这两项标准，可以将组织环境划分为4种不确定性情形：

（1）低不确定性 即简单和稳定的环境。组织环境中的构成要素相对较少，而且这些要素不发生变化或仅有缓慢的变化。在这种复杂性和动态性都比较低的环境中，企业经营就面临低不确定性。

（2）较低不确定性 即复杂和稳定的环境。随着组织所面临环境要素的增加，环境的不确定性程度会相应升高。大量的不同质要素的存在，无疑使企业的经营管理工作复杂化。但若是环境各构成要素能基本保持不变或变化缓慢，处于

这种复杂但相对稳定状态中的环境就通常只有中等偏低不确定性。

(3) 较高不确定性　即简单和动态的环境。有些组织所面临的环境复杂性并不高，但因为环境中某些要素发生动荡的或难以预见的变化，从而使环境的不确定性明显升高。

(4) 高不确定性　即复杂和动态的环境。当组织面临许多不同质的环境要素，而且经常有某些要素发生重大的变化，且这种变化很难以预料时，这种环境的不确定性程度最高，对组织管理者的挑战最大。

环境的不确定性一方面要求管理者能积极地适应环境，寻求和把握组织生存和发展的机会，避开环境可能造成的威胁；另一方面，组织也不能只是被动地适应环境，还必须主动地选择环境，改变甚至创造适合组织发展的新环境。

2. 时刻关注组织的特殊环境　特殊环境对组织的影响更直接、更频繁，所以是组织分析环境的焦点。在这一方面，迈克尔·波特教授提出的“五种力量模型”是一种有效的工具。迈克尔·波特发现，在企业经营环境中，能够经常为企业提供机会或造成威胁的因素主要有五种，即本行业中现有的企业、供应商、顾客、潜在进入者和替代品生产者。迈克尔·波特的模型可以帮助人们深入分析行业竞争压力的来源，更清楚地认识组织的优势和劣势，判断组织所处行业吸引力的大小。

1.4　管理学的研究对象与研究方法

1.4.1　管理学的研究对象

管理工作的共性是建立在各种不同的管理工作的特殊性之上的。就管理的特殊性而言，工厂不同于商店，银行不同于学校，学校也不同于医院，政府不同于军队，军队更不同于学术团体……有多少种不同的社会组织就会有多少种特殊的问题，也就会有多少种解决这些特殊问题的管理原理和管理方法，由此也就形成各种不同门类的管理学。例如，企业管理学，行政管理学，学校管理学，军队管理学等。这些专门管理学中所包含的共同的、普遍的管理原理和管理方法，就构成了管理学的研究对象。

1.4.2　管理学的研究方法

管理学和其他许多社会科学一样，其研究方法基本上有如下三种：

1. 归纳法　归纳法就是通过对客观存在的一系列典型事物（或经验）进行观察，从掌握典型事物的典型特点、典型关系、典型规律入手，进而分析研究事物之间的因果关系，从中找出事物变化发展的一般规律，这种从典型到一般的研究方法也称为实证研究。由于管理过程十分复杂，影响管理活动的相关因素极多，并且相互交叉，人们所能观察到的往往只是综合结果，很难把各个因素的影响程度分解出来，所以大量的管理问题都只能用归纳法进行实证研究。

2. 试验法 管理中的许多问题，特别在微观组织内部，关于生产管理、设备布置、工作程序、操作方法、现场管理、质量管理、营销方法以及工资奖励制度、劳动组织、劳动心理、组织行为、商务谈判等许多问 题都可以采用试验法进行研究。即人为地为某一试验创造一定条件，观察其实际试验结果，再与未给予这些条件的对比试验的实际结果进行比较分析，寻找外加条件与试验结果之间的因果关系。如果做过多次试验，而且总是得到相同结果，那就可以得出结论，这里存在某种普遍适用的规律性。著名的霍桑研究就是采用试验法研究管理中人际关系的成功例子。

3. 演绎法 对于复杂的管理问题，管理学家可以从某种概念出发，或从某种统计规律出发，也可以在实证研究的基础上，用归纳法找到一般的规律性，并加以简化，形成某种出发点，建立起能反映某种逻辑关系的经济模型（或模式），这种模型与被观察的事物并不完全一致，它反映的是简化了的事实，它完全合乎逻辑的推理。它是从简化了的事实前提推广得来的，所以这种方法称为演绎法。从理论概念出发建立的模型称为解释性模型，例如，投入产出模型，企业系统动力学模型等，都是建立在一定理论概念基础之上的。从统计规律出发建立的模型称为经济计量模型，例如，柯普·道格拉斯生产函数模型，以及建立在回归分析和时间序列分析基础上的各种预测模型和决策模型。建立在经济归纳法基础上的模型称为描述性模型，例如，现金流量模型、库存储蓄量模型、生产过程中在制品变动量模型等。

1.5 学习管理的目的

1.5.1 社会和组织对管理的需要

1. 实现资源的优化配置，需要管理 无论在任何国家，资源短缺都将是一种长期的经济现象，特别是资金、能源、原材料往往成为企业和社会经济发展的瓶颈。如何将有限的资源进行合理的配置和利用，使其最大可能地形成有效的社会生产力，是管理应当解决的问题。如果管理不善，决策不当，将会使资源得不到优化配置，造成对资源的浪费，并会造成相应的机会成本。

2. 使科学技术真正转化为生产力，需要管理 科学技术落后是阻碍生产发展的重要因素之一，但先进的科学技术并不能自动地形成很高的生产力。科技发明被闲置，引进的先进设备得不到充分利用，某些核心技术的发明者在经营上一

塌糊涂……坐拥先进技术而品尝失败苦果的事例不胜枚举。事实证明，要使科学技术真正转化为生产力，必须通过有效的管理。

3. 在社会和组织中协调各种关系，需要管理 高度专业化的社会分工是现代国家和现代企业建立的基础。如何把不同行业、不同专业、不同分工的各种人员合理地组织起来，协调他们相互间的关系，协调他们与政府的关系，协调他们与各种资源的关系，从而调动各种积极因素，都要靠有效的管理。

4. 产生"1+1>2"的聚合效应，需要管理 只有依靠全体成员长期的共同努力，才能实现社会发展和企业或任何社会组织发展的预期目标。如何把每个成员千差万别的局部目标引向组织的目标，把无数分力组成一个合力，也要靠管理。如果管理不善，组织就会像一盘散沙一样，根本不会产生"1+1>2"的聚合效应。

1.5.2 个体对管理的需要

学习管理的第一个原因是因为改进组织的管理方式关系到每个人的切身利益。如前所述，管理有助于促进组织的成功，而组织的成功是组织成员获得奖酬资源及安全感的源泉。此外，管理还有助于组织实现分配公平。分配上的不公平会极大地挫伤组织成员的工作积极性，进而影响组织目标的实现。而要达到分配上的公平需要一些管理措施，如：在管理制度上进行周密安排、对组织成员进行有效激励、对组织活动进行合理控制。

学习管理的第二个原因是当你从学校毕业开始你的事业生涯时，你所面对的现实是，不是管理别人就是被别人管理，两者必居其一。如果你有志于成为一个管理者，那么学习管理是培养管理技能的基础，可以使自己获得成为有效的管理者的系统知识；如果你无意于成为管理者，学习管理仍然是必要的，因为它可以帮助你更好地理解上司的行为方式和组织的运作方式，适应组织的需要，以便在工作中取得更好的业绩。

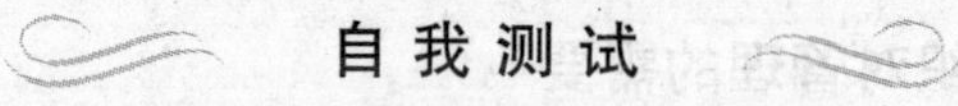

自我测试

一、单项选择题

1. 下列（ ）活动中，哪一项不属于管理活动？

A. 在部队中，班长与战士谈心

B. 企业的主审计师对财务部门进行检查

C. 钢琴家制订自己的练习计划

D. 医院的外科主任主持会诊

2. 京华技校位于某省会城市的繁华商业区，其效益低落的校办工厂占用了相当大的一片土地，校办公室李主任敏锐地认识到开发这块地皮会给学校带来高额的利润，但是，学校本身缺乏独立开发的能力，于是决定寻找合作伙伴共同来开发。经友人介绍，李主任认识了广东一家建筑公司的孙经理。几次商谈后，李主任认为孙经理是一位思路敏捷并具有创建性的合作伙伴，很快，双方签订了合同。但是，4 个月下来，工程迟迟没有开工。在这种情况下，李主任赶快进行调查，发现这家公司账上根本没有足够的资金。李主任为自己没有调查清楚就盲目签订合同深感后悔和不安。下列哪种说法最能够概括李主任的管理技能状况？（ ）

A. 技术技能、人际技能、概念技能都很弱

B. 技术技能、人际技能较弱，概念技能较强

C. 技术技能和人际技能强，但概念技能弱

D. 技术技能和概念技能强，但人际技能弱

3. 能够有效地监督组织各项计划的落实与执行情况，发现计划与实际之间的差距，这一管理环节是（ ）。

A. 计划　　B. 组织　　C. 控制　　D. 协调

4. SWOT 分析法中的“W”是指（ ）。

A. 优势　　B. 劣势　　C. 机会　　D. 威胁

二、多项选择题

1. 亨利·法约尔认为管理的基本职能是（ ）。

A. 计划　　B. 组织　　C. 指挥　　D. 协调　　E. 控制

2. 社会和组织对管理的需要表现在：（ ）。

A. 实现资源的优化配置，需要管理

B. 使科学技术真正转化为生产力，需要管理

C. 在社会和组织中协调各种关系，需要管理

D. 产生“1 + 1 > 2”的聚合效应，需要管理

E. 如果你有志于成为一个管理者，学习管理是培养管理技能的基础

三、判断题

1. 管理人员不应该做作业工作，应把全部精力都放在管理工作上。（ ）

2. 组织与环境间的关系表现为两个方面：一是环境对组织的作用；二是组织对环境的适应性。（ ）

3. 组织的环境大体上可归纳为政治、经济、社会文化、技术和自然环境 5 个方面。（ ）

四、案例分析

甜美的音乐

马丁吉他公司成立于1833 年，位于宾夕法尼亚州拿撒勒市，被公认为世界

上最好的乐器制造商之一，就像 Steinway 的大钢琴或者 Buffet 的单簧管一样，马丁吉他每把价格超过 10000 美元，却是你能买到的最好的乐器之一。这家家族式的企业历经艰难岁月，已经延续了六代。目前的首席执行官是克里斯琴·弗雷德里克·马丁四世，他秉承了吉他的制作手艺。他甚至遍访公司在全世界的经销商，为他们举办培训讲座。很少有哪家公司像马丁吉他一样有这么持久的声誉，那么，公司成功的关键是什么？一个重要原因是公司的管理和杰出的领导技能，它使组织成员始终关注像质量这样的重要问题。

马丁吉他公司自创办起做任何事都非常重视质量。即使近年来在产品设计、分销系统以及制造方法方面发生了很大变化，但公司始终坚持对质量的承诺。公司在坚守优质音乐标准和满足特定顾客需求方面的坚定性渗透到公司从上到下的每一个角落。不仅如此，公司在质量管理中长期坚持生态保护政策。因为制作吉他需要用到天然木材，公司非常审慎和负责地使用这些传统的天然材料，并鼓励引入可再生的替代木材品种。基于对顾客的研究，马丁公司向市场推出了采用表面有缺陷的天然木材制作的高档吉他，然而，这在其他厂家看来几乎是无法接受的。

马丁公司使新老传统有机地整合在一起。虽然设备和工具逐年更新，雇员始终坚守着高标准的优质音乐原则。所制作的吉他要符合这些严格的标准，要求雇员极为专注和耐心。家庭成员弗兰克·亨利·马丁在 1904 年出版的公司产品目录的前言里向潜在的顾客解释道：“怎么制作具有如此绝妙声音的吉他并不是一个秘密。它需要细心和耐心。细心是指要仔细选择材料，巧妙安排各种部件。关注每一个使演奏者感到惬意的细节。耐心是指做任何事不要怕花时间。优质的吉他是不能用劣质产品造出来的。但是谁会因为买了一把价格不菲的优质吉他而后悔呢？”虽然 100 多年过去了，但这些话仍然是公司理念的表述。虽然公司深深地植根于过去的优良传统，现任首席执行官马丁却毫不迟疑地推动公司朝向新的方向。例如，在 20 世纪 90 年代末，他作出了一个大胆的决策，开始在低端市场上销售每件价格低于 800 美元的吉他。低端市场在整个吉他产业的销售额中占 65%。公司 DXM 型吉他是 1998 年引入市场的，虽然这款产品无论外观、品位和感觉都不及公司的高档产品，但顾客认为它比其他同类价格的绝大多数吉他产品的音色都要好。马丁为他的决策解释道：“如果马丁公司只是崇拜它的过去而不尝试任何新事物，那恐怕就不会有值得崇拜的马丁公司了。”

马丁公司现任首席执行官马丁的管理表现出色，销售收入持续增长。位于拿撒勒市的制造设施得到扩展，新的吉他品种不断推出。雇员们描述他的管理风格是友好的、事必躬亲的，但又是严格的和直截了当的。虽然马丁吉他公司不断将其触角伸向新的方向，但却从未放松过对尽其所能制作顶尖产品的承诺。在马丁的管理下，这种承诺决不会动摇。

案例思考题：

1. 根据卡特兹的三大技能理论，你认为哪种管理技能对马丁最重要？解释你的理由。

2. 根据明茨伯格的管理者角色理论，说明马丁分别扮演什么管理角色？解释你的选择。

（1）当马丁访问马丁公司世界范围的经销商时。

（2）当马丁评估新型吉他的有效性时。

（3）当马丁使员工坚守公司的长期原则时。

3. 马丁宣布："如果马丁公司只是崇拜它的过去而不尝试任何新事物，那恐怕就不会有值得崇拜的马丁公司了。"这句话对全公司的管理者履行计划、组织、领导和控制职能意味着什么？

4. 马丁的管理风格被员工描述为友好、事必躬亲，但是严格和直截了当。你认为这意味着他是以什么方式计划、组织、领导和控制的？你认为这种管理风格对其他类型的组织也有效吗？说明你的观点。

【实践练习】

与企业家对话

访问一位企业家并与之对话，通过与企业家的真诚交流，了解管理的概念和管理的重要性，认识企业家应具有的素质和技能。

学生提问时可参考下列问题：您是如何管理您的企业的？您在管理中遇到的主要困难有哪些？您认为管理学中最重要的知识是什么？您的企业最需要哪种类型的人才？

第2章 管理思想的发展

【学习目标】

● 了解中外早期的管理思想。

● 掌握科学管理理论的主要内容，了解行政组织理论、一般管理理论的主要内容。

● 掌握行为科学理论的主要内容。

● 掌握管理理论的主要学派及其主要观点，熟悉现代管理理论的新思潮。

2.1 早期管理思想

2.1.1 中国早期的管理思想

中国传统的管理思想是在生产发展和经济运行的基础上通过官、民的实践逐步积累起来的，包括农副业、手工业、运输、建筑工程、市场经营等方面的学问。

2.1.2 外国早期的管理思想

18世纪60年代开始的工业革命使西方世界不仅在工业技术上而且在社会关系上出现了巨大的变化。它加速了资本主义生产的发展。小手工业受到大机器生产的排挤，社会的基本生产组织形式迅速从以家庭为单位转向以工厂为单位。在新的社会生产组织形式下，效率和效益问题、协作劳动之间的组织和配合问题、在机器生产条件下人和机、机和机之间的协调运转问题，使传统的军队式、教会式的管理方式和手段遇到了前所未有的挑战。许多新的管理问题需要人们去回答、解决。在这种情况下，随着资本主义工厂制度的建立和发展，不少对管理理论的建立和发展具有重大影响的管理实践和思想应运而生。

亚当·斯密首先对动作和工时作了初步考察；后来，穆勒又将其作为一项专门的课题，从劳动分工入手对人的动作进行分析和研究。其后，查尔斯·巴贝奇怀着对劳动分工原理浓厚的兴趣，在工时研究方面做了大量的工作。他指出，可以通过工人在一定时间内所完成的作业次数计算出平均产量。但如果观测者直接手持钟表在工人面前计数，所测的数据不会太高，所以应该间接地测定。例如，可以从织布机发出的声音推算梭子在每分钟内打的次数来计算产量。

亚当·斯密还是最早研究专业化和劳动分工的经济学家。他认为，劳动是国民财富的源泉；劳动生产力的改良和改进，是国民财富增长的根本原因。这一观点，已成为西方管理理论的一个重要论点。其次，斯密在分析增进“劳动生产力”因素时，特别强调了分工的作用。他对比了某些工艺、某些手工制造业实行分工前后的变化，对比了当时易于分工的制造业和不易分工的农业的情况，说明分工可以提高劳动生产率。他认为分工的好处主要有以下几点：

1）劳动分工可以使劳动者专门从事一种单纯的操作，从而提高熟练程度，提高劳动效率。

2）劳动分工可以减少由于变换工作而损失的时间。

3）劳动分工可以使劳动简化，使劳动者把注意力集中在一种特定的对象上，有利于发现比较方便的工作方法，有利于促进工具的改革和机器的发明。

斯密的上述发现和主张，不仅符合当时社会生产发展的需要，而且对以后的企业管理产生了深远的影响。

在斯密劳动分工理论基础上，查尔斯·巴贝奇对专业化问题也进行了系统的研究。他在1832年出版的《机器与制造业经济学》一书中，着重论述了专业分工与机器、工具的使用，时间研究，批量生产，均衡生产，成本记录等。他还提出了以专业技能作为工资和奖金基础的观点，主张实行有益的建议制度，并对有益的建议给予不同的奖励。该书是管理史上的一部重要文献。

2.2　古典管理理论

早期管理思想实际上是管理理论的萌芽，比较系统的管理理论创立于19世纪末20世纪初。这个阶段所形成的管理理论称为“古典管理理论”或“科学管理理论”，其代表人物有泰勒、法约尔、韦伯。他们分别代表着科学管理

理论、管理过程理论、行政组织理论三大理论学派。这些理论成为现代管理理论的先驱，对现代管理思想有很大影响，也标志着管理学作为一门学科的诞生。

2.2.1 泰勒的科学管理理论

在《科学管理原理》一书中，泰勒总结出四条基本的科学管理原理：

1）对工人提出科学的操作方法，以便合理利用工时，提高工效。具体做法是从执行同一种工作的工人中，挑选出身体最强壮，技术最熟练的一个人，把他的工作过程分解为许多个动作，在其最紧张劳动时，用秒表测量并记录完成每一个动作所消耗的时间，然后按照经济合理的原则加以分析研究，对其中合理的部分加以肯定，不合理的部分进行改进或省去，制定出标准的操作方法，并规定出完成每一个标准动作的标准时间，制定出劳动时间定额。

2）在工资制度上实行差别计件制。按照作业标准和时间定额，规定不同的工资率。对完成和超额完成工作定额的工人，以较高的工资率计件支付工资；对完不成定额的工人，则按较低的工资率支付工资。

3）对工人进行科学的选择、培训和提高。泰勒曾经对经过科学选择的工人用上述的科学作业方法进行训练，使他们按照作业标准工作，以改变过去凭个人经验选择作业方法及靠师傅带徒弟的办法培养工人的落后做法。这样改进后，生产效率大为提高。

4）使管理和劳动分离，把管理工作称为计划职能，工人的劳动称为执行职能。

总之，泰勒的科学管理是主张一切管理问题都应当而且可能用科学的方法加以研究和解决，实行各方面的标准化，使个人的经验上升为理论，不单凭经验办事。这是他对企业管理学的重大贡献，使企业管理学开始向科学化演变，从而开创了传统管理进入科学管理的新阶段，它至今仍为许多国家所沿用，也是以后许多新的管理原理和方法发展的基础。

对科学管理作出了贡献的人还有：亨利·L·甘特（Henry L. Gantt，1861—1919）、弗兰克和莉莲·吉尔布雷斯（Frank and Lillian Gilbreth，1868—1924）夫妇和亨利·福特（Henry Ford，1863—1947）。

甘特最著名的发明是创造了一种线条图，称为甘特图，使管理者能够利用它来进行计划和控制。

吉尔布雷斯夫妇是首先采用动作摄影来研究手和身体动作的研究者之一。他们的研究成果反映在1911年出版的《动作研究》一书中，这些研究被认为是泰勒科学作业实践的重要实证。福特在泰勒的单工序动作研究的基础上，围绕多工序作业劳动生产率的提高进行了系统性研究，创造了用于汽车生产的世界上第一条流水生产线。

泰勒和他的追随者研究的重点始终是企业的基层作业管理和工人的工作效率，他的理论成了管理学的起点。

2.2.2 法约尔的一般管理理论

就在泰勒以探讨工厂中提高效率为重点进行科学管理理论研究的同时，法约尔则以管理过程和管理组织为研究重点，着重研究管理的组织和管理的活动过程。

法约尔是西方古典管理理论在法国的杰出代表。他所提出的一般管理理论对西方管理理论的发展有重大的影响，成为后来管理过程学派的理论基础。1916年，法约尔出版了他的代表作《工业管理和一般管理》，该书是他一生管理经验和管理思想的总结。他认为他的管理理论虽以大企业为研究对象，但除了可应用于工商企业外，还可应用于政府、教会、慈善机构、军事组织和其他各种事业。所以，法约尔被公认为第一位概括和阐述一般管理理论的管理学家，被后人誉为“现代经营管理理论之父”。

法约尔一般管理理论的主要内容包括：

1. 企业活动类别和人员能力结构 法约尔认为，企业无论大小，是简单还是复杂，其全部活动都可以概括为6种：

1）技术性工作——生产、制造。

2）商业性工作——采购、销售和交换。

3）财务性工作——资金的取得与控制。

4）会计性工作——盘点、会计、成本及统计。

5）安全性工作——商品及人员的保护。

6）管理性工作——计划、组织、指挥、协调及控制。

法约尔对这六大类的工作作了分析之后发现，对基层工人主要要求其具有技术能力。随着组织层次中职位的提高、人员的技术能力的相对重要性降低，而管理能力的要求逐步加大，并且随着企业规模的增大，管理能力显得更加重要，而技术能力的重要性降低。关于这一点，法约尔与泰勒是不一样的，泰勒极为重视作业阶层和技术能力，而法约尔更为重视一般性的管理工作和管理职能，即计划、组织、指挥、协调与控制。

2. 管理的一般原则 法约尔在他的《工业管理与一般管理》一书中首先提出了一般管理的14条原则。

（1）劳动分工 实行劳动的专业化分工可以提高效率。这种分工不仅限于技术工作，也适用于管理工作。但专业化分工要适度，不是分得越细越好。

（2）权力与责任 权力与责任是互为依存互为因果的。权力是指“指挥他

人的权以及促使他人服从的力”。而责任则是伴随着权力而来的奖罚。法约尔认为，一个人在组织阶梯上的位置越高，明确其责任范围就越困难。避免滥用权力的最好办法乃是提高个人的素质，尤其要提高其道德方面的素质。

更为重要的是，法约尔将管理人员职位权力和个人权力划出了明确的界限。职位权力的依据是个人的职位高低。任何人只要担任了某一职位，就须拥有一种职位权力。而个人权力则是由于个人的智慧、知识、品德及指挥能力等个性形成的。一个优秀的领导人必须兼有职位权力及个人权力，以个人权力补充职位权力。

（3）纪律　法约尔认为，纪律实际上是企业领导人同下属人员之间在服从、勤勉、积极、举止和尊敬方面所达成的一种协议。纪律对于企业取得成功是绝对必要的。法约尔还认为，纪律是领导人创造的。无论哪种社会组织，其纪律状况取决于领导人的道德状况。一般人在纪律不良时，总是批评下级。其实，不良的纪律来自不良的领导。高层领导人和下属一样，必须接受纪律的约束。制定和维护纪律的最有效方法是各级都要有好的领导，尽可能有明确而公平的协定，并要合理地执行惩罚。

（4）统一指挥　无论什么时候，一个下属都应接受而且只应接受一个上级的命令。法约尔认为，这不仅是一条管理原则，而且是一条定律。双重命令对于权威、纪律和稳定性都是一种威胁。在工业、商业、军队、家庭和国家中，双重命令经常是冲突的根源。这些冲突有时非常严重，特别应该引起各级领导人的注意。

法约尔虽然钦佩泰勒在时间研究与动作研究方面的卓越贡献，但他对泰勒提出的八个职能工长制提出了反对意见。他认为，这种观念否定了统一指挥原则。

（5）统一领导　这项原则表明，凡是具有同一目标的全部活动，仅应有一个领导人和一套计划。只有这样，资源的应用与协调才能指向实现同一目标。

不要把统一领导原则与统一指挥原则混同起来。人们通过建立完善的组织来实现一个社会团体的统一领导，而统一指挥则取决于人员如何发挥作用。统一指挥必须在统一领导下才能存在，但并不来源于统一领导。

（6）个人利益服从集体利益　集体的目标必须包含员工的目标。但个人均不免有私心和缺点。这些因素常促使员工将个人利益放在集体利益之上。因此，身为领导，必须经常监督又要以身作则，才能缓和两者的矛盾，使其保持一致。

（7）合理的报酬　法约尔认为，薪给制度应当公平，对工作成绩与工作效率优良者应有奖励。但奖励不应超过某一适当的限度，即奖励应以能激起职工的热情为限，否则将会出现负面效应。他还认为，任何良好的工资制度都无法取代优良的管理。

（8）适当的集权与分权　提高下属重要性的做法就是分权，降低这种重要性的做法就是集权。就集权的制度本身来说，无所谓好与坏。一个组织机构，必须有某种程度的集权。恰当的集权程度是由管理层和员工的素质、企业的条件和环境决定的。而这类因素总是变化的，因此，一个机构的最优的集权化程度也是变化的。所以领导人要根据本组织的实际情况，适时地改变集权与分权的程度。

（9）跳板原则　企业管理中的等级制度是从最高管理人员直至最基层管理人员的领导系列。为了保证命令的统一，各种沟通都应逐层进行。但这样可能产生信息延误现象。为了解决这个问题，法约尔提出了“跳板”原则。

法约尔用图2-1来解释跳板原则。他说：“在一个等级制度表现为I—A—S双梯形式的企业里，假设要使它的F部门与P部门发生联系，这就需要沿着等级路线攀登从F至A的阶梯，然后再从A下到P。这之间，在每一级都要停下来。然后，再从P上升到A，从A下降到F，回到原出发点。”

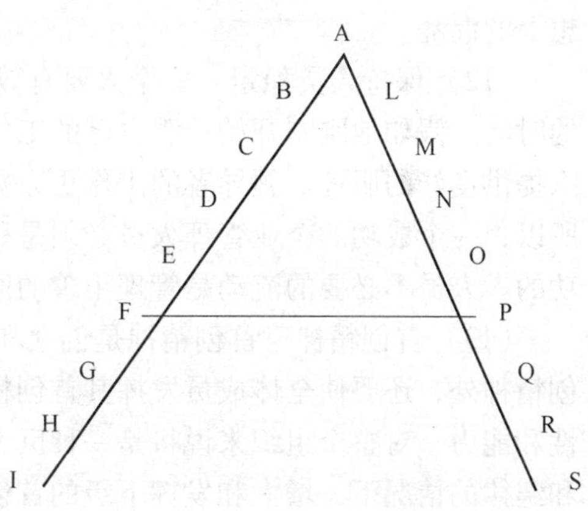

图2-1　跳板原则

“非常明显，如果通过F—P这一‘跳板’，直接从F到P，问题就简单多了，速度也快了，人们经常也是这样做的。”

“如果领导人E与O允许他们各自的下属F与P直接联系，等级制度就得到了捍卫；如果F与P立即向他们各自的领导人汇报他们所共同商定的事情，那么，整个情况都完全合乎规则。”

“只要F与P双方意见一致，而且他们的活动都得到了他们直接领导人的同意，这种直接关系就可以继续下去；他们的协作一旦中止，或他们的直接领导人不再同意了，这种直接关系就中断，而等级路线又恢复了原样。”

法约尔认为，“跳板”原则简单、迅速，而且可靠，它减少了许多“文件旅行”，既维护了统一指挥原则，又大大提高了组织的工作效率。但是，在实际工作当中，违反“跳板”原则的现象屡见不鲜，而怕负责任是这种现象的主要原因，换句话说，领导人管理能力不够是违反“跳板”原则的主要原因。

（10）秩序　法约尔认为这一原则既适用于物质资源，也适用于人力资源，如设备、工具要排列有序，人员要有自己确定的位置，他们都应在自己的工作岗位上发挥作用。他认为要使人们做到这点，不仅有赖于有效的组织，而且也有赖于审慎的选人。

（11）公平　法约尔认为，公道是执行已订立的协定。但制订协定时，人们不可能预测到将来所发生的一切事情，因此，要经常地说明它，补充它的不足之处。领导人为了激励其下属人员全心全意地做好工作，应该善意地对待他们。公平就是由善意和公道产生的。在怎样对待下属人员问题上，领导人要特别注意他们希望公平和希望平等的愿望。为了使这种愿望得到最大的满足，而同时又不忽视其他原则，不忘记总体利益，领导人应该充分发挥自己的能力，努力使公平感深入人心。

在正常情况下，几乎每个人都有平等的愿望，都希望领导者能公平地对待他们以及他们的工作。领导者如果不公平，往往导致他们积极性下降，甚至造成思想上的混乱。

（12）保持人员稳定　一个人要有效地、熟练地从事某项工作，需要相当长的时间。假如他刚刚开始熟悉自己的工作就被调离了，那么他就没有时间为本组织提供良好的服务。领导者的工作更是如此，熟悉工作的过程需要更长的时间。所以，一个成功的企业管理人员必须是稳定的。人员多有变动的机构必然是不成功的。人员不必要的流动是管理不善的原因和结果。

（13）首创精神　首创精神是创立和推行一项计划的动力。除领导人要有首创精神外，还要使全体成员发挥其首创精神，这样，将促使职工提高自己的敏感性和能力，对整个组织来说将是一种巨大的动力。因此，领导者要在不违背职权和纪律的情况下，增大和发挥下级的首创精神。高明的领导人可以牺牲自己的虚荣心来满足下级的虚荣心。

（14）人员的团结　一个机构内集体精神的强弱取决于这个机构内职工之间的和谐和团结情况。培养集体精神的有效方法有严守统一指挥原则并加强情况的交流，多用口头沟通。在一个企业中，全体成员的和谐与团结是这个企业发展的巨大力量，所以领导者应尽一切可能保持和巩固人员的团结。

3. 管理工作的五大要素　法约尔管理思想的另一内容是他首先把管理活动划分为计划、组织、指挥、协调与控制五大要素，并对这五大管理要素进行了详细的分析和讨论。法约尔认为，“计划就是探索未来和制订行动方案；组织就是建立企业的物质和社会的双重结构；指挥就是使其人员发挥作用；协调就是连接、联合、调和所有的活动和力量；控制就是注意一切是否按已制定的规章和下达的命令进行。”法约尔还认为，管理的这五大要素并不是企业经理或领导个人的责任，它同企业其他五大类工作一样，是一种分配于领导人与整个组织成员之间的职能。另外，法约尔特别强调，不要把管理同领导混同起来。领导是寻求从企业拥有的资源中获得尽可能大的利益，引导企业达到目标，保证六大类工作顺利进行的高层次工作。

2.2.3　韦伯的行政组织理论

韦伯“理想的行政组织体系”理论的主要内容有：

1. 关于权力的理论　韦伯曾在他的著作中指出三类权力：

（1）合理和法定的权力　它指的是依法任命，并赋予行政命令的权力。对这种权力的服从是依法建立的一套等级制度，是对确认的职务和职位的权力的服从。

（2）传统的权力　它是以古老的传统的不可侵犯性和执行这种权力的人的地位的正统性为依据的。

（3）神授的权力　它是指对个人的崇拜和迷信。他认为这三种权力当中，只有合理和法定的权力是行政性组织的基础，因为这种权力能保证经营管理的连续性和合理性，能按照才干来选拔人才，并按照法定程序来行使权力。

2. 韦伯关于理想的行政组织体系的理论

1）组织成员要有明确的分工。每个职位的权力和职责要有明确的规定。

2）组织内的每个职位和职务都按权力等级进行安排，自上而下形成等级指挥系统，下级接受上级的控制和监督。

3）组织成员根据职务的要求，通过考试或培训来挑选，每个职位的人员必须称职，同时也不能任意免职。

4）管理人员由上级任命，不通过选举（除某些按规定必须通过选举产上的公职外）产生。

5）管理人员不是他所管理单位的所有者，只是其中的工作人员。

6）组织中工作人员的关系是一种不受个人感情影响的关系，完全以理性准则为指导。这种公正不依的态度不仅适用于组织内部而且适用于组织同顾客之间。

7）管理人员应当是专职的，并领取固定薪金，有明文规定的升迁制度。

8）管理人员在执行职务中，要严格服从有关的规章制度和纪律，不受个人感情的影响。

2.3　人际关系学说与行为科学理论

行为科学学派起源于20世纪20年代末、30年代初，在1949年美国芝加哥大学的跨学科会议上正式被定名为“行为科学”。该学派比较有代表性的理论有梅奥的人际关系理论、马斯洛的需要层次理论、赫茨伯格的双因素理论、麦格雷戈的“X—Y”理论等。

2.3.1 人际关系学说

尽管泰勒的科学管理理论和方法在20世纪初对提高企业的劳动生产率起了很大作用，但是企图通过此种理论和方法彻底解决提高劳动生产率的问题是不可能的。这是因为：第一，“精神革命”的论断本身是不切实际的。一方面，资本家为了追求最大利润总是尽量少付给工人工资；另一方面，工人也并非纯粹的“经济人”，除了金钱，还有精神上的需要。第二，随着资本主义的发展，逐渐形成了一套资本主义的民义制度，民主意识日益强烈的人们反对独裁、专制，这就使得主张专制、独裁的科学管理理论在付诸实践时遭到工人的强烈反对。第三，随着科学的进步，生产规模不断扩大，有着较高文化水平和技术水平的工人逐渐占据了主导地位，体力劳动也逐渐让位于脑力劳动。这就使得金钱刺激和严格的控制失去了原有的作用。由于上述原因，对人的因素进行研究就变得十分迫切。因此，一个专门研究人的因素以达到调动人的积极性的学派——人群关系学派应运而生，这个学派为以后的行为科学学派奠定了基础，也是由科学管理过渡到现代管理的跳板。

梅奥是对中期管理发展作出重大贡献的人物之一。梅奥的代表作为《工业文明的人类问题》。在这本书中，他总结了亲身参与并指导的霍桑试验及其他几个试验的初步成果，并阐述了他的人群关系理论的主要思想，从而为提高生产效率开辟了新途径。

1924年开始，美国西方电气公司在芝加哥附近的霍桑工厂进行了一系列试验，由哈佛大学的心理学教授梅奥主持。最初的目的是根据科学管理原理，探讨工作环境对劳动生产率的影响。后来梅奥参加该项试验，研究心理和社会因素对工人劳动过程的影响。1933年出版了《工业文明的人类问题》，提出著名的“人际关系学说”，开辟了行为科学研究的道路。

梅奥的人群关系理论的内容主要有下面几点：

1. 工人是“社会人”而不是“经济人” 科学管理的基础是把人当成“经济人”，认为金钱是刺激人们工作积极性的唯一动力。梅奥则认为，工人是“社会人”，影响人们生产积极性的因素，除了物质方面的因素以外，还有社会和心理方面的因素，如他们追求人与人之间的友情、安全感、归属感、受人尊敬等。

2. 企业中存在着非正式组织 “非正式组织”和“正式组织”是相对应的概念。正式组织是为了实现企业目标所规定的企业成员之间职责范围的一种结构。古典管理理论仅注意正式组织的问题，诸如组织结构、职权划分、规章制度等。梅奥认为，人是社会动物，在企业的共同工作中，人们必然相互发生关系，由此就形成了一种非正式团体，在该团体中，人们形成共同感情，进而构成一个体系，这就是非正式组织。非正式组织形成的原因很多，有地理位置关系、兴趣爱好关系、亲戚朋友关系、工作关系等。总之，这种非正式组织确实存在，它在某种程度上左右着其成员的行为。

3. 生产效率主要取决于职工的工作态度以及与周围人的关系 梅奥认为，提高生产效率的主要途径是提高工人的满足度，即要力争使职工在安全方面、归属感方面、友谊方面的需求得到满足，不但要考虑职工的物质需求，还应该考虑职工的精神需求，而对此的需求是因人而异的，这主要取决于两方面因素：

（1）职工的个人情况 它包括由于不同的经历、不同的家庭生活和不同的社会生活所形成的不同的态度。

（2）工作场所情况 它包括职工相互之间，职工与领导者之间的人际关系好坏。

2.3.2 行为科学理论

人际关系学说发展到20世纪50年代便形成了行为科学理论。行为科学理论侧重于对工人在生产中的行为以及这些行为产生的原因进行分析研究。其内容包括：人的本性与需要、动机与行为以及生产中的人际关系。行为科学在第二次世界大战后的发展主要集中在两大领域：①有关人的需要、动机、行为的激励理论，其中代表性的理论包括马斯洛的“需要层次理论”、赫茨伯格的“双因素理论”、弗鲁姆的“期望理论”亚当斯的“公平理论”等。②同管理直接相关的领导理论，包括麦格雷戈的“X—Y”理论、阿吉里斯的“不成熟—成熟理论”、布莱克和默顿的“管理方格理论”等。

1. 马斯洛的“需要层次理论”（1943年） 需求层次理论是由美国心理学家和行为科学家马斯洛（A. H. Maslow）提出来的。该理论是研究组织激励时应用最广泛的理论之一。马斯洛认为，人有一系列复杂的需要，从低级到高级分为生理需要、安全需要、社交需要、尊重需要、自我实现需要五个层次。

马斯洛的需要层次理论，在一定程度上反映了人类行为和心理活动的共同规律。马斯洛从人的需要出发探索激励理论和研究人的行为，抓住了问题的关键；马斯洛指出人的需要是由低级向高级不断发展的，这一趋势基本上是符合需要发展规律的。因此，需要层次理论对企业管理者如何有效地调动人的积极性有启发作用。

2. 赫茨伯格的“双因素理论”（1966年） 赫茨伯格（F. Herzberg）的双因素理论，又称“激励因素—保健因素”理论。赫茨伯格认为，使员工感到满意的往往是属于工作本身或工作内容方面的，包括工作本身、对工作的认可、成就和责任、上级的赏识、提拔等，赫茨伯格称之为激励因素，可以直接产生激励员工的效果。而导致不满意的因素往往可以归结为工作环境或工作关系方面的，如公司的政策与管理、工作条件、人际关系、报酬、工作监督等，被称之为保健

因素。保健因素不能起到直接激励员工的作用，但可以消除员工的不满情绪。

3. 麦格雷戈的“X—Y”理论（1960 年） 美国麻省理工学院心理学教授麦格雷戈（Douglas Mc Gregor）1960 年在所著《企业中人的方面》一书中提出该理论。麦格雷戈认为，管理人员的管理行为受其对人本性假设的影响。当管理人员持关于人本性假设的某一种观点时，就会形成与之相应的管理方式。麦格雷戈提出两种人性假设以及相应的管理方式——“X—Y”理论。

X 理论对人性的假设为：多数人生来懒惰，不愿意负责任，只有少数人勤奋，有责任心；多数人工作是为了追求物质利益的满足感，企业主为获得最大利润，工人为追求最高报酬；个人目标与组织目标是相矛盾的。大多数人具有上述特点，只能是被管理者，只有少数人能克制自己，成为管理者。

按照 X 理论进行管理的方式：组织管理的一切工作都是为了让工人提高工效，完成组织任务，为了克服人性的自私与懒惰的弱点，管理必须有严格的制度，实行标准化作业、程序化操作和规范化管理，以确保生产任务的完成；管理的原则是实行权威督导与控制，管理权力高度集中在少数管理者手中，强迫多数员工绝对服从管理者的意愿；激励制度是实施个人奖惩。用金钱来刺激员工劳动的积极性，同时对消极怠工者采取严厉惩罚措施。泰勒制就是 X 理论管理风格的典型代表。

Y 理论对人性的假设是“自动人”（或称为“自我实现人”）。认为：人天生勤奋，每个成熟的人除有物质和一般社会需求外，还有一种要充分运用自己才华，发挥潜能作出成就的愿望，人只有在实现了自己的这种愿望时才会感到最大的满足；人在追求自我实现的过程中，会表现得主动、有自制力和有创造性。

基于 Y 理论的管理方式：管理的重点是要创造一种适宜的工作环境和条件，让员工能充分发挥自己的潜能达到自我实现的满足；提倡目标管理与自主管理，在管理制度上应该更具有灵活性，给员工更多一些完成工作的自主权，以便在实现目标过程中能充分发挥人的独立创造才能；提倡内在激励，管理者调动员工积极性不是靠物质刺激，也不仅是靠和谐的人际关系，而是强调工作本身对工作者积极性的激励作用。比如，工作对员工来说是具有挑战性的，是他感兴趣并发挥其特长作出成就的，人们通过承担工作责任、行使工作权力、实现工作成就的过程来满足自我实现的需要。组织如果给员工提供了这种机会，员工将会自我激励。

综上所述，行为科学理论强调以人为中心来研究管理问题，看到了人的社会性和复杂性，这标志着管理由传统的以任务为中心的管理向以人为中心的现代管理转变。

2.4　现代管理理论

在古典管理理论和行为科学理论出现以后，特别在第二次世界大战以后，西方又出现了很多新的管理理论，形成许多学派。这些理论与学派在历史渊源与理论内容上互相影响、互相联系，美国管理学家哈罗德·孔茨形象地将其描述为："管理理论的丛林"。其中，主要的管理学派与理论有：以巴纳德为代表的社会系统学派，以卡斯特和罗森茨维奇为代表的系统管理学派，以西蒙和马奇为代表的决策学派，以德鲁克和戴尔为代表的经验主义学派，以伯法为代表的管理科学学派，以卢桑斯为代表的权变管理学派。

2.4.1　社会系统学派

社会系统学派的代表人物是巴纳德，其主要观点体现在《经理的职能》一书中。其主要观点可归纳如下：

1）组织是一个社会协作系统。组织是"两个或两个以上的人有意识协调的活动或效力的系统"，组织的产生是人们协作愿望的结果。

2）组织存在要有三个基本条件，即明确的目标、协作意愿和意见交流。

3）提出了组织效力与组织效率原则。组织效力是指组织实现其目标的能力或实现目标的程度，是组织存在的必要前提；组织效率是指在实现起目标贯彻中满足成员个人目标的能力和程度，是组织生存的能力。

4）管理人员的权威来自于下级的认可。

5）分析了经理人员的作用。经理人员是信息联系系统中相互联系的中心，并对成员的协作活动进行协调，使组织正常运转，以实现其目标。

2.4.2　系统管理学派

系统管理学派的代表人物是卡斯特和罗森茨维奇，代表作是《系统理论与管理》。他们继承了系统论的思想方法，从系统的概念出发，建立起了企业管理的系统模式。他们认为：系统观点、系统分析、系统管理都是以系统理论为指导的，三者之间既有区别，又有联系。其主要观点有：

1）企业管理系统由人、资金、物、技术、时间、信息六个基本要素构成，它们在一定目标下组成一体化系统。其中，人是管理系统中的主体，其他各项要素在一定程度上均受人的控制与协调。

2）企业管理系统是一个由许多子系统组成的、开放的社会技术系统。

3）企业管理系统内部主要有四个基本子系统：第一个是运行系统，即输入过程与输出过程；第二个是控制系统，是指企业对各种有机要素的转化过程；第三个是支持系统，是指企业内各后勤保证的过程；第四个是信息系统，即信息的收集、分析、研究、处理、传递的过程。企业的系统管理强调以整体系统为中心，决策时强调整体系统的最优化。

4）企业管理分三个层次：作业层（即基层管理）、协调层（即中层管理）、战略层（即高层管理）。

5）运用系统观点来考察管理的基本职能，可以提高组织的整体效率。

2.4.3 决策管理学派

决策管理学派的代表人物是西蒙和马奇，西蒙的代表作有《管理决策的新科学》、《管理行为》等，因为对决策理论研究的贡献，1978 年西蒙获得了诺贝尔经济学奖。

决策管理学派是在社会系统学派的基础上发展起来的。其观点主要有：

1）管理就是决策。计划、组织、领导、控制等管理职能都需要决策。

2）以“满意标准”代替传统的“最优标准”。

3）决策是一个复杂的过程，而不是“拍板”的一瞬间。决策的过程至少应该分为四个阶段：提出制定决策的理由；尽可能找出所有可能的行动方案；在诸行动方案中进行抉择，选出最满意的方案；对该方案进行评价。这四个阶段都含有丰富的内容，并且各个阶段有可能相互交错，因此决策是一个反复的过程。

4）决策可分为程序化和非程序化决策。程序化决策是指反复出现和例行的决策。非程序化决策是指从未出现过的，或者其确切的性质和结构还不很清楚或相当复杂的决策。解决这两类决策的方法一般不同。但程序化决策和非程序化决策的划分并不严格，因为随着人们认识的深化，许多非程序化决策将转变为程序化决策。

2.4.4 经验管理学派

经验管理学派，又称案例学派，其代表人物有德鲁克和戴尔。德鲁克的代表作是《有效的管理者》，戴尔的代表作是《伟大的组织者》。他们认为，有关企业管理的科学应该从企业管理的实际出发，以大企业的管理经验为主要研究对象，以便在一定情况下把这些经验加以概括和理论化，但在更多情况下，只是把这些经验传授给企业实际管理工作者，提出些实际的建议。也就是说，该学派主张通过分析经验（案例）来研究管理问题。其主要观点有：

1）管理有三项基本任务。第一是取得经济效果（利润）。第二是使工作具有生产性，并使工作人员有成就。第三是承担企业对社会的责任。因此，管理者必须了解和掌握一些基本技能，如作出有效决策、在组织内部和外部进行信息联系、学会目标管理等。

2）提倡实行目标管理。目标管理是管理人员和员工在工作中实行自我控制并达到工作目标的管理机能和管理制度。

3）对高层管理问题给予了高度重视。对高层管理的任务、结构、战略等作了深入的研究。

2.4.5 管理科学学派

管理科学学派又叫做管理中的数量学派，代表人物是美国的伯法，代表作是《现代生产管理》。该学派的特点是：

1）为管理决策服务，运用数学模型增加决策的科学性。决策的过程就是建立和运用数学模型的过程。

2）各种可行的方案均是以经济效果作为评价的依据，如成本、总收入和投资利润率等。

3）广泛地使用电子计算机。电子计算机的运用大大提高了运算的速度，使数学模型运用于企业和组织成为可能。

2.4.6 权变管理学派

权变管理学派诞生于20世纪70年代，代表人物主要有卢森斯、菲德勒和豪斯。代表作是卢森斯的《管理导论——一种权变学说》。该学派认为，在企业管理中要根据企业所处的内外条件随机应变，没有什么一成不变、普遍适用的“最好的”管理理论与方法。该学派的基础是“超Y理论”。“超Y理论”认为人们怀着不同的需要加入工作组织，人们有不同的需要类型。有的人需要更正规的组织结构和规章制度，而不需要参与决策和承担责任；有的人却需要更多的自治责任和发挥个人创造性的机会。前者欢迎“X理论”的管理方式，后者欢迎“Y理论”的管理方式。因此，不同的人对管理方式的要求是不同的，组织的目标、工作的性质、员工的素质等对组织结构和管理方式都有很大的影响。

在《管理导论——一种权变学说》一书中，卢森斯将过去的管理理论划分为四种学说：过程学说、计量学说、行为学说和系统学说。他认为，这几种学说都没有把管理与环境妥善地联系起来；同时，这些学说的代表人物都强调他们的学说具有普遍的适用性。在管理中必须重视环境对管理的作用。实际上，在环境与管理之间存在着一种函数关系，可以解释为“如果—就要”的关系。即“如果”发生或存在某种环境情况，“就要”采用某种管理思想、管理方式来更好地达到组织目标。权变主要体现在计划、组织和领导方式等方面，包括：①计划要有弹性。②组织结构要有弹性。③领导方式应权宜应变。

2.4.7 现代管理理论新思潮

20 世纪 80 年代以后，在剧烈竞争的环境下，为了适应这一环境变化的要求，出现了以彼得斯和沃特曼为代表的适应变化的管理思想。为了适应企业的兼并和企业的发展，必须制定企业的长远发展战略，从而有波特的战略管理思想的诞生。在新的环境和新的形势下，过去许多已经习惯和熟悉的管理规则正发生着变化，主要是以美国为代表的西方管理思想出现了新的变化。

1. 托马斯·彼得斯的管理思想

（1）彼得斯管理思想的内核　托马斯·彼得斯（Thomason J. Peters）的管理思想基本上有两个方面：一方面是人受到“两重性”驱动，他既要作为集体的一员，又要突出自己；他既要成为一个获胜队伍中的一个可靠的成员，又要通过努力而成为队伍中的明星。另一方面是只要人们认为某项视野从某种意义上说是伟大的，那么他们就会情愿地为这个事业奉献自己。

（2）管理的八条原则　彼得斯在分析美国的许多大小企业以后，提出了成功的企业必须遵循的八条原则：看准就干，行动果断，以求发展；接近顾客；自主创业；以人促产；深入基层；专心搞本行；精兵简政；张弛互济。

（3）彼得斯的管理哲学　彼得斯对人性的认识进行了归纳：

人们需要有意义的生活。

人们需要受一定的控制。

人们需要受到鼓励和表扬。

人们的行动和行为在一定程度上形成态度和信念，而不是态度和信念形成行动和行为。

在这些理论的基础上再来看彼得斯的八条原则，这里确实体现了一种全新管理思想的转变。显然，彼得斯对人性的认识要比前人大大地深化了一步，这种基础性认识对管理思想的发展作出了应有的贡献。

2. 迈克尔·波特的竞争战略理论　随着竞争的进一步激烈，企业形态呈现出新的形式，国际经济形势的变化更加促进了企业向国际化、大型化方面发展。同时社会的进一步分化又提供了更多的市场机会，小型企业得到了快速发展。于是每一个企业为了生存和发展，都在寻找自己的发展道路，都在寻求一个适合自己的发展战略，制定战略成了一个企业首要考虑的问题。在这种背景下，美国哈佛大学的管理学家迈克尔·波特提出了他的战略三部曲，其中对企业发展的战略思想影响比较大的是《竞争战略》和《竞争优势》，这两本书成为企业发展战略理论方面的经典著作。

3. 企业再造理论　它是于 1993 年在美国出现的关于企业经营管理方式的一种新的理论和方法。所谓“再造”，简单地说就是以工作流程为中心，重新设计

企业的经营、管理及运用方式。按照该理论的创始人原美国麻省理工学院教授迈克·哈默与詹姆斯·钱皮的定义，是指“为了飞跃性地改善成本、质量、服务、速度等重大的现代企业的运营基准，对工作流程进行根本性重新思考并彻底改革”，也就是说，“从头改变，重新设计”。为了能够适应新的世界竞争环境，企业必须摒弃已成惯例的运营模式和工作方法，以工作流程为中心，重新设计企业的经营、管理和运营方式。

4. 企业文化理论 日裔美籍管理学家威廉·大内经过调查，对日美两国企业的管理制度、方法进行了比较研究，在此基础上提出了“Z 理论”，认为日本之所以能够在短时间内崛起，一个重要的原因，是因为日本社会及企业中独特的文化。自此，西方现代管理理论中又生起了一支企业文化学派。1981 年 7 月，美国哈佛大学教授特伦斯·迪尔和麦肯锡管理咨询公司顾问阿伦·肯尼迪合著的《企业文化》一书问世。该书进一步解释了构成一种文化的要素：①企业环境是塑造企业文化最重要的因素。②价值观是构成企业文化的核心。③英雄人物把组织的价值观“人格化”，并提供了广大员工效法的典型。④典礼及仪式是企业有系统、有计划的日常例行事务所构成的动态文化，它能使企业文化的价值观得以健全和发展。⑤文化网是企业中基本的（但也是非正式的）沟通方式，它能有效地传递企业的价值观和英雄意识。《企业文化》一书在阐述了企业文化的五大要素后指出，关键问题是要掌握这些要素组合在一起后是如何在企业内部发生作用的。

5. 学习型组织 企业组织的管理模式问题一直是企业管理理论研究的核心问题之一，而对未来企业组织模式的探索研究，又是当今世界管理理论发展的一个前沿问题。1990 年，美国麻省理工学院教授彼得·圣吉发表了《第五项修炼——学习型组织的艺术与实务》，从而提出以“第五项修炼”为基础的学习型组织理念。

圣吉认为，在新的经济背景下，企业要持续发展，必须增强企业的整体能力，提高整体素质。也就是说，企业的发展不能再只靠福特、斯隆、沃森那样伟大的领导者一夫当关、运筹帷幄、指挥全局，未来真正出色的企业将是能够设法使各阶层人员全心投入并有能力不断学习的组织——学习型组织。那么，怎样才能塑造出“学习型”组织呢？圣吉接着提出了五项修炼——“系统思考”、“自我超越”、“心智模式”、“共同愿景”及“团队学习”。

自我测试

一、单项选择题

1. 下列哪位管理学者（　　）提出“管理就是决策”的主张？

A. 赫伯特·A·西蒙　B. 彼得·F·德鲁克
C. 弗雷德·E·费德勒　D. 弗里蒙特·E·卡斯特

2.“X—Y 理论”的代表人物是（　　）。

A. 麦格雷戈　B. 赫兹伯格　C. 梅奥　D. 马斯洛

3. 社会合作系统学派的代表人物是（　　）。

A. 法约尔　B. 西蒙　C. 巴纳德　D. 卢桑斯

4. 西方早期的管理思想中，（　　）是最早研究专业化和劳动分工的经济学家。

A. 亚当·斯密　B. 查尔斯·巴比奇
C. 弗雷德里克·泰勒　D. 大卫·李嘉图

5. 法约尔提出的管理五项职能或要素是（　　）。

A. 计划、组织、决策、协调和控制
B. 计划、组织、决策、领导和控制
C. 计划、组织、指挥、协调和控制
D. 计划、组织、激励、协调和控制

6. 古典管理理论对人性的基本假设，认为人是（　　）。

A. 复杂人　B. 经济人　C. 社会人　D. 单纯人

二、多项选择题

1. 赫兹伯格理论中的“双因素”是指（　　）。

A. 保健因素　B. 激励因素　C. X 理论　D. Y 理论

2. 以下哪些内容是法约尔提出的管理原则（　　）。

A. 统一指挥　B. 统一领导
C. 职能管理　D. 人员的团结

3.“行为科学”的代表人物是（　　）。

A. 德鲁克　B. 马斯洛　C. 麦格雷戈　D. 西蒙

4. 古典管理理论的代表人物是（　　）。

A. 泰勒　B. 法约尔　C. 梅奥　D. 李嘉图

5. 梅奥的人际关系学说的基本内容包括（　　）。

A. 人是“社会人”而不是“经济人”
B. 企业中存在着非正式组织
C. 生产效率主要取决于工人的士气
D. 科学管理方法可以提高效率

6. 马克斯·韦伯指出，任何组织都必须由某种形式的权力作为基础，才能实现目标。这些权力包括：（　　）。

A. 传统的权力　B. 合理和法定的权力

C. 纯粹的权力　　　　　　　　D. 神授的权力

三、判断题

1. 法约尔认为，任何企业都存在着 6 种基本活动，而管理只是其中之一。(　　)

2. 西蒙认为，决策就是从可供选取用的方案中选定一个行动方案的活动。(　　)

3. 权变管理理论就是考虑到组织内部条件的变数同相应的管理观念和技术之间的关系，使采用的管理观念和技术能有效地达到目标。(　　)

4. 管理没有绝对正确的方法，采用何种理论和方法，要视组织的实际情况而定，即所谓“权宜应变”。(　　)

四、案例分析

保利公司的总经理

保利公司是一家中美合资的专业汽车生产制造企业，总投资 600 万美元，其中，固定资产 350 万美元，中方占 53% 的股份，美方占 47% 的股份，主要生产针对工薪家庭的轻便、实用的汽车，在中国有广阔的潜在市场。

谁出任公司的总经理呢？外方认为，保利公司的先进技术、设备均来自美国，要使公司发展壮大，必须由美国人来管理。中方也认为由美国人来管理，可以学习借鉴国外企业管理方法和经验，有利于消化吸收引进技术和提高工作效率。因此，董事会决议：聘请美国山姆先生任总经理。山姆先生有 20 年管理汽车生产企业的经验，对振兴公司胸有成竹。谁知事与愿违，公司开业一年不但没有赚到一分钱，反而亏损 80 多万美元。山姆先生被公司辞退了。

这位曾经在日本、德国、美国等地成功地管理过汽车生产企业的经理何以在中国失败呢？多数人认为，山姆先生是个好人，在技术管理方面是个内行，为公司吸收和消化先进技术做了很多工作。他对搞好保利公司怀有良好的愿望，“要让保利公司变成一个纯美国式的企业”。他工作认真负责，反对别人干预他的管理工作，并完全按照美国的模式设置了公司的组织结构并建立了一整套规章制度。在管理体制上，山姆先生实行分层管理制度：总经理只管两个副总经理，下面再一层管一层。但这套制度的执行结果造成了管理混乱，人心涣散，员工普遍缺乏主动性，工作效率大大降低。山姆先生强调“我是总经理，你们要听我的”。他甚至要求，工作进入正轨后，除副总经理外的其他员工不得进入总经理的办公室。他不知道，中国企业负责人在职工面前总是强调和大家一样，以求得职工的认同。最终，山姆先生在公司陷入非常被动、孤立的局面。

山姆先生走后，保利公司选派了一位懂经营管理，富有开拓精神的中方年轻副厂长担任总经理，并随之组建了平均年龄只有 33 岁的领导班子。新班子根据实际情况和组织文化，迅速制定了新的规章制度，调整了机构，调动了全体员工的积极性。在销售方面，采取了多种促销手段。半年后，保利公司宣告扭亏为盈。

案例思考题：

试运用管理的有关原理分析保利公司总经理成败的原因。

【实践练习】

就近选择一家企业或企业的一个部门作为调查对象，调查该组织的领导是赞同“经济人”假设，还是赞同“社会人”假设，并考察其在管理实践中是如何运用科学管理和行为科学理论的。

第 3 章 计划职能概述

【学习目标】

- 理解计划职能的内涵及特征。
- 了解计划的类型。
- 掌握计划工作的步骤。
- 掌握滚动计划的编制方法。
- 明确目标的含义及性质。
- 理解目标管理的实质及特点。
- 掌握目标管理的步骤与方法。

3.1 计划概述

计划是管理的首要职能，是实现组织、领导、控制等职能的前提，它使组织的经营管理具有方向性、目的性和自觉性。没有计划的管理是无序的、盲目的管理。

3.1.1 计划的含义与内容

计划就是根据社会的需要和组织自身的能力，通过科学的预测，确定在未来一定时期内，组织所要达到的目标以及实现目标的方法。可以将计划工作的内容概括为 6 个方面（5 W 1 H）：

“做什么”即明确一个时期的具体任务和要求。例如，生产计划要确定生产哪些产品，生产多少，生产进度等。

“为什么做”即明确计划的原因和目的，或者说是宗旨、目标、战略。

“何时做”即规定计划中各项工作的起始时间和完成时间。

“何地做”即规定计划的实施地点，了解计划实施的环境和限制条件。

“谁去做”即明确实施计划的部门或人员。例如，新产品的开发，既需要明确主要部门，又需要明确协助部门等。

“如何做”即明确实现计划的措施，以及相应的政策和规则，对组织资源进行合理的预算、分配和使用等。

3.1.2 计划工作的作用

1. 指明方向，协调活动 良好的计划可以明确组织目标，通过科学的计划体系使组织各部门的工作统一协调、井井有条地展开，使主管人员能超脱于繁杂的日常事务，集中精力关注于对未来的不确定性和变化的把握，随机应变地制定相应的对策，实现组织与环境的动态协调。

2. 预测变化，减少冲击 计划是面向未来的，而未来无论是组织的生存环境还是组织自身都具有一定的不确定性和变化性。比如，由于一场火灾，一个主要客户可能取消一项订货单。而计划工作可以让组织通过周密、细致的预测，制定相应的补救措施，并在需要的时候对计划做必要的修正，变被动为主动，变不利为有利，减少变化带来的冲击。

3. 减少重复和浪费 计划工作的一项重要任务就是要使未来的组织活动均衡发展。预先对此进行认真的研究能够消除不必要的重复活动所带来的浪费，能够避免在今后的活动中由于缺乏依据而进行轻率判断所造成的损失。计划工作还有助于用最短的时间来完成工作，以减少迟滞和等待时间，减少误工损失，促使各项工作能够均衡、稳定地发展。

4. 有利于有效地进行控制 组织在实现目标的过程中离不开控制，而计划则是控制的基础，控制中几乎所有的标准都来自于计划。如果没有既定的目标和规划作为衡量的尺度，管理人员就无法检查组织目标的实现情况，也就无法实施控制。

3.1.3 计划工作的特征

1. 计划的目的性 任何组织和个人制订计划都是为了有效地达到某种目标。而在计划工作开始之前，这种目标可能还不具体，计划工作就是让这些目标具体化，以便执行和完成。在计划工作过程的初始阶段，制定具体的、明确的目标是其首要任务，其后的所有工作都是围绕目标来进行的。

2. 计划的首要性 计划工作在管理职能中处于首要地位，一方面，这是由于管理过程中的其他职能都是为了支持、保证目标的实现，计划职能是计划、组织、领导、控制四大管理职能的前提。

3. 计划的普遍性 虽然计划的特点和范围是由于管理层次的不同而有所不同，但所有管理者都有制订计划的共同职能。高层管理者不可能也不必要对自己组织内的一切活动作出明确的说明，这也是有效的管理者所必须遵循的一条原则。最常见的情况是高层管理人员仅对组织活动制订结构性的计划。也可以这样说，高层管理人员负责制订战略性计划，而那些具体的计划则由下级完成。这种情况的出现是由于一个人的能力是有限的，现代组织的工作是非常繁杂的，即使是最聪明、最能干的领导人，也不可能包揽全部计划工作。此外，授予下级某些制订计划的权力，有助于调动下级的积极性，挖掘下级的潜在能力，这无疑对贯彻执行计划，高效地完成组织目标大有好处。

4. 计划的效率性 计划的经济效益可用计划的效率来衡量。计划的效率是指实现目标所获得的利益与执行计划过程中所有耗损总和的比率。换句话说，计划效率是指制订计划与执行计划时所有的产出与所有的投入之比。如果一个计划能够达到目标，但它需要的代价太大，这个计划的效率就很低，因此不是一份很好的计划。在制订计划时要时时考虑计划的效率，不但要考虑经济方面的利益和耗损，还要考虑非经济方面的利益和耗损。

5. 创新性 计划工作总是针对需要解决的新问题和可能发生的新变化、新机会而作出决定的，因而它是一个创新性的管理过程。计划类似于一项产品或工程的设计，它是对管理活动的设计。正如一种新产品的成功在于创新一样，成功的计划也依赖于创新。

3.1.4 计划的类型

1. 长期、中期和短期计划 按计划执行时间的长度可以将计划划分为三种，即长期计划、中期计划和短期计划。一般而言，一年或一年以下可以完成的计划称为短期计划，例如，年度计划、季度计划都是短期计划；1～5 年可以完成的计划称为中期计划；5 年以上可以完成的计划称为长期计划。当然，这种划分不是绝对的，会因组织的规模和目标的特性而有所不同。

长期计划的主要任务是指出组织在较长时期内的发展方向和方针，规定组织各部门在较长时期内从事某种活动应达到的目标和要求，绘制组织长期发展的蓝图，内容相对比较笼统。

而中期、短期计划的内容比较具体，对在中短期内组织某项活动的目标、行动方案、实施措施和手段、具体的考核指标都有具体、明确的规定。短期计划一般还会将工作细分到具体的作业单位，并给出工作日程表、预算等。

2. 功能计划 按照计划的不同功能可以对计划进行分类，对企业而言，常见的功能计划有组织计划、生产计划、财务计划、市场开拓计划等。

（1）组织计划　组织计划是为了完成管理目标所进行的组织设计。它包括为完成管理目标所做的组织机构的安排和人事的聘任、选择与培养，是完成管理目标的基本保证。

（2）生产计划　生产计划是为了完成生产目标，从原材料到产品的转换所作出的程序安排。它包括原料的采购计划、库存计划、产品加工计划、产品验收计划等。如果是综合生产计划还应包括产品销售计划。产品销售计划是和市场环境紧密联系的，它推动了整个生产计划的制订与执行。

（3）财务计划　财务计划是关于如何筹资和使用资本，以便有效地促进组织业务活动的计划，换言之，它是关于组织系统货币流的控制规划。

（4）市场开拓计划　市场开拓计划是企业为了扩大市场份额、增加销售量的计划。这种计划可以使企业变被动为主动，有效地创造市场环境，促进企业的发展。如果说企业的组织计划和生产计划主要是基于企业自身功能而制订的，那么市场开拓计划，则是根据市场环境和自身功能两方面因素的综合而制订的。对企业的内部功能，管理者是可以控制和操纵的，但对于企业的外部环境，管理者一般难以控制和施加影响。高水平的管理者、实力雄厚的企业，往往会通过实施市场开拓计划，积极地参与市场竞争，通过自身的企业行为主动地影响市场、改造市场，在竞争中使自己不断发展壮大。

各种功能计划，都是为了实现组织目标而服务的。这些计划相互依赖、相互作用。组织在制订功能计划时必须统筹考虑，全面安排，有效地利用功能计划这种手段，实现组织的总体目标。

3. 综合性计划和专业性计划　按计划的对象可以将计划分为综合性计划和专业性计划两大类。

1）综合性计划是对业务经营过程中各方面活动所做的全面规划和安排。在较长一段时期内执行的战略计划往往是覆盖面较广的综合性计划，但短期计划也有综合性的，比如，企业往往需要编制年度综合经营计划。

2）专业性计划则是对某一专业领域的职能工作所作的计划，它通常是综合性计划某一方面内容的细化。比如，与企业经营活动直接相关的销售计划、生产计划、产品研发计划以及为业务活动服务的人事计划、财务计划、物资供应计划、技术改造计划、设备维修计划等，这些都是特定职能领域的专业性计划，这些计划只涉及企业活动的某一方面，它们与综合性计划的关系是局部与整体的关系。

4. 指向性计划、具体性计划　这是从计划内容的详尽程度来划分的。指向性计划也可称为指导性计划，一般只规定一些指导性的目标、方向、方针和政策等，并由高层决策部门制订，适用于战略规划、中长期计划等。具体性计划具有非常明确的目标和措施，具有很强的可操作性，一般由基层制订，适用于总计划下的专业计划或具体的项目计划，如新产品开发计划、技术改造计划等。

5. 程序性计划与非程序性计划　管理活动分为两类：一类是例行活动，是经常重复出现的工作，如商店每日的盘点，工厂车间每日生产的零配件的数量统计等。有关这类活动的决策计划是经常重复的，而且具有一定的稳定结构，可以建立一定的工作程序，有些甚至可以编成计算程序。每当出现这类工作或问题时，就利用既定的程序来解决，而不需要重新研究。这类针对例行活动的计划称之为程序性计划，在企业中，有很多属于程序性计划的专业性计划、操作计划。组织中的另一类管理活动属于非例行活动，不重复出现，如企业新产品的开发、实施企业转制、重组等。这些问题过去从未出现且没有固定的解决方法和程序，与此相应的计划被称为非程序性计划。

6. 战略计划和战术计划　根据计划对企业经营影响范围和影响程度的不同，计划制订者所处的管理层次的不同，可将计划分为战略计划和战术计划。

1）战略计划是由高层次管理者制订的，是关于组织活动长远发展方向、基本目的的计划，其内容不追求具体、明确，只规定总的发展方向、基本策略和具有指导性的政策、方针。一般大型企业都有战略计划，对于多种经营的事业部制企业，各事业部也需要制订相应的部门战略计划。企业整体层次的战略，通常称为总战略或发展战略，而事业部层次的战略则称为经营战略或竞争战略。

2）战术计划一般由组织的中低层管理者制订，是关于组织活动如何具体运作的计划。对企业来说，主要是指各项业务活动的作业计划。如果说战略计划侧重于确定企业要做什么以及为什么做，则战术计划是规定需由何人、在何时、通过何种办法做事，以及使用多少资源去做。简言之，战略计划是确保企业“做正确的事”，而战术计划则是追求“正确地做事”。

3.1.5　计划的表现形式

1. 宗旨　一个组织的宗旨是一个组织最基本的目标，也是一个组织存在的基本理由。一个组织的宗旨可概括为两类：一是寻求贡献于组织以外的自然、社会；二是寻求贡献于组织内部的成员的生存和发展。这两类宗旨是彼此相连、相辅相成的。组织是为其宗旨而存在的。

2. 使命　在明确了组织的宗旨以后，管理者自然就要选择能最好地实现这一宗旨的服务领域或事业。被选定的服务领域或事业就是组织的使命。例如，一家旅行社和一家电子企业，同样为了创造利润，一个选择了提供旅游服务，一个却选择了提供电子产品；一所学校和一家法院同样服务于社会，前者的使命是教书育人，后者的使命是解释和执行法律。这里应该强调的是，使命只是组织实现宗旨的手段，而不是宗旨存在的理由。组织为了自己的宗旨，可以选择这种事业，也可以选择那种事业。

3. 目标　组织的使命说明了组织要从事的事业，而组织的目标则更加具体地说明了组织从事这项事业的预期结果。组织的目标包括了组织在一定时期内的目标以及组织各个部门的具体目标等两个方面内容。目标不仅是计划工作的终点，也是组织工作、人事工作、领导工作和控制活动的结果。

4. 战略　组织的使命和目标只是指明了组织的服务领域和预期结果，要实现组织的使命和目标必须创造或具备各方面的基础条件，例如，资源条件、技术条件、市场条件、人员条件等。这些基础条件正是组织战略实施的结果。战略是为实现组织长远和全局的重大问题所进行的规划。战略一词来自于军事用语，因此引用到管理学中来，它仍然含有对抗的含义。所以组织在制订战略时不可能是“闭门造车”，而是要仔细研究其他相关组织，特别是竞争对手的情况，以获得竞争胜利为目标制订出自身的战略。

5. 政策　政策是组织在决策时或处理问题时用来指导和沟通思想与行动方针的明文规定。它指明组织活动的方向和范围，鼓励什么和限制什么，以保证行动同目标一致。作为明文规定的政策，通常列入计划之中，而一项重大的政策，则往往单独发布。

6. 程序　程序规定了如何处理那些重复发生的例行问题的标准方法，所以也是一种计划。通俗地讲，程序就是办事手续，是真正的行动指南而不是思想指南，即对所要进行的行动规定时间顺序。因此，程序也是一种工作步骤。管理者一般把反复出现的业务编制出程序，一旦该项业务再次出现，执行人员只要按照以前编好的程序去做就能得到较好的效果。因此，程序可以看做一种经过优化的计划，它是对大量日常工作过程及工作方法的提炼和规范化。制订程序的目的是减轻主管人员的决策负担，明确各个工作岗位的职责，提高管理活动的效率和质量。管理的程序化水平是管理水平高低的重要标志，制定和贯彻各项管理工作的程序是组织的一项基础工作。

7. 规则　规则是在具体场合和具体情况下允许或不允许采取某种特定行动的规定。规则像其他计划一样是从若干可供选择方案中选出的必要行动，因此，也是一种计划，只不过是一种最简单的计划。规则常常与政策和程序相混淆，所以，要特别注意区分。规则与政策的区别在于规则在应用中不具有自由处置权，而政策在决策时则有一定的自由处置权（虽然这种自由处置权在多数情况下，往往是狭窄的）；规则与程序的区别在于规则不规定时间顺序，可以把程序看成是一系列规则的总和。规则与程序，就其实质而言，旨在抑制思考。所以，有些组织只是在不希望它的员工运用自由处置权的情况下才加以采用。

8. 规划　规划是为实施既定方针所必需的目标、政策、程序、规则、任务分配、执行步骤、使用的资源以及其他要素的复合体。规划有大有小，如为实现我国社会经济发展的大目标，国家制定了一个个五年规划，而一个大学校园里的小零售店为实现向小型超市发展的目标，也可以制订一个改变货架的规划。组织的规划是一份综合性的、粗线条的、纲要性的计划。大的规划往往派生有许多小的规划，而每个小的派生规划都会给总规划带来影响，它们相互依赖、相互影响。因此，规划工作的各个部分彼此协调需要有严格的技能，以及系统思考和行动的方法。

9. 预算 预算作为一种计划，是以数字表示预期结果的一种报告书，它也可称之为“数字化”的计划。例如，企业中的财务收支预算，勾勒出未来一段时期的现金流量、费用收入、资本支出等的具体安排。预算可以帮助组织各级管理部门的主管人员，从资金和现金收支的角度，全面、细致地了解组织经营管理活动的规模、重点和预期成果。预算还是一种主要的控制手段，是计划和控制工作的连接点——计划的数字化产生预算，而预算又将作为控制的衡量基准。

3.2 编制计划的程序与方法

3.2.1 计划工作的程序

1. 估量机会 在实际的计划工作开始之前，管理者应该对环境中的机会做一个扫描，确定能够取得成功的机会。管理者应该考虑的内容包括：组织期望的结果，存在的问题，成功的机会，把握这些机会所需的资源和能力，自己的长处、短处和所处的地位。例如，一家食品公司通过市场调查和分析，发现儿童营养食品具有非常广阔的市场，该食品公司又有能力研究开发和生产此类产品，这就是一种市场机会。估量机会的工作就是要根据现实的情况，对可能存在的机会作出现实主义的判断。确切地说，这项工作并非计划的正式过程，它应该在计划过程开始之前就已完成，但它是整个计划工作的真正起点。

2. 确定目标 人们在旅行之前必须明确自己的目的地，同样，计划工作的第一个步骤就是为整个计划确立目标，也就是计划的预期成果。如上述所说的食品公司确立生产儿童营养食品的目标，就要确定具体生产何种产品，每年生产多少，需要投入多少人力、物力和财力，各部门具体应做哪些工作等。确立目标时要注意解决以下三个问题：

（1）确立目标的内容和顺序 某一个组织在一定的时间内到底要取得哪些成果是首先要确定的。此外，这些成果不可能是等量齐观的，在一定时间和一定条件下，某一目标可能比其他目标更为重要。不同的目标内容和顺序将导致不同的政策和行动，也会有不同的资源分配顺序。因此，大至一个国家，小至一个人，正确地选择目标内容和顺序是和社会制度、组织的性质、面临的主要问题以及管理者个人，特别是高层管理者的价值观念有关。

（2）选择适当的目标时间　这是指要用多长时间来达到目标。一般来说，人们往往习惯于按日历确定计划时间，从而也就确定了目标时间，但这种做法有时与实际工作中所需时间不一致。最好的办法是按承诺原则确定目标时间。作了某项选择就是对未来将采取的某一串行动作了“承诺”，合理的目标时间应当与合理承诺所包括的时间相同。例如，目标时间应与采用某一方案所使用的投资能充分回收的时间相等。

（3）目标要有明确的科学指标和价值　目标不能含糊其辞，应尽可能数量化，以便度量和控制。而且应反映出事物的本质并确切地反映目标。不仅要有数量指标，而且要有质量指标；不仅要有绝对指标，而且要有相对指标。如利润与利润率、单位流动资金所创造的利润、单位总投资所创造的利润、企业评估的分数和名次等。

3. 确定前提条件　这是计划工作的一个重要内容。选定目标即是确定计划的预期成果，而确定前提条件则是要确定整个计划活动所处的未来环境。计划是对未来条件的一种“情景模拟”，计划的整个工作步骤就是要确定这种“情景”所处的状态和环境。例如，食品公司确定生产儿童营养食品，应分析当时消费者的消费水平、公司制造儿童营养食品的能力、生产什么产品、什么价格、需要何种设备和原材料、原材料的供应情况和价格情况、产品成本的多少、市场的潜力有多大、竞争者的情况等，同时也应考虑计划参与者对计划的看法是否一样，具有哪些限制条件和困难。这种“情景模拟”能够在多大程度上贴近现实，取决于对它将要处在的环境和状态的预测能够多大程度地贴近未来的现实，也就是取决于计划的这一步骤的工作质量。

4. 确定备选方案　计划工作的第三步是探讨和制订可供选择的行为过程，即可行方案。任何事物只有一种可行的方案是极少见的，完成某一项任务总是有许多方法，即每一项行动均有异途存在，这叫做异途原理。有些异途是潜藏着的，只有发掘了各种可行的方案才有可能从中抉择出最佳方案。例如，食品公司决定生产儿童食品，有各种各样类型的儿童营养食品可供选择，食品公司应决定几种比较可行的方案供决策者作出选择。如果只有一种方案，就无所谓抉择。管理界有个说法，“若某一事物只有一个方法，则此方法大半会是错误的方法”。在管理的实践中，管理者发掘方案的才能与正确抉择的才能同样重要。然而，要发掘多种可行方案，必须具有民主气氛，既要群策群力，集思广益；又要思路开阔，大胆创新。

5. 评价备选方案　在找出了各种备选方案并考察了它们各自的优缺点后，计划工作的第四步就是按前提和目标来权衡各种因素，并以此对各个备选方案进行评价。评价备选方案的尺度有两个方面：一是评价的标准；二是各个标准的相对重要性，即权数。在评价时要考虑以下几点：

1）特别注意发现每一个方案的制约因素或隐患。制约因素是指那些妨碍目标达成的因素，在评价各种可行方案时，对制约因素认识得越深刻，选择方案时的效率就越高。

2）在评估时，即将一个方案的预测结果和原有目标进行比较时，既要考虑到许多有形的可以用数量表示的因素，也要考虑到许多无形的不能用数量表示的因素。例如，一个人或一个企业的声誉和人际关系等。

3）要用总体效益观点来衡量方案。这是因为对某一部门有利的不一定对全局有利，对某项目标有利的不一定对总体目标有利。

6. 选择方案　选择方案就是选择行为的过程，正式通过方案。选择方案是决策的关键。为了保持计划的灵活性，选择的结果往往可能会选择两个方案，并且决定首先采取哪个方案，并将另一个方案也进行细化和完善，作为后备方案。

7. 制订派生计划　完成选择之后，计划工作并没有结束，还必须帮助涉及计划内容的各个下属部门制订支持总计划的派生计划。基本计划要靠派生计划来扶持，派生计划是主计划的基础；只有派生计划完成了，主计划才有保证。

8. 编制预算　完成以上几步之后，最后一项便是把决策和计划转化为预算，使其数字化，通过数字来反映整个计划。这主要有两个目的：①计划必然涉及资源的分配，只有将其数字化后才能汇总和平衡各类计划，分配好各类资源。②预算可以成为衡量计划是否完成的标准。例如，食品公司可根据销售预测，确定每年销售各类儿童食品的数量、价格、销售收入及现金收入情况的销售预算，接着编制生产预算、直接材料、直接人工和制造费用预算，并编制销售及管理费用预算、预计损益表、预计资产负债表和预计财务状况变动表等。通过各项预算来反映计划执行后收入与支出总额、利润数额以及现金流动情况、资产与负债情况等。

3.2.2　编制计划的方法

1. 滚动计划法　计划是人们主观制订的，不可能与客观条件完全相符合，一些不确定的因素又难以准确预测。因此，计划在执行的过程中由于环境和条件的变化等原因，需要对计划进行调整和修改。滚动计划是一种较好的制订与修改计划的方法。

（1）滚动计划的概念　滚动计划又称滚动式计划法，是一种定期修订计划的方法，它是在编制计划的基础上，每经过一段时期（一年，一个季度），就根据变化了的环境和计划的实际执行情况，对原计划进行调整，保持原计划期限不变，将计划期限顺次向前推进一个时期，使计划不断滚动、延伸。比如，年度计划每一个季度编制一次，每次向后滚动一次；五年计划每年编制一次，每年向后滚动一年。

（2）滚动计划程序及应用范围

1）滚动计划程序。应用滚动计划法编制企业五年计划，其程序如图 3-1 所示。

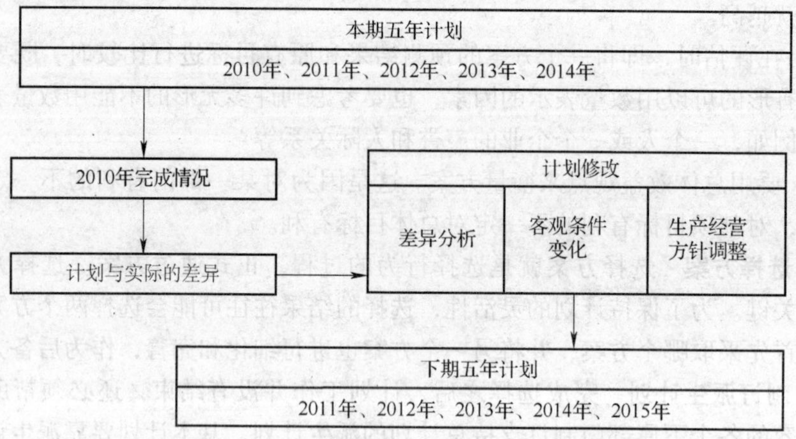

图 3-1　应用滚动计划法编制企业五年计划的程序

从图 3-1 中可以看出，五年计划的滚动程序，首先是企业编制出 2010～2014 年五年计划，到 2010 年末，企业根据当年计划完成情况及客观条件变化等因素对原定的上期五年计划进行必要的调整，在此基础上编出 2011～2015 年新的五年计划。同理，到 2011 年末再根据 2011 年计划执行情况、计划修整因素等编出 2012～2016 年的五年计划。在编制时，近期计划部分较详细，远期计划部分较粗略，如此不断地向前滚动，编制出各期计划。

2）滚动计划的应用范围。滚动计划最初是应用于编制长期计划的，即五年、七年以上时期的计划，近几年来也有许多企业将其用于编制中、短期计划，取得良好的效果。企业对滚动计划的应用，一般有以下几个方面。

① 按月（旬）度滚动的月度生产作业计划（一次编排 2～3 个月）。

② 按月滚动的季度生产计划（一次编排 3～6 个月）。

③ 按季滚动的季度生产计划（一次编排 2～3 个季度）。

④ 按年滚动的年度生产计划（一次编排 2～3 个年度）。

⑤ 按年滚动的三年计划（一次编排 3 个年度）。

⑥ 按年滚动的五年计划（一次编排 5 个年度）。

五年计划由于时间较长，计划期内预测的准确性难度较大；年度计划又较短，因此有的企业采用三年滚动计划（中期计划），其程序图如图 3-2 所示。

从图中可以看出，编制 2010 年计划时对 2011 年、2012 年进行预测，将 2010 年的计划与后两年的计划衔接起来。根据 2010 年的实际执行情况及修正因素等调整 2011 年计划，并对 2012 年、2013 年进行预测。形成“干当年、看明年、想后年”的格局，使企业始终有一个比较切合实际的中期计划用以指导

	计划	预测	预测	
2010年	2011年	2012年		
	2011年	2012年	2013年	
	计划	2012年	2013年	2014年
		计划	预测	预测

图 3-2　三年滚动计划程序示意图

生产。

2. 网络计划技术　网络计划技术是20世纪50年代以来出现的一类计划控制方法，又称为关键路线法、统筹法，它是利用网络技术制订计划，并对计划进行评价、审定的技术方法。网络计划方法的基本原理是，把一项工作或项目分成各种作业，然后根据作业顺序进行排列，利用所形成的网络对整个工作或项目进行统筹规划和控制，以便用最短的时间和最少的人力、物力、财力的消耗去完成既定的目标或任务。首先，应用网络图表达计划中各项工作的先后顺序和相互关系；其次，通过计算找出计划中关键工序和关键路线；然后，通过不断改善网络图的方法，选择最优方案；并在计划执行过程中进行有效的控制，保证取得最佳的经济效益。网络计划的优化，就是通过利用时差，不断改善网络计划的最初方案，在满足既定的条件下，获得周期最短、成本最低、对资源最有效利用的方案。

3. 线性规划法　在目标已定，资源有限的情况下，可以用线性规划方法来确定计划。首先是确定一个目标，比如，利润最大、成本最小、产量最大等，这个目标就是目标函数；其次，确定可用资源，比如，多少台设备、多少原料、多少劳动工时？然后，根据各种产品的资源消耗定额和产量定额，确定约束条件；最后，把目标函数、资源条件、产量定额、资源消耗定额之间的数量关系，用方程式表示，就形成了线性规划的数学模型。线性规划法是用于制订计划和决策过程中的极为有用的方法。它既可以用来规划生产、选择最佳的投资方案，又可以用来部署各地的销售人员，还可以规划出用最小代价来最好地完成某一项任务。

3.3　目标管理

3.3.1　目标和目标管理

1. 目标的概念　目标是一个组织各项管理活动所指向的终点，每一个组织都应有自己的目标。尽管不同的组织有不同的目标，但有一点共同的，那就是追求效率。如果一个组织不能始终做到这一点，就会逐渐丧失自己存在的价值。

企业目标是在分析企业外部环境和内部条件的基础上确定的企业各项活动的发展方向和奋斗目标，是企业经营思想或宗旨的具体化。企业目标为企业决策指明了方向，是企业计划的重要内容，也是衡量企业经营成效的标准。

2. 目标的性质

（1）目标是分层次的　企业的目标可以看做由从上至下的多个目标层次所构成的一个等级结构。处于最顶层的是企业的目的和使命，以下依次为企业在一定时期的总目标、各个领域的目标、各个部门的目标，最底层则是组织成员的个人目标。在这个目标等级结构中相邻两层目标之间构成了一种目标——手段链的关系，下一层次的目标是保证上一层次目标得以实现的手段。

（2）目标是一个网络体系　企业的目标很少表现为线性相关的方式，即一个目标实现之后才接着开始实现另一个目标，而是通常表现为一个彼此依存的网络体系。正因为如此，有些目标尽管看起来对自己的部门有利，但对组织整体却可能是有害的。就某一部门而言，拟订一些看来能完全适合于自己的具体目标并不困难，但要确保它不会与其他部门的目标发生矛盾就并非易事。

（3）目标具有多样性　一个企业可能同时追求多种多样的目标，如利润率和投资回收率，国际市场上的地位，科研方面的竞争力，本行业中的主导地位，企业的社会责任等。同样，对于企业的各个部门乃至每一个组织成员也是如此，他们也都具有多样性目标。

（4）长期目标和短期目标　组织的长期计划和短期计划之间必须形成一个相互协调的整体关系，才能使计划工作取得成效。短期目标的设定是为了长期目标的实现；决定短期目标的过程，也就是为了实现长期目标而对所必须从事的各项工作的评定。

3. 目标管理的产生　20世纪50年代，德鲁克在《管理的实践》一书中首先提出了目标管理思想，他强调，在影响企业健康发展的所有方面都必须建立目标，在目标管理中要实行自我控制。目标管理的理论基础是科学管理理论和行为科学理论。

4. 目标管理的概念　目标管理是一种通过科学的制订目标、实施目标、考核目标、依据目标进行考核评价的管理方法。目标管理的基本特点是通过目标体系的建立与对职工的充分授权，来保证一个企业拥有自我管理的工作环境。它通过激励职工去发现工作的兴趣和价值，在工作中自我发展、自我控制，在享受个人成就感的同时，保证企业的高效率，或者说，是高效率地实现个人目标和企业目标。

5. 目标管理的性质　目标管理的目的在于让组织内的每个人对目标的制订和实施都有发言权，使每个人都了解自己在规定的时间内应完成的工作任务以及可能得到的相应报酬和奖励。

（1）目的性　企业实行目标管理，使企业在一定的时间内各项活动的目的都非常简单明了，它是以企业目标的形式表现的。目标管理中所制订的企业目标都非常具体、明确，它包括质量目标和数量目标，如使产品质量达到国家标准；使利润增长率达到一定水平；使费用率降低到一定水平等。目标管理的目的性还反映在企业目标的制订上，在社会主义条件下，制订目标要体现社会主义基本经济规律的要求，适应市场的变化，保证企业的生产目的与社会主义基本经济规律要求的一致性。

（2）整体性　现代化的大企业要求精细的劳动分工和严密的协作，以适应生产过程中机器运转体系的要求和高度社会化的要求，而且生产过程具有高度的比例性和连续性，以及适应外界条件变化的应变性。在这样的情况下，局部利益与整体利益并不总是一致的。有些工作，从局部看是有利的，但是从整体上看，并不一定理想。目标管理对企业生产经营活动的全过程实行全面的综合性管理。企业管理通过确定和落实目标，建立纵横交错、全面完整的目标体系，这个体系使企业上下的每个层次、每个环节都互相关联，融为一体，每个职工的目光都集中到企业的总目标上，每个分目标都是企业总目标的组成部分，每个人的工作都与企业的总目标紧密相连。因此，目标管理对企业生产经营活动的全局，具有决定性的影响。

（3）层次性　企业目标能否按期、按质、按量地实现，很大程度上取决于能否分清层次。目标管理系统中研究的层次性，主要是研究和解决目标管理中上下级之间的领导关系和领导方法的问题。

随着企业总目标的逐层分解、展开，也要逐层下放目标管理的自主权。这时，企业内部承担目标的车间（部门）之间的横向联系，就可以由各单位自己进行。只有在他们不协调或发生矛盾时，才需要上一层次的领导出面解决。这样才能更大程度地发挥下层次的积极性和主动性。企业领导在目标管理中只抓两项工作：①根据企业总目标向下一层次发出指令性信息，最后考核指令的执行结果。②解决下一层次各单位间的不协调关系，对有争议的问题作出裁决，使目标管理的层次清晰，各层次的任务明确。

（4）民主性　目标管理是组织职工群众的意见和要求，上级与下级共同协商、共同讨论、共同决定。在实施目标时，职工不是依靠上级摊派任务，而是上下结合，自觉地对照自己的工作目标，对目标的要求与进度负责，有效地实行自我控制，自觉地发挥自己最大的积极性，尽最大的努力把工作做好。

3.3.2　目标管理的实施过程

目标管理实施过程一般可以分为目标建立、目标分解、目标控制、目标评定与考核四个阶段。

1. 目标建立 目标建立是目标管理实施的第一阶段，这一阶段要做的事情就是目标的建立和分解。建立企业目标首先要明确企业的使命宗旨，并结合企业内外环境决定一定期限内的工作具体目标。

目标设立的原则有：

1）目标应尽量地定量化，以便于考核。根据目标值，依据严格规定的定量分析的各项指标，客观地进行评价。这样，一方面，使每个职工都对自己的工作目标，做到心中有数；另一方面，也有利于企业对职工达成目标的情况进行考核。

2）目标要适中，不宜太多、太高。目标太多或太高，都会给职工在实施目标的过程中，施加过多的压力，不利于调动职工的积极性，也不利于企业提高经济效益。

3）目标要具体落实到部门和人。这样有利于各部门、全体员工在工作中对照目标进行调整，以便及时发现、修正偏离目标。目标管理的基本要求是：根据每个岗位的工作目标或职工的个人工作目标定责任，使每个岗位、每个人都明确自己在实现企业目标过程中所应担负的责任，明确岗位责任制。

2. 目标分解 企业目标确定以后，要把它分解为部门、车间、班组和个人等各个层次的分目标和目标最小单位，以便于采取措施实现目标。企业总目标和分目标之和构成企业目标体系。

企业目标体系（目标分解）的基本要求如下。

1）各个分目标的集合构成企业总目标，分目标应能保证总目标的实现，企业总目标与分目标的内容是上下贯通的。

2）各个分目标之间应考虑时间上的协调与平衡，注意同步进行，防止因时差而影响实现企业目标的进程。

3）各个分目标力求简明，有相应的计量标准。

4）充分考虑完成各分目标所需要的条件及限制因素。

分解目标的基本方法是：自上而下，将企业目标按其内部机构设置和组织层次依次分解，从经理层分解到各个职能科室，再分解到各个车间（部门），一直分解到每一个班组、岗位和个人。分目标自上而下层层分解，直到能采取具体措施为止；同时还要自下而上地层层保证，保证总目标的实现。从而形成一层接一层、一环套一环的目标体系。

3. 目标控制 为保证企业目标的顺利实现，管理者必须进行目标控制，随时了解目标实施情况，及时发现问题并协助解决。必要时，也可以根据环境变化对目标进行一定的修正。积极的自我控制与有利的领导控制相结合是实现目标动态控制的关键。

4. 目标评定与考核 目标管理注重结果，对部门及个人目标的完成情况必须进行自我评定、群众评议、领导评审。通过评价活动，肯定成绩、发现问题、及时总结目标执行过程中的成绩与不足，完善下一个目标管理过程。

自我测试

一、单项选择题

1. 在计划工作的程序中，估量机会所处的阶段是（ ）。

A. 在计划工作开始之后　　B. 在计划工作开始之前

C. 在制订目标之后　　D. 在方案评价之后

2. 下列关于计划的描述正确的是（ ）。

A. 企业目标是追逐利润，因此计划工作只需考虑经济效益

B. 计划工作至关重要，因此必须面面俱到

C. 计划与决策没有什么必然的联系

D. 计划工作在各级管理工作中普遍存在

3. 用数字表示预期结果的报表，被称为“数字化”的规划，这种计划就是（ ）。

A. 专题计划　　B. 专项计划　　C. 预算　　D. 数量计划

4. 目标管理理论的理论基础是（ ）。

A. 科学管理理论

B. 行为科学理论

C. 组织理论

D. 科学管理理论与行为科学理论的有效统一

5. 目标管理是一个全面的（ ）。它用系统的方法，使许多关键活动结合起来。

A. 管理系统　　B. 评估工具　　C. 指标体系　　D. 激励手段

二、多项选择题

1. 战略制定的原则是（ ）

A. 扬长避短　　B. 趋长避短　　C. 满足顾客　　D. 及时制定

2. 滚动计划方法的作用是（ ）。

A. 计划更加切合实际，并且使战略性计划的实施也更加切合实际

B. 使长期计划、中期计划与短期计划相互衔接

C. 使短期计划内部各阶段相互衔接

D. 大大加强了计划的弹性

3. 按计划的时间期限可以把计划分为（ ）。

A. 战略计划　B. 短期计划　C. 指导性计划　D. 中期计划　E. 长期计划

4. 目标管理的局限性有（　　）。

A. 目标管理的原理和方法往往宣传得不够

B. 可考核的目标往往难以确定

C. 确定的目标一般都是长期的

D. 存在不灵活性

E. 难以进行成果评价

三、判断题

1. 战略计划就是时间跨度很长的计划。（　　）

2. 在目标设立过程中，目标要略低于企业当前的生产经营能力。目标过高，会因无法完成任务而使职工丧失信心。（　　）

3. 计划工作事关重大，因此，企业高层管理者一定要做好计划工作，中下级管理人员不必做计划。（　　）

【实践练习】 模拟管理：编制活动策划（计划）书

【实训目标】

1. 培养创新能力与策划能力；

2. 掌握实际编制计划的方法。

【实训内容与方法】

1. 在调研的基础上，运用创造性思维，策划一项活动，制订计划书。要求：

（1）所策划的活动的内容与主题，既可以由教师统一指定，又可以由学生自选。选题尽可能是与所学专业相关，也可以是学生所熟悉的其他内容。

（2）应通过调研，占有较为丰富的材料。

（3）要运用创造性思维，所策划的活动一定要有创意。

（4）要科学地规划有关要素，计划书的结构要合理、完整。

2. 在每个人进行个别策划的基础上，以模拟公司为单位，运用“头脑风暴法”等方法，组织深入研讨，形成公司的创意。

3. 利用课余时间进行系统的活动策划，编制公司的活动策划书或计划书。

4. 在课上进行交流与论证。

【标准与评估】

1. 标准：以对真实企业调研和占有丰富资料为基础，计划书结构合理（要包含教材提出的基本要素），并富有创意，运筹周全。

2. 评价对象：

（1）每个人都要起草一份策划书。

（2）公司的策划书或计划书（执笔人则不再另写个人策划书）。

（3）在全班进行交流，共同对各公司的策划创意与计划编制进行评估。

第4章 战略管理

【学习目标】

- 理解战略管理的含义、特征。
- 了解战略管理的基本内容。
- 掌握战略管理的内外环境的分析方法。
- 熟悉战略制定的程序和方法。
- 能运用“五力量法”对产业环境进行分析。
- 会利用 SWOT 对经营环境进行分析。
- 懂得结合实际对竞争环境进行选择，具备分析经营环境的能力。

4.1 战略管理的含义与作用

4.1.1 战略管理的定义

综合不同学者和组织者的不同见解，本书认为，战略管理是对一个组织或组织在一定时期的全局的、长远的发展方向、目标、任务和政策，以及资源调配作出的决策和管理艺术。它是一个全面的、复杂的管理过程，包括制定、实施、评估、调控和变革的组织或组织全部活动。可以从以下几个方面把握战略管理。

1. 战略管理是一项“综合性的管理活动” 战略管理不是单指战略制定，而是为实现组织或组织愿景、使命和战略目标，科学地分析内外部环境条件，制定战略决策，评估、选择并实施战略方案，控制战略绩效的完整的、相互联系的动态过程。

2. 战略管理是一个“持续性的管理过程” 战略管理不是一次性一锤定音的管理工作，它关心的是组织或组织长期稳定和高效可持续发展，是一个不断循环往复、不断完善、不断创新的螺旋式上升的过程。

3. 战略管理是一门“决策的科学和艺术” 战略管理是一门“决策的科学”，是因为它是反映组织战略管理客观规律的系统化知识；战略管理是一门“决策的艺术”，是因为这门科学的真正价值又在于应用和实践——一旦付诸实践，就必然呈现出不同的模式和效果。

战略管理根据其目的要求，包括了以下五项任务：

1. 提出组织的战略展望 组织应该把未来的生存和发展问题作为制定战略的出发点和归宿，即指明组织的未来业务组成和前进的目的地，从而为组织提出一个长期的发展方向，清晰地描绘组织将竭尽全力所要进入的事业，使整个组织对一切有一种目标感。

2. 建立目标体系 建立目标体系的目的是将组织的战略展望和业务使命转换成明确具体的业绩目标，从而使得组织的进展有一个可以测度的标准，在采取行动时，目标更加明确、精力更加集中。

3. 制定战略以达到期望的结果 制定战略就是确定组织任务，认定组织的外部机会与威胁，内部的优势与弱点，建立长期目标，制定供选择战略，选择特定的实施战略，以达到期望的效果。

4. 实施和执行选择的组织战略 有效的战略管理是围绕着重要的战略概念与推动力而制定的，不同的战略概念与推动力会使组织的战略产生不同的内聚力、均衡性和侧重点。战略管理的实质是建立一种强大而又灵活的态势，为组织提供可以实现自己目标的若干选择方案，以应付可能出现的各种复杂情况，确保有效地实施和执行选择的组织战略。

5. 评价组织的经营业绩 战略管理在一定程度上或多或少需要自我完善，因此，评价组织的经营业绩，采取完整性措施，参照实际的经营事实、变化的经营环境、新的思维和新的机会，调整组织的战略展望、组织的长期方向、组织的目的体系、组织的战略以及组织的战略执行是战略管理的一项重要任务。

4.1.2 战略管理的特征

战略管理是一种管理思想和管理方式，它具有长远性、全局性、动态性、高层次性、竞争性、风险性、适应性和创新性等特征。

1. 战略管理的长远性 战略管理中的战略决策是对组织未来较长时期内，就组织如何生存和发展等进行统筹规划。虽然这种决策以组织外部环境和内部条件的当前情况为出发点，但是这一切是为了更长远的发展，是长期发展的起步。在迅速变化和竞争性的环境中，组织要取得成功必须对未来的变化采取预应性的态势，这就需要组织做出长期性的战略计划。组织战略必须经历一个持续、长远的奋斗过程，除根据市场变化进行必要的调整外，制定的战略通常不能朝令夕改，具有长效的稳定性。

2. 战略管理的全局性 组织战略立足于未来，通过对国内外的政治、经济、文化及行业等经营环境的深入分析，结合自身资源，站在系统管理高度，对组织的远景发展轨迹进行了全面的规划。战略管理必须对组织经营管理的所有方面都具有指导意义，只考虑局部利益的计划不能列入战略管理。

3. 战略管理的动态性 战略管理活动的重点是制定战略和实施战略，而制定战略和实施战略的关键都在于对组织外部环境的变化进行分析，对组织的内部条件和素质进行审核，并以此为前提确定组织的战略目标，使三者之间达成动态平衡，从而实现战略管理。

4. 战略管理的高层次性 战略管理的主体是组织的高层管理人员。由于战略决策涉及一个组织活动的各个方面，虽然它也需要组织上、下层管理者和全体员工的参与和支持，但组织的最高层管理人员介入战略决策是非常重要的。这不仅是由于他们能够统观组织全局，了解组织的全面情况，而且更重要的是他们具有对战略实施所需资源进行分配的权力。

5. 战略管理的竞争性 战略管理是适应市场需要而产生的，而竞争是市场经济不可回避的现实，也正是因为有了竞争才确立了“战略”在经营管理中的主导地位。面对竞争，组织战略需要进行内外环境分析，明确自身的资源优势，通过设计适体的经营模式，形成特色经营，增强组织的抗风险能力，推动组织长远、健康的发展。

6. 战略管理的风险性 组织作出任何一项决策都存在风险，战略决策也不例外。战略管理的环境总是处于不确定和变幻莫测的趋势中，任何组织战略都伴随着风险。市场研究深入，行业发展趋势预测准确，设立的远景目标客观，各战略阶段人、财、物等资源调配得当，战略形态选择科学，制定的战略就能引导组织健康、快速的发展。反之，仅凭个人主观判断市场，设立目标过于理想或对行业的发展趋势预测偏差，制定的战略就会产生管理误导，甚至给组织带来破产的风险。

7. 战略管理的适应性 战略管理的适应性主要包括环境适应性和资源适应性。环境适应性就是制定发展战略时，要考虑与外界环境的关系，要解决组织与外界环境如何对接以及如何适应的问题。资源适应性就是要知道组织有多少资源，比如，投资的分配、人员的招收和去留、分公司的兼并或出让、有多少资金、多少人才等。在任何一种情况下，战略决策都需要在相当长的一段时间内致力于一系列的活动，而实施这些活动需要有大量的资源作为保证。这就需要为保证战略目标的实现，对组织的资源进行统筹规划，合理配置。

8. 战略管理的创新性 战略管理的创新性源于组织内外环境的发展变化，因循守旧的组织无法适应时代的发展。组织通过挑战常规逻辑来重塑商业模式，重划市场边界，为客户和组织自身创造新的价值。成功的战略性创新催生新的商业模式、新的市场，以及新的客户价值和组织价值。

4.1.3 战略管理的作用

1. 强化组织对经营环境研究的主动性 由于战略管理将组织的成长和发展纳入了变化的环境之中，管理工作要以未来的环境变化趋势作为决策的基础，这就使组织管理者们重视对经营环境的研究，正确地确定组织的发展方向，选择组织合适的经营领域或产品—市场领域，从而能更好地把握外部环境所提供的机会，增强组织经营活动对外部环境的适应性，从而使两者达成最佳的结合。

2. 提高员工对组织的责任心 实施战略管理的重要目的是使组织全体成员了解组织当前和未来面临的经营形势，组织要进一步发展应解决的重大问题，组织下一步发展目标和措施，组织各部门应当完成的任务，每名成员应当担负的责任，以及成员个人在组织发展过程中可能获得的成长和利益。由于战略的实施同日常的经营计划控制结合了在一起，这就把近期目标与长远目标结合了起来，把总体战略目标同局部的战术目标统一了起来，从而可以调动各级管理人员参与战略管理的积极性，有利于充分利用组织的各种资源并提高协同效果。

3. 增强组织应对风险的能力 战略管理可以促使组织将内部资源条件与外部环境因素结合起来考虑，对影响组织经营的种种重要变化有高度的警惕性，一旦问题发生，立即启动防范预案，这样不仅可以马上予以处置，而且可以预防不利问题的连锁发生。

4. 有利于培育创新型组织 战略管理不只是停留在战略分析及战略制定上，而是将战略的实施作为其管理的一部分，需要根据环境的变化对战略不断地进行评价和修改，使战略管理本身不断地得到完善。由于战略管理不只是计划“我们正走向何处”，而且也计划如何淘汰陈旧过时的东西，以“计划是否继续有效”为指导重视战略的评价与更新，这就使组织管理者能不断地在新的起点上对外界环境和组织战略进行连续性探索，增强创新意识，建立创新性组织。

4.1.4 战略管理的要素和层次

1. 战略管理的要素 战略管理一般由四个要素构成，即经营范围、成长方向、竞争优势和协同作用。安索夫认为这四种要素可以产生合力，成为组织共同经营的主线。

（1）经营范围 经营范围是指组织从事生产经营活动的领域，又称为组织的定域。它反映组织目前与其外部环境相互作用的程度，也可以反映出组织计划与外部环境发生作用的要求。对于大多数组织来说，他们应该根据自己所处的行业、自己的产品和市场来确定经营范围。

（2）成长方向　成长方向又可称为增长向量。它说明组织从现有产品与市场结合向组织未来产品与市场移动的态势。成长方向指出了组织在一个行业的变化方向，而且它能指出组织战略方向要跨越行业界限的方向，以这种方式描述共同经营主线是对以产品与市场范围来描述组织主线的一种补充，有利于更清晰地界定组织的经营范围。

（3）竞争优势　竞争优势是指组织通过其资源配置的模式与经营范围的决策，在市场上所形成的与其竞争对手不同的竞争地位。竞争优势既可以来自组织在产品和市场上的地位，也可以来自组织对特殊资源的正确运用。

（4）协同作用　协同作用是指组织从资源配置和经营范围上所能寻求到的各种共同努力的效果。在组织管理中组织总体资源的收益要大于各部分资源之和。一般来说，组织协同作用可分为四类。

1）投资协同。这种协同作用产生于组织内各经营单位联合利用组织的设备、共同的原材料储备、共同研究开发的新产品，以及分享组织专用的工具和专有的技术等活动中。

2）作业协同。这种协同作用产生于充分利用已有的人员和设备，共享由经验曲线形成的优势等活动中。

3）销售协同。这种协同作用产生于组织的产品使用共同的销售渠道、销售机构和推销手段，还产生于组织使用共同的品牌。如原来主要生产冰箱的海尔公司，在建立起销售渠道和品牌影响力后，其后续开发的家电产品很多都继续使用海尔品牌和相同的渠道，大大减少了广告推广和渠道建设支出。

4）管理协同。现代管理理论认为，管理能力对于很多业务是能用的，因此，组织可以充分利用其管理能力，同时管理若干个业务，产生比管理单一业务更大的效益。

需要注意的是，协同作用的值可以是正值，也可以是负值，因此，组织在制订寻找协同时避免出现负值的协同作用。

2. 战略管理的层次

（1）总体战略　总体战略是第一层次的战略，又称公司级或总公司级经营战略，它指对组织内外环境进行深入调查研究的基础上，对市场需求、竞争状况、资源供应、国家政策和社会需求等主要因素进行综合分析后，所确定的统率和指导组织全局和长远发展的谋划和方略。

总体战略按照组织所处的经营态势可分为发展型战略、稳定型战略和紧缩型战略；按照组织经营领域可分为专业化战略和多元化战略；按照组织制定经营战略的主客观条件可分为保守型战略、可靠型战略和风险型战略；按照组织资源配置和增长方式可分为粗放型战略和集约化战略。

（2）经营战略　经营战略是第二层次战略，也称事业部战略，或者是分公司战略，是在总体战略指导下，各个战略事业单位制定的部门战略，是公司战略之下的子战略。这类战略主要研究的是决定一个特定市场的产品如何创造价值，包括决定与竞争对手产品的区分、机器的现代化程度、新产品推出和老产品退出、是否成为技术先导组织、如何向顾客传达信息等。具有开发或调整适应战略的资源和能力以及为制定战略奠定基础和条件的功能。为此，事业部的管理者需要努力鉴别最有盈利性和最有发展前途的市场面，发挥其竞争优势。这一层次的战略由事业部管理者制定，组织最高领导者审查批准。

（3）职能战略　职能战略是第三层次的战略，它是为贯彻、实施和支持总体战略与经营战略而在组织特定的职能管理领域制定的战略。职能战略的重点是提高组织资源的利用效率，使组织资源的利用效率最大化。职能战略一般可分为营销战略、人力资源战略、财务战略、信息战略、生产战略、研究与开发战略、公关战略等。职能战略由职能管理的负责人领导制定，应与总体战略和经营战略保持一致。

三个层次的战略一起构成了组织战略体系。在一个组织内部，组织战略的各个层次之间是相互联系，相互配合的。组织每一层次的战略都构成下一层次的战略环境，同时，低一级的战略又为上一级战略目标的实现提供保障和支持。所以，一个组织要想实现其总体战略目标，必须把三个层次的战略结合起来。

4.2　战略分析

4.2.1　宏观环境分析

现代组织的活动日益受到宏观环境的作用和影响。组织要进行战略管理，首先必须全面、客观地分析和掌握宏观环境的变化。宏观环境分析主要是确认和评价经济、科技、社会文化、政治法律、自然资源等因素对组织战略目标和战略选择的影响。

4.2.2　行业环境分析

行业环境分析是指属于组织外部环境分析中的微观环境分析部分。行业环境分析的目的在于摸清行业的总体情况，把握行业中组织的竞争格局以及本行业与其他行业的关系，有效地发现行业环境中存在的威胁，努力寻找组织发展的机会，理顺竞争优势，从而进行行业的选择以及行业中所处地位的选择。

1. 行业生命周期　行业的生命周期指行业从出现直到完全退出社会经济活

动所经历的时间。行业的生命发展周期主要包括四个发展阶段：幼稚期，成长期，成熟期，衰退期。识别行业生命周期所处阶段的主要指标有：市场增长率、需求增长率、产品品种、竞争者数量、进入壁垒及退出壁垒、技术变革、用户购买行为等。

（1）行业处于幼稚期的特征　这一时期的市场增长率较高，需求增长较快，技术变动较大，行业中的用户主要致力于开辟新用户、占领市场，但此时技术上有很大的不确定性，在产品、市场、服务等策略上有很大的余地，对行业特点、行业竞争状况、用户特点等方面的信息掌握不多，组织进入壁垒较低。由于处于幼稚期阶段行业的创立投资和产品的开发费用较高，而产品市场需求较小，销售收入也较低，因此进入该行业的组织可能不仅没有盈利，而且普遍亏损；同时，较高的成本和较小的市场需求还会让组织面临较大的投资风险；另外组织还可能因资金困难而引发破产。当然，从战略上来说，风险越高也意味着市场潜力越大。

（2）行业处于成长期的特征　这一时期的市场增长率很高，需求高速增长，技术渐趋定型，行业特点、行业竞争状况及用户特点已比较明朗，组织进入壁垒提高，产品品种及竞争者数量增多。一些拥有一定市场营销和财务力量的组织将逐渐主导市场，由于资本结构较为稳定，它们会开始定期支付股利并扩大经营。因为成长期市场前景良好，投资于该行业的厂商会大量增加，产品也会逐步从单一、低质、高价向多样、优质和低价方向发展，竞争将越演越烈，这一阶段往往被称为投资机会期。应该看到，这一时期虽然利润增长较快，但是面临的风险也非常大。在优胜劣汰的规律作用下，市场会自行调整，整个行业开始进入稳定期。

（3）行业处于成熟期的特征　这一时期的市场增长率不高，需求增长率不高，技术上已经成熟，行业特点、行业竞争状况及用户特点非常清楚和稳定，买方市场形成，行业盈利能力下降，新产品和产品的新用途开发更为困难，行业进入壁垒很高。成熟行业与新兴行业不同，如果不适应新规则，仍沿用旧的战略思路，就可能酿成大错。如：盲目迷信产品开发，忽视工艺技术和销售的改进；错误判断自己的市场地位，试图打破市场均衡；错误理解价格竞争的信号，没有意识到价格竞争的必然性。

（4）行业处于衰退期的特征　这一时期的市场增长率下降，需求下降，产品品种及竞争者数目减少。事实上，经历了衰退期的行业，尽管其中一些可能极度萎缩，却很少会完全消失，有些行业受到重大技术创新成果的推动，还可能进入再生阶段。

2. 行业经济特征　行业经济特征是行业相互区别的标志，主要内容有以下方面：

1）行业性质，即行业是什么行业，它经营何种产品，服务于哪类市场需求。

2）行业在国民经济中的地位与作用，主要体现在：该行业的产值、税利、吸纳的劳动力数量、在国民经济中所占比重、与其他行业的关系以及对其他行业的影响和作用、国际竞争力及其出口创汇能力。

3）行业市场规模，即由行业全体买方需求量决定的市场份额。

4）行业角逐的范围，即是当地的、区域性的、全国性的、还是全球性的。

5）行业市场增长的速度或行业所处的生命周期，是处于初期发展阶段、快速成长阶段及起飞阶段、早期成熟阶段、饱和阶段及停滞阶段还是下降阶段。

6）行业内生产厂家的数量及相对规模，即行业是被众多小公司所细分还是被几家大公司所垄断。

7）行业内买方厂家的数量及相对规模。

8）行业前向整合及后向整合一体化的普遍程度。

9）到达购买方的分销渠道类型。

10）行业推出新材料、新产品、新性能、新工艺等技术革新的速度。

11）行业产品差异化程度。

12）行业中的公司是否能够实现采购、制造、运输、营销或广告等方面的规模经济。

13）行业必要的资源供应厂家的数量与相对规模。

14）行业中的某些活动是不是有学习曲线及经验效应方面的特色，从而组织成本会随着累计产量的增加而降低。

15）行业进入与退出障碍及难易程度。

16）行业的盈利水平处于平均水平之上还是平均水平之下。

行业的经济特征对组织的战略制定有很大影响，因此对行业的经济特征进行分析有利于组织根据行业特性来制定组织自身的公司战略、经营战略及一系列职能战略，其意义极为重要。

3. 行业环境分析的方法 行业环境分析的方法主要有：SCP 分析、行业关键成功要素分析和五力分析法。

（1）SCP 分析 SCP 分析是一种产业组织分析方法，也是进行组织外部环境分析的基本方法，主要用于对组织所处的产业、行业环境中影响战略的因素进行静态和动态分析。S、C、P 分别代表结构（Structure）、行为（Conduct）和绩效（Performance）。结构是指行业结构，以行业中的竞争者数量、产品的异质性，以及进入和退出行业的成本为衡量标准。行为指行业中具体的组织活动，包括价格接受、产品差异化、串谋和利用市场势力等。绩效主要是指在外部环境方面发生变化的情况下，组织在经营利润、产品成本、市场份额等方面的变化趋势。

（2）行业关键成功要素分析　对于行业而言，关键成功要素是促使组织在行业、产业内形成竞争优势和有利市场地位的基础因素和成功实践。不同行业内组织的关键成功要素可能大相径庭，另外一些衡量标准可能由于时间阶段或环境、地域、文化而异。但是抛开其他因素，某一行业内有其较具普遍性的关键成功要素。行业关键成功要素是在竞争中取胜的关键环节。可以通过判别矩阵的方法定性识别行业关键成功要素。其具体操作过程是采用集中讨论的形式对矩阵中每一个要素打分，一般采用两两比较的方式，如果A要素比B要素重要则打2分，同等重要打1分，不重要打0分。在对矩阵中所有格子打分后，横向加总，以此进行科学的权重分配。一般权重最高的因素就成为行业关键成功因素。

（3）五力分析法　五力分析法又称波特模型分析法，它是美国哈佛大学的迈克尔·波特教授（Michael Porter）于20世纪80年代初提出的。他认为一个行业存在着五种竞争力量，这五种竞争力量分别是：供应商的讨价还价能力、购买者的讨价还价能力、潜在竞争者进入能力、替代品的替代能力、行业内竞争者现在的竞争能力。五种力量的不同组合变化最终影响行业利润潜力变化。系统地考察这五种竞争力，就可以正确地估计该行业的竞争结构。这五种竞争力简要分析如下。

1）新进入者的威胁。新进入者在给行业带来新生产能力、新资源的同时，也会在现有的市场格局下赢得一席之地，这就有可能会与现有组织发生原材料与市场份额的竞争，最终导致行业中现有组织盈利水平降低，甚至还有可能危及这些组织的生存。竞争性进入威胁的严重程度取决于两方面因素，这就是进入新领域的障碍大小与预期现有组织对于进入者的反应情况。如果进入障碍大，原有组织激烈反击，潜在的加入者就很难进入该行业，加入者的威胁就小。决定进入障碍大小的因素主要包括规模经济、产品差异、资本需要、转换成本、销售渠道开拓、政府行为与政策、自然资源、地理环境等方面。

2）现有组织间的竞争。作为组织整体战略一部分的各组织竞争战略，其目标都在于使得自己的组织获得相对于竞争对手的优势，所以，在实施中就必然会产生冲突与对抗现象，这些冲突与对抗就构成了现有组织之间的竞争。这种竞争采用的手段主要有价格战、广告战、引进产品以及提升售后服务水平等。一般来说，出现下述情况将意味着行业中现有组织之间竞争的加剧：行业进入障碍较低，势均力敌竞争对手较多，竞争参与者范围广泛；市场趋于成熟，产品需求增长缓慢；竞争者企图采用降价等手段促销；竞争者提供几乎相同的产品或服务，用户转换成本很低；一个战略行动如果取得成功，其收入相当可观；行业外部实力强大的公司在接收了行业中实力薄弱组织后，发起进攻性行动，结果使得刚被接收的组织成为市场的主要竞争者；退出障碍较高，即退出竞争要比继续参与竞争的代价更高。

3）替代品的威胁。替代品是指那些与本行业的产品有同样功能的其他产品。两个处于同行业或不同行业中的组织，可能会由于所生产的产品是互为替代品，从而在它们之间产生相互竞争行为，这种源自于替代品的竞争会以各种形式影响行业中现有组织的竞争战略。替代品价格如果比较低，它投入市场就会使本行业产品的价格上限只能处于较低的水平，这就限制了本行业的收益。一般来说，替代品价格越低、质量越好、用户转换成本越低，其所能产生的竞争压力就越强。

4）供应商的议价能力。供应商主要通过提高投入要素价格与降低单位价值质量的能力，来影响行业中现有组织的盈利能力与产品竞争力。供应商对组织经营具有很大的影响力，特别是组织所需要的资源供应来源十分稀缺时，供方对于买主的潜在讨价还价力量就大大增强。在下列几种情况下，供应商具有比较强大的讨价还价力量：供应商为一些具有比较稳固市场地位而不受市场激烈竞争困扰的组织所控制，其产品的买主很多，以致每一单个买主都不可能成为供方的重要客户；供应商的产品具有一定特色，以致买主难以转换或转换成本太高，或者很难找到可与供方组织产品相竞争的替代品；供应商能够方便地实行前向联合或一体化，而买主难以进行后向联合或一体化。因此，组织一方面要保证与一些主要供应商建设长期稳定的供货关系，另一方面又要避免单边垄断。

5）购买者的议价能力。购买者主要通过其压价与要求提供较高的产品或服务质量的能力，来影响行业中现有组织的盈利能力。在下列几种情况下，购买者可能具有较强的讨价还价能力：购买者的总数较少，而每个购买者的购买量较大，占卖方销售量的很大比例；卖方行业由相对来说规模较小的大量组织所组成；购买者所购买的基本上是一种标准化产品，同时向多个卖主购买产品在经济上也完全可行；购买者有能力实现后向一体化，而卖主不可能前向一体化。一般来说，顾客或用户的议价能力越强，组织越被动，其结果是使得组织互相残杀，导致其利润下降。

4.2.3 内部环境分析

组织内部环境主要指组织所拥有的资源和核心能力。它是组织开展经营活动的重要基础，也是组织进行经营决策和战略规划的重要依据。进行组织内部环境分析，目的在于认清组织自身的优势和劣势，找出组织可挖掘的内部潜力，为组织正确制定经营战略、编制经营计划，提供科学依据。

1. 组织资源 组织资源是指组织向社会提供产品或服务的过程中所拥有或控制的，能够实现组织战略目标的各种要素的集合。根据投入要素的形态，一般可分为三大类：①有形资源，包括财务资源和实物资源。②无形资源，包括技术资源、声誉和品牌等。③人力资源。

（1）有形资源 有形资源主要是指财务资源和实物资源，它们是比较容易确认和评估的一类资产，一般可以通过目前的会计方式来计算其价值。财务资源是组织物质要素和非物质要素的货币体现，具体表现为已经发生的能用会计方式记录在账的、能以货币计量的各种经济资源，包括资金、债权和其他权利。既包括静态规模的大小，也包括动态周转状况，在一定程度上还包括组织获取和驾驭这些资源要素的能力和水平。反映组织财务资源状况的工具就是组织的一系列财务报表。实物资源主要是指在使用过程中具有物质形态的固定资产，包括厂房车间、机器设备、工具器具、生产资料、土地、房屋等各种组织财产。由于大多数固定资产的单位价值较大，使用年限较长、物质形态较强、流动能力较差，其价值大多显示出边际收益递减规律的一般特性。在评估有形资产的战略价值时必须注意两个关键问题：①能否用较小的有形资产获得同样的产品或用同样的资源获得更大的产出。②怎样才能使现有资源更有效地发挥作用。事实上，同样的有形资产在不同能力的组织中体现的战略价值不同。

（2）无形资源 相对于有形资源来说，无形资源似乎没有明显的物质载体，但它们却成为支撑组织发展的基础，能够为组织带来不可比拟的优势。无形资源往往是组织在长期经营实践中逐步积累起来的，虽然不能直接转化为货币，但却同样能给组织带来效益，因此同样具有价值。第一类重要的无形资源是技术资源。技术资源不仅包括形成产品的直接技术和间接技术以及生产工艺技术、设备维修技术、财务管理技术、生产经营的管理技能，还应包括市场活动的技能、信息收集和分析技术、市场营销方法，策划技能以及谈判推销技能等市场发展的技术和技能。第二类无形资源是商誉。商誉主要包括品牌的知名度、美誉度、品牌重购率、组织形象等。商誉对组织维系顾客忠诚、开拓新市场、推广新产品等具有重要作用。另外，时空资源、信息资源、文化资源、管理资源等也是组织必须重视的无形资源。

（3）人力资源 人力资源指的是组织中能够体现在组织员工身上的所有才能，包括组织员工的专业技能、创新能力、解决问题的能力、管理者的管理能力等。人力资源是组织最重要的资源。大量研究发现，那些能够有效地利用其人力资源的组织总比那些忽视人力资源的组织发展得快；一个具有创造性和高度内聚力的组织具有更大的竞争优势。在技术飞速发展和信息化加快的知识经济时代，人力资源在组织中的作用越来越突出。

2. 组织核心能力 1990年，美国著名管理学者普拉哈德和哈默尔提出了核心竞争力的概念，他们认为，随着世界的发展变化，竞争加剧，产品生命周期的缩短以及全球经济一体化的加强，组织的成功不再归功于短暂的或偶然的产品开发或灵机一动的市场战略，而是组织核心竞争力的外在表现。许多大型的多元化经营组织都非常注重突出优势和明确的主营业务，更加注重其核心力量。在产品和市场战略被看做组织相对短暂的现象的同时，组织核心能力则被认为是组织竞争优势持久的源泉。

(1) 核心能力的概念　核心能力又称核心竞争力，是指组织长期或持续拥有某种竞争优势的能力。这个定义涵盖了以下几层意思：第一，它是一种竞争性能力，具备相对于竞争对手的竞争优势；第二，它是组织其他能力的统领，处在核心地位，是组织独特的资源或者核心理念、产品所形成的带给客户特殊价值的商品或体验；第三，它是组织所独具的能力，不为个别人所拥有、不为其他组织所能模仿、不为其他竞争力所替代；第四，它能长期起作用，一般不随环境的变化而发生质变；第五，它具有品牌延展性，能保证组织多元化发展的成功。核心能力是以知识、技术为基础的综合能力，是支持组织赖以生存和稳定发展的根基。

(2) 核心能力的构成要素　核心能力是一个复杂和多元的系统，它包括组织如下能力。

1) 战略决策能力。战略决策能力取决于组织领导层的战略意识和战略分析能力。在战略意识中，最主要的是高瞻远瞩的眼光和追求超越的精神。

2) 应变能力。应变能力是指组织在恰当的时间内对重要事件、机会和外部威胁作出有意识的反应以获得或保持竞争优势的能力。客观环境时刻都在发生变化，组织决策者必须具有对客观环境敏锐的感应能力，审时度势，保持经营战略随着客观环境的变化而变化。

3) 研究开发能力。研究与开发是指为增加知识总量，以及用这些知识去创造新的应用而进行的系统性创造活动。它包括基础研究、应用研究和技术开发。技术是组织核心能力的重要组成部分，只有通过研究与开发，形成自己与众不同的技术和知识的积累，特别是形成自己的人才积累，才能使别人难以模仿和超越。

4) 创新能力。发展、竞争和变化是绝对永恒的。组织的创新能力反映在组织经营活动的全过程中，它是多种能力要素的综合体。在以社会变迁节奏加快和产品周期逐渐缩短为特征的商业竞争中，创新是保持长期竞争优势的动力源泉，创新能力是一个组织核心能力和旺盛生命力的体现。

5) 科技成果转化能力。只有将创新意识或技术成果转化为可行的工作方案或产品，提高效率和效益，创新和研究才有价值、有意义。转化能力与组织的技术能力、管理能力有很大关系。转化能力在实际应用中表现为其综合、移植、改造和重组的一些技巧和技能。

6) 组织协调能力。它涉及组织的组织结构、规章制度、组织文化和信息系统等因素，它的重要性在于通过提供一个环境或者“平台”，将组织的技术、知识、能力等有机地联系在一起，形成合力或协同效应，最终形成组织的核心能力。

3. 组织内部环境分析的方法 组织内部环境分析的方法一般可归纳成两大类：一类是纵向分析，即分析组织的各个方面（职能）的历史沿革，从而发现组织在哪些方面得到了发展和加强，在哪些方面有所削弱。根据这种纵向分析，在历史分析的基础上对组织各方面的发展趋势作出预测；另一类是横向分析，即将组织的情况与行业平均水平作横向比较分析。通过这种分析，组织可以发现相对于行业平均的优势和劣势。因此，这种分析对组织的经营来说更具有实际意义。这里介绍两种常用的组织内部环境分析方法。

（1）价值链分析法 价值链分析法是哈佛大学商学院教授迈克尔·波特于1985年提出的。波特认为："每一个组织都是在设计、生产、销售、发送和辅助其产品的过程中进行种种活动的集合体。所有这些活动可以用一个价值链来表明。"组织的价值创造是通过一系列活动构成的，这些活动可分为基本活动和辅助活动两类，基本活动包括采购、生产、储运、销售、服务等；而辅助活动则包括技术开发、人力资源管理、财务和组织基础设施等。这些互不相同但又相互关联的生产经营活动，构成了一个创造价值的动态过程，即价值链。

价值链分析方法视组织为一系列的输入、转换与输出的活动序列集合，每个活动都有可能相对于最终产品产生增值行为，从而增强组织的竞争地位。组织通过信息技术和关键业务流程的优化是实现组织战略的关键。组织通过在价值链过程中灵活应用信息技术，发挥信息技术的使能作用、杠杆作用和乘数效应，可以增强组织的竞争能力。

（2）SWOT分析法 它又称为态势分析法，SWOT四个英文字母分别代表：优势（Strength）、劣势（Weakness）、机会（Opportunity）、威胁（Threat）。SWOT分析是一种对组织的优势、劣势、机会和威胁的分析，在分析时，应把所有的内部因素（包括公司的优势和劣势）都集中在一起，然后用外部力量来对这些因素进行评估。这些外部力量包括机会和威胁，它们是由于竞争力量或组织环境中的趋势所造成的。这些因素的平衡决定了公司应做什么以及什么时候去做。

优势是组织机构的内部因素，具体包括：有利的竞争态势；充足的财政来源；良好的组织形象；技术力量；规模经济；产品质量；市场份额；成本优势；广告攻势等。

劣势是组织机构的内部因素，具体包括：设备老化；管理混乱；缺少关键技术；研究开发落后；资金短缺；经营不善；产品积压；竞争力差等。

机会是组织机构的外部因素，具体包括：新产品；新市场；新需求；外国市场壁垒解除；竞争对手失误等。

威胁是组织机构的外部因素，具体包括：新的竞争对手；替代产品增多；市

场紧缩；行业政策变化；经济衰退；客户偏好改变；突发事件等。

SWOT 分析法具体步骤为：

1）在某些领域内，你可能面临来自竞争者的威胁；或者在变化的环境中，有一种不利的趋势，在这些领域或趋势中，组织会有些劣势，那么要把这些劣势消除掉。

2）利用哪些机会，组织会得到真正的优势。

3）某些领域中可能有潜在的机会，对这些领域中的劣势加以改进。

4）对目前有优势的领域进行监控，以便在潜在的威胁可能出现的时候不感到吃力。

SWOT 方法的重要贡献就在于用系统的思想将这些似乎独立的因素相互匹配起来进行综合分析，使得组织战略计划的制订更加科学、全面。该方法自形成以来，广泛应用于战略研究与竞争分析，成为战略管理和竞争情报的重要分析工具，具有直观、使用简单等优点。

4.3 战略的制定、实施与控制

4.3.1 战略制定

战略制定是指确定组织任务，认定组织的外部机会与威胁和内部优势与弱点，建立长期目标，制定可供选择的战略，以及选择特定的实施战略。

1. 战略制定的原则

（1）前瞻性原则　战略制定要有前瞻性，要预测到未来规划期内社会、经济、科技、环境、人口、市场诸多方面的重大变化的影响，考虑相应对策，从而使战略有一定的适应性。对于可能出现的情况应有预案，如经济形势的恶化、市场的波动、现金周转的困难、竞争对手有力的进攻等，要有所准备并有应对措施。

（2）全局性原则　战略制定必须从组织的全局出发。战略一般伴随着投资，组织的投资权要由母公司统筹考虑，而不要轻易下放到子公司或其他经营部门，在制定战略的过程中，投资项目要从组织的全局来统一筹划。

（3）阶段性原则　组织战略制定应划分为若干战略阶段和设定一些战略控制点，渐进式地逼近终极目标。在该进程中，组织的使命、目的、目标和战略方案应一致；短期利益、中期利益与长远利益需结合；总体战略、经营战略与职能战略要兼顾，既积极推进又稳妥，在这些因素的约束下选择相对合理的发展轨迹。战略方案设计要有弹性，要为未来的调整留有一定余地。

（4）现实性原则　组织战略制定应贯彻和反映本组织文化中蕴含的经营理念、组织精神、宗旨与价值观。要立足于组织现有基础，战略目标订得太高，

“可望不能及”则变成空中楼阁；战略目标订得太低，则没有足够的吸引力和动力；适度目标是“可望可及”，组织在艰苦努力经过几个“惊险的一跳”后跃迁到高阶目标。注重符合组织的内在条件，充分发挥优势，扬长避短，并营造新的优势资源。要打特色牌，形成自身独特模式。其他组织战略模式只可借鉴，不能盲目照搬。

（5）全员性原则　组织战略制定应贯彻和反映本组织文化中蕴含的经营理念、组织精神、宗旨与价值观。制定战略事先要小心论证，聚集组织全体员工的共同愿望，当然主要反映组织领导层的未来设想。必要时，可邀请社会有关专家参加战略制定或咨询论证。

（6）系统性原则　战略制定要进行多角度思维，考虑各种方案及其后果。组织战略体系一经确定或批准，则具有长期指导性、持久性、一贯性和严肃性。除非遇到不可抗力事件或未预测到事件的严重影响，一般不宜对发展战略频繁修改或调整。

2. 战略制定的程序　战略的制定是组织的决策机构动员各方面的力量，按照一定的程序和方法，为组织选择适宜的经营战略的过程。战略制定的一般程序如下。

1）研判组织现行的战略在组织的运营过程中，随着外部环境的变化和组织自身的发展，组织的战略作相应的调整和转换是必要的。然而，要制定新的战略，必须对现行战略进行研判。只有确认现行战略已不适用，才有必要制定新战略；也只有在认清现行战略存在缺陷的基础上，才能制定适宜的新战略方案。

2）分析组织外部环境。调查、分析和预测组织外部环境是组织战略制定的基础。通过环境分析，认清组织所面临的主要机会和威胁，察觉现有和潜在竞争对手的意图和未来的动向，掌握未来一段时期社会、经济、政治、文化等的发展动向，只有在权衡组织由此而面临的机遇和挑战基础上所形成的战略方案才具有较强实际效用。

3）估量组织自身素质。组织通过定性和定量的方法估量本组织的各项素质，进而摸清自身的状况，明确自身的优势与劣势，扬长避短，创新出适合本组织的战略方案。分析外部环境，评估自身的能力常用的方法是SWOT分析法。

4）拟订备选战略方案。任何事物只有一种可行的方案是极少见的，一般来说，方案越多越好。根据组织的发展要求、经营目标和运行规律，依据组织所面临的机遇和机会，充分发挥概括力、想象力和创造力，列出所有可能达到经营目标的战略方案。管理者发掘方案的才能和正确抉择的才能同样重要。

5）评比备选战略方案。评比战略方案的目的是确定各个战略方案的有效性。评比方案就是对拟订的备选方案，根据可接受的适宜标准和准则评比出优劣，即根据股东、管理人员以及其他相关利益团体的价值观和期望目标，确定战

略方案的评价标准，并依照标准对各项备选方案加以评价和比较。

6）确定战略方案。在评比战略方案的基础上，组织选择一个最满意的战略方案作为正式的战略方案。有时，为了增强战略的适应性，组织往往还选择一个或多个方案作为后备战略方案。确定战略方案应遵循择优、民主协调和综合平衡的原则。

需要指出的是，组织的战略制定出来以后，还必须将战略构想、计划转变成行动。在转化过程中，必须注意战略的制度化、可操作性，并易控制与评估。

3. 战略制定的方式 制定战略规划的方式有四种：

第一种是领导层授意，自上而下逐级制定的方式。这一方式要求组织高层管理人员制定战略时必须经过深思熟虑，战略方案务必完善，对下属部门提供详尽的指导。它的优点是组织高层管理人员能够牢牢地把握住组织的经营方向，并能对下属部门的各项行动实施有效控制；缺点在于束缚了下属部门的手脚，不利于发挥中下层管理人员的积极性和创造性。

第二种是自下而上，采取先民主后集中的方式。在制定战略时，组织最高管理层不作硬性规定，由各部门提交战略方案，然后综合上述方案加以协调和平衡，进行必要的修改后进行确认。它的优点在于能集思广益，充分发挥各部门和各级管理人员的积极性和创造性，有广泛的群众基础，在实施过程中也易贯彻和落实；缺点在是各部门的方案较难协调，对组织整个战略的系统性和完整性会产生影响。

第三种是上下结合的方式。这种方式是由组织最高层和下属部门的共同参与，经过各级管理人员的沟通和磋商，制定出适宜的战略。它的优点在于可以产生较好的协调效果，制定出的战略也更有操作性。

第四种是委托负责、守信、权威的咨询机构制定。这里所说的负责、守信、权威是必要的条件，可能还会有更多的条件，如果咨询机构不具备这些必要的条件，那么对组织来说是非常危险的。如果组织成立战略制定小组与咨询机构合作制定，就可能避免上述风险。

4.3.2 战略实施

1. 战略实施的阶段 战略实施是一个自上而下的动态管理过程。战略目标在组织高层达成一致后，再逐层传递，并在各项工作中得以分解和落实。组织的战略实施一般有四个相互联系的阶段。

（1）战略发动阶段 战略的实施需要得到组织全体员工理解、支持、配合和参与，因此，应向广大员工讲清楚组织内外环境的变化给组织带来的机遇和挑战、旧战略存在的各种弊病，新战略的优点以及存在的风险等，让大多数员工能够认清形势，认识到实施战略的必要性和迫切性，树立信心，打消疑虑，投身到实现新战略中去。

（2）战略计划阶段 即将组织战略分解成若干个战略实施阶段，每个战略实施阶段都由分阶段的目标，相应的有每个阶段的政策措施、部门策略以及相应的方针等。各分阶段目标应有时间节点，需要统筹规划、全面安排，同时注意各个阶段之间的衔接。对于近期阶段的目标方针尽可能详细一些，而远期阶段的目标方针则可以概括一些。

（3）战略运作阶段 组织战略的实施运作就是通过各级管理者的素质、价值观念、组织机构、组织文化、资源结构与分配、信息沟通、控制及激励制度等因素使战略真正进入到组织的日常经营活动中去，并成为制度化的工作内容。

（4）战略的控制与评估阶段 组织只有加强对战略执行过程的控制与评价，才能适应环境的变化，完成战略任务。建立控制系统、监控绩效和评估偏差、控制及纠正偏差三个方面是这一阶段主要工作。

2. 战略实施的基本原则 组织在经营战略的实施过程中，常常会遇到许多在制定战略时未估计到或者不可能完全估计到的问题。因此，在战略实施中必须遵循以下三个基本原则。

（1）适度合理性的原则 战略的实施过程不是一个简单机械的执行过程，而是需要执行人员大胆尝试和创新，只要不妨碍总体目标及战略的实现，就是合理的。这是由于受到组织外部环境及内部条件诸多不确定因素影响，加上信息、决策时限以及认识能力等客观因素的限制，因此只要基本达到了主要战略的预定目标，就应当认为这一战略的制定及实施是成功的。同时组织的高层管理者要协调各组织之间由于本位视角的不同以及局部和整体利益之间会发生一些矛盾和冲突而需要采取的必要的折中和妥协，以寻求各方面都能接受的解决办法。只要不损害总体目标和战略的实现，还是可以容忍的，即在战略实施重要遵循适度的合理性原则。

（2）统一指挥的原则 组织的高层管理者所拥有的信息和资源决定了他们对组织发展战略的高屋建瓴，因此战略的实施应当在高层管理者的统一领导与指挥下进行。只有这样，资源的分配、组织机构的完善、组织文化的构建、信息的沟通及控制、激励制度的建立等各方面才能相互协调和平衡，才能使组织为实现战略目标而卓有成效地运行。不过统一领导、统一指挥原则不是将所有问题上交，一般来说，在战略实施中所发生的问题，尽可能在小范围、低层次解决，这样做所付出代价最小，因为越是在高层次的环节上去解决问题，其涉及的面也就越大，交叉的关系也就越复杂，当然其代价也就越大。

（3）权变原则 组织战略的制定是基于一定的环境条件的假设，在战略实施中，事情的发展与原先的假设有所偏离是不可避免的，战略实施过程本身就是解决问题的过程，但如果组织内外环境发生重大的变化，以至原定的战略实现成

为不可行，显然这时需要把原定的战略进行重大调整，这就是战略实施的权变问题。权变的观念应当贯穿于战略实施的全过程，从战略的制定到战略的实施，权变的概念要求识别战略实施中的关键变量，并对它作出灵敏度分析，提出这些关键的变量的变化超过一定的范围时，原定的战略就应当调整，并准备相应的替代方案，在足够了解和充分准备的前提下，让组织保持充分的应变能力。

3. 战略实施的主要任务 组织战略实施是借助于中间计划、行动方案、预算和一定的程序，实现组织的战略和政策的行动过程。战略实施任务如下。

1）制定战略实施计划。

2）建立与战略相匹配的组织机构。

3）配置相应的战略资源。

4）确认对战略起支撑作用的标准和运作程序。

5）价值链的优化以及业务流程的再造。

6）形成有利于战略实施的激励、沟通与协调机制。

7）营造和培育与战略实施同步的组织文化。

8）加强对战略实施的领导和控制，确保预期目标的实现。

4. 战略实施模式 在组织的战略实践中，战略实施有5种不同的模式。

（1）指挥型 组织高层领导研究确定战略，向管理人员宣布组织战略，然后强制下层管理人员执行。这种模式运用的前提是组织高层领导具有较高的权威，能够准确、有效地收集信息，且在战略比较容易实施的条件下运用，同时有较为客观的规划人员。

（2）变革型 该模式十分重视运用组织结构、激励手段和控制系统来促进战略实施。它是从指挥型转变来的，但比指挥型模式更加有效，较适合于环境确定性较大的组织。

（3）合作型 该模式考虑的是如何发挥高层管理人员的战略责任，把战略决策置于组织高层管理集体之中，调动了高层管理人员的积极性和创造性。这种模式比较适合于复杂而又缺少稳定性环境的组织。

（4）文化型 该模式是把合作型的参与成分延伸到了组织的较低层次，不断向组织全体成员施以战略思想，使所有成员在共同的价值观和行为准则基础上参与战略的实施活动。由于组织所有成员都在共同的战略目标下工作，因此战略实施迅速，风险小。

（5）增长型 该模式着眼于如何激励下层管理人员制定实施战略的积极性及主动性，为组织效益的增长而努力，是从基层单位自下而上地产生。运用这些模型的条件主要取决于组织多种经营的程度、发展变化的速度以及目前的文化状态。

上述5种战略实施模式在制定和实施战略上的侧重点不同，指挥型和合作型侧重于战略的制定，而把战略实施作为事后行为，而文化型及增长型则更多的考虑战略实施问题。在战略实践中，上述5种模式往往是交叉或交错使用的。

4.3.3 战略控制

战略控制是战略实施的保证，它是指在组织战略管理者及参与战略实施者根据战略目标和行动方案，对战略实施状况进行全面的评审，及时发现战略差距，分析产生偏差的原因，纠正偏差的活动。

1. 战略控制的特征 组织的战略控制是一个动态过程，它具有三个方面的特征。

（1）渐进性 一般来讲，总体战略逐步演变而成的，虽然人们可以经常在平时的点滴想法中发现一些十分精炼的正规战略分析内容，但真正的战略却是在组织内部的一系列决策和一系列外部事件逐步得到发展，在高层管理者有了对行动的新的共同的看法之后，才逐渐形成。正因为如此，高层管理者经常有意识地采用渐进的方法来进行战略控制。谨慎地、有意识地以渐进的方法对战略控制过程加以处理，使战略决策与新出现的必要的信息相吻合，是组织目标得以实现的重要举措。

（2）交互性 现代组织面临的环境控制因素的多样性、不确定性和相互依赖性，这就决定了组织必须与外界信息来源进行高度适应性的互相交流，并对战略进行适时地调整和修正。战略控制要求保持高质量的工作效果、态度、服务和形象等有助于提高战略可靠性的因素。由于许多复杂因素的影响，必须进行适当的检验、反馈和动态发展，注重信息收集、分析、检验，群策群力，通过联合行动达到可行的目的。

（3）系统性 有效的战略一般是从一系列的制定战略的子系统中产生的。子系统指的是主要为实现某一重要的战略目标而相互作用的一组活动或决策。从理论上讲，整体战略和局部战略是一致的，但在具体问题上，两者可能存在着一定的不一致性。这就要求从整个系统出发对这些不一致性的冲突进行调节。如果把战略控制仅仅看做单纯的技术、管理业务工作，就不可能取得预期的效果。

2. 战略控制的原则

（1）适时控制原则 战略控制要有时效性。组织战略实施中对产生的偏差只有及时采取措施加以纠正，才能避免偏差的扩大，或者防止偏差对组织不利影响的扩散。纠正偏差的最理想时机是在偏差未产生前，就注意到偏差产生的可能性，从而预先采取必要的防范措施，防止偏差的产生。

（2）适度控制原则 适度控制是指战略控制的范围、程度和频度要恰到好处。掌握适度原则必须做到：①避免控制过多或控制不足，因为控制过多或控制不足均会带来消极的影响。控制常给被控制者带来某种不愉快，控制过多会影响

被控制者的情绪，但是如果缺乏控制则可能导致组织活动的混乱。②正确运用全面控制和重点控制。组织在建立控制系统时，应找出影响组织经营成果的关键环节和关键因素，并据此在相关环节上设立预警系统或控制点，进行重点控制。③控制费用应与控制产生的效益相匹配。控制总会产生必要的成本，同时任何控制由于纠正了组织活动中存在的偏差，也都会带来一定的收益。一项控制，只有当它带来的收益超出其所需成本时，才是值得的。

（3）客观控制原则　客观控制原则是指组织的战略控制必须是客观的、符合实际的。客观的控制来源于对组织经营活动状况及其变化的客观了解和评价，这种判断和评价的正确程度取决于衡量工作成效的标准是否客观和恰当，为此，组织还必须定期检查过去规定的标准和计算规范，使之符合现时的要求。

（4）弹性控制原则　组织的战略控制应能根据实施过程中的变化作出相应的调整，即灵活性或弹性。弹性控制要求制定合理的控制标准，这种标准应该考虑到在一定范围内是可以变化的。

3. 战略控制过程的步骤　战略控制过程可以分为四个步骤，即制定效益标准、衡量实际效益、评价实际效益以及纠正偏差。

（1）制定效益标准　战略控制的第一个步骤就是根据预期的战略目标和战略方案制定出应当实现的效益标准。效益标准是战略控制的依据，一般由定量和定性两个方面的评价标准所组成。经过一系列的评价，组织可以找出成功的关键因素，并据此作为组织实际效益的衡量标准。

（2）衡量实际绩效　这是指依据标准检查工作的实际执行情况等，以便与预期的目标相比。管理人员需要收集和处理数据，进行具体的职能控制，并且监测环境变化所产生的信号，以便采取相应的措施。

（3）评价实际效益　组织要用实际的效益与计划的效益进行比较评价，确定两者的差距。有了偏差之后，首先要分析偏差的性质，即偏差是否在可接受的范围之内，其次要分析形成偏差的原因。

（4）纠正偏差　在战略实施的最后一个步骤里，组织应考虑采取纠正措施和实施权变计划。战略控制可以采取的处理措施有三种：①对于因工作失误造成的问题，主要通过加强管理和监督，确保工作与目标的接近和吻合。②目标和战略不切合实际，则主要按实际情况修改目标和战略。③环境出现重大变化，致使战略失去了客观依据，那么需要考虑重新制定战略。

4. 战略控制的主要方法　战略控制方法有多种，下面从控制时间、控制业务和控制手段上加以介绍。

（1）从控制时间来看　组织战略控制方法主要有事前控制、事中控制和事后控制。

1）事前控制。它是指在战略实施前，对战略行动的结果有可能出现的偏差进行预测，并将预测值与战略的控制标准进行比较，判断可能出现的偏差，从而提前采取纠正措施。

2）过程控制。它是指在战略实施过程中，按照控制标准验证战略执行的情况，确定正确与错误，确定行与不行，随时采取控制措施，纠正实施中产生的偏差，引导组织沿着战略方向进行经营。

3）事后控制。它是指在战略推进过程中将行动的结果与期望的控制标准相比较，看是否符合控制标准，总结经验教训，并制定行动措施，以利于将来的行动。这种控制方式的重点是要明确战略控制的程序和标准，日常控制工作交由职能部门人员去做，组织领导者只决定是否采取必要的纠正措施。

（2）从控制的业务来看 组织战略控制可以分为如下五种，即财务控制、生产控制、销售规模控制、质量控制、成本控制。

（3）从控制的手段来看 组织战略控制有以下几种：

1）预算。预算是组织广泛采用的战略控制手段，它是一种以财务指标或数量指标表示有关预期成果或要求的条件，起着分配组织资源的作用。它通过财务部门的开支记录、定期报表等表明预算的实际收支以及两者的差额，然后报给所涉及的不同层次的管理者进行偏差分析，找出原因，确定纠正行为。

2）审计。审计是客观地获得对经济活动和有关事件进行论断的论据，经过评价弄清所得论断与标准之间的符合程度，并报告给用户或相关管理者，采取纠正措施。

3）经营审核。经营审核是在理清经营成果的基础上，深入到组织政策、程序、方法、管理质量、职权运用等方面的综合分析研究和专门分析研究，分析它们的效果，作出正确的评价，从而保证战略目标的实现。

4）统计分析。统计分析是指通过收集反映组织活动的各种数据，运用统计报表形成统计资料，显示实际与标准的差别程度，来确定纠正措施。

5）专题报告和分析。这种手段能分析统计资料、会计资料所未能分析的更深层次的问题及其产生的原因，主要由组织的专门人员对特定问题进行调查研究，并在深入分析的基础上形成文字报告。

6）现场观察。现场观察是指组织各级管理者深入到生产经营现场，进行直接观察，获取第一手资料。

自我测试

一、单项选择题

1. 某国际快餐公司宣布在中东开设连锁店，只出售牛肉汉堡、鸡肉汉堡和

鱼肉汉堡。这说明该国际快餐连锁公司在战略分析中考虑了（　　）。

A. 政治和法律因素　　B. 经济因素

C. 社会和文化因素　　D. 技术因素

2. 芜湖某民营组织拥有多家机电配件连锁店。为防止员工在销售过程中未经允许给予顾客超出5%的价格折扣，该组织在电子付款系统中设置输入控制，检查售货员输入价格折扣，确认折扣允许限度内才可以进行交易，并打印发票。这种控制的类别是（　　）。

A. 过程控制　　B. 一般控制

C. 逻辑访问控制　　D. 应用控制

3. 某公司通过购买土地、大兴土木的方式给竞争对手以扩张生产规模的印象，其目的是阻止竞争对手开设新的工厂。这个例子说明（　　）。

A. 战略是一种计划　　B. 战略是一种计谋

C. 战略是一种定位　　D. 战略是一种观念

4. 迈克尔·波特教授提出了著名的“五种力量模型”，这五种基本竞争力量是潜在进入者、产业内现有组织间的竞争、供应商、购买者和（　　）。

A. 替代品　　B. 互补品　　C. 新产品　　D. 老产品

5. 战略管理专家安索夫认为，组织战略由四个要素构成，即产品与市场范围、增长向量、协同作用和（　　）。

A. 核心能力　　B. 竞争优势　　C. 组织使命　　D. 外部环境

6. 并不是组织的所有资源、知识和技术都能形成持续的竞争优势，都能发展成为核心能力。核心能力的特征包括价值性、异质性、不可模仿性、难以替代性以及（　　）。

A. 独立性　　B. 扩展性　　C. 创新性　　D. 实用性

二、多项选择题

1. 下列各项中鼓励行业竞争的主要因素有（　　）。

A. 竞争对手时常更换　　B. 行业已进入成熟期

C. 行业的退出壁垒较高　　D. 组织拥有稀缺资源

2. 组织多元化竞争的优点有（　　）。

A. 能够分散业务风险

B. 组织可利用未被充分利用的资源

C. 为组织提供规模经济的成本优势

D. 组织可较容易地从资本市场中获得融资

3. SWOT 分析中需要值得注意的问题有（　　）。

A. 适宜熟悉组织的管理者去做

B. 外部咨询人员难以发挥作用

C. 人们判定 SWOT 的基础或尺度差别很大

D. 有些因素的影响很难界定

4. 以下资源中，属于组织所具有的无形资源的包括（　）。

A. 商标　　B. 声誉　　C. 土地　　D. 组织文化

5. 影响战略的内部因素包括以下（　）。

A. 组织文化　　B. 市场营销　　C. 生产运作　　D. 财务状况

6. 公司追求稳定性战略的原因可能有以下方面（　）。

A. 可能通过资源的分享创造价值

B. 组织对当前的绩效感到满意，总体环境看上去还会保持稳定

C. 管理层不希望承担改变现行战略所带来的风险

D. 战略改变所需要的资源配置难以实现

三、判断题

1. 战略管理的核心问题是战略分析。（　）

2. 核心竞争力理论认为，组织竞争的关键是建立和发展核心竞争力。（　）

3. SWOT 分析的目的是找到内部资源和外部环境相匹配的战略。（　）

4. 稳定型战略包括扭转战略、剥离战略和清算战略。（　）

5. 新兴行业在技术和战略上都存在着不确定性，不存在什么竞争规则，所以早期进入风险很大，组织不应早进入。（　）

四、案例分析

甲先生的困惑

甲先生毕业于国内某名牌大学的机电工程系，是液压机械专业方面的工学硕士。毕业以后，甲先生到北京某研究所工作，其间因业绩突出而被破格聘为高工。

在我国科研体制改革大潮冲击下，甲先生和另外几个志同道合者创办了一家公司，主要生产液压配件，公司的资金主要来自几个个人股东，包括甲先生本人、他在研究所时的副手张某，以及他原来的下属王某和严某。他们几个人都在新公司任职，甲先生、王某、严某、张某在公司的职务安排是，甲先生任总经理，负责公司的全面工作，王某负责市场销售，严某负责技术开发，张某负责配件采购、生产调度等。近年来公司业务增长良好，但也存在许多问题，这使甲先生肩负了沉重的压力。

第一，市场竞争日趋激烈，在公司的主要市场上，甲先生感受到了强烈的挑战。

第二，有两个外部股东向甲先生提建议，希望公司能帮助国外组织做一些国内的市场代理和售后服务工作。这方面的回报不低，这使甲先生（也包括其他核心成员）颇为心动，但现在仍举棋不定。

第三，由于公司近两年发展迅速，股东们的收入有了较大幅度的增加，当初创业时的那种拼搏奋斗精神正在消退。例如，甲先生要求大家每天必须工作满12小时，有人开始表现出明显的抵触情绪，勉强应付或者根本不听。

公司的业绩在增长，规模在扩大，甲先生感到的压力也越来越大。他不仅感到应付工作很难，而且对目前的公司状况有点不知所措，不知该解决什么问题，该从何处下手，公司的某些核心成员也有类似的感觉。

案例思考题：

为使甲先生的公司更上一个台阶并进入良性循环，你有何建议？

【实践练习】

就近实地调查一个组织或收集一家组织的系统资料。

（1）运用五力分析法，分析该组织的行业环境。

（2）运用价值链理论与方法，分析该组织的内部环境。要求学生提供行业和内部环境分析的简要报告。

第5章 决　策

【学习目标】

- 理解决策的概念。
- 明确决策的类型。
- 熟悉决策的程序。
- 掌握决策的方法。

5.1　决策概述

5.1.1　决策的概念

现代决策理论认为，决策是决策者在占有大量信息和丰富经验的基础上，确定未来行动目标，并借助一定的计算手段、方法和技巧，对影响决策的诸因素进行分析、研究后，从两个以上可行方案中选取一个满意方案的运筹过程。这一定义蕴含着以下内容：

1）决策是为达到确定的目标，没有目标就没有方向，也无法决策。

2）决策是在一定条件下寻求实现目标的较为满意的方案。

3）决策是从多种方案中作出的选择，没有比较，没有选择，就没有决策。

5.1.2　决策的类型

决策的内容十分广泛，可以从不同的角度和按照不同的标准进行分类。

1. 按影响时间的长短，分为长期决策与短期决策　长期决策是指有关组织今后发展方向的长远性、全局性的重大决策，又称长期战略决策，如投资方向选择、组织规模确定等问题的决策。

短期决策则是实现长期战略目标所采取的短期策略手段，又称短期战术决策，如企业的日常营销决策等。

2. 按决策的重要性，分为战略决策、战术决策和业务决策 战略决策是所有决策问题中最重要的决策，是指全局性的、长期性的、作用大和影响深远的决策。例如，企业长期发展战略、企业营销战略、产品开发战略、技术改造和引进，组织机构改革等。

战术决策，又称管理决策，属于执行战略性决策过程中的具体决策。例如，销售、生产等专业计划制订，产品开发方案制订，职工招收与工资水平，更新设备的选择等方面的决策。

业务决策，又称执行性决策，是日常活动中有关提高效率和效益的决策，一般由中、下层管理人员作出。例如生产管理、销售管理、劳动力调配、个别工作程序和方法的变动、企业内的库存控制、材料采购等。

3. 按决策主体的人数，分为集体决策与个人决策 集体（群体）决策是由一个或几个群体来完成的决策。由于决策是一件非常复杂的工作，大部分的决策都是由一个或几个群体来完成的。个人决策是由一个决策者完成的决策。群体决策和个人决策各有其优缺点：

（1）相对于个人决策而言，群体决策可以借助更多人的经验与智慧，提供更多、更完整的信息，因此可以提出更多的替代方案，特别是当群体的组成成员来自于不同专业不同学科的专家时，该优点会更加凸显。

（2）群体决策由于是群体成员共同参与的结果，可增加对解决方案的认同和承诺程度，实施起来更加容易接受。

（3）群体决策通常较费时，且易增加成本。群体的组成本身需要耗费时间，且群体间为了达成共识，也相当费时，效率较个人决策差。

（4）群体决策有时会产生责任的含糊。在个人决策中，谁应该对决策的结果负责是非常明确的，但在群体决策中，由于群体成员共同分担决策的责任，往往造成责任的模糊与逃避。

关于决策群体的大小，一般认为以 5 ~ 7 人为宜（奇数），这样的群体大得足以使成员变换角色，却又小得使不善辞令者积极参与讨论。

4. 按决策的起点，分为初始决策与追踪决策 初始决策是指组织对从事某种活动或从事该种活动的方案所进行的初次选择。

追踪决策是在初始决策的基础上对组织的活动方向、内容或方式的重新调整。如果初始决策是在对内外环境的某种认识的基础上作出的，追踪决策则是由于这种环境发生了变化，或者是由于组织对环境特点的认识发生了变化而引起的。显然，组织中的大部分决策当属追踪决策。

5. 按决策问题出现的频率，分为程序性决策和非程序性决策 程序性决策是按原来规定的程序、处理方法和标准去解决管理中经常出现的问题，又称常规决策、重复性决策、例行决策。这类决策问题比较明确，有一套固定的程序处理方法。在管理工作中，约有80%的决策属于程序性决策，如生产方案决策、库存决策、设备选择决策等。

非程序性决策是解决以往无先例可循的新问题，具有极大的偶然性和随机性，很少发生重复，又称非常规决策、例外决策。其决策步骤和方法难以程序化、标准化，不能重复使用，如新产品开发决策、新市场开拓决策等。

6. 按环境的可控程度，分为确定型决策、风险型决策和不确定型决策 确定型决策是指决策所面临的条件和因素是确定的，每一个方案只有一种确定的结果。

风险型决策也称随机决策，即决策方案未来的自然状态不能预先确定，可能有几种状态，但每种自然状态发生的概率是可以客观估计的。

不确定型决策所面临的条件和因素是不确定，每一种行动方案的结果是不可知的，也无法确定其概率。

5.1.3 决策的特点

1. 目标性 决策是为了解决一定的问题，达到一定的目标。在对行动方案作出选择前，首先要有明确的目的。如果没有目的或目的性不明，决策就没有方向，往往会导致决策无效甚至失误。

2. 可行性 决策要求对控制的方案进行综合分析和评估。每个实现目标的可行方案，都会对目标的实现发挥某种积极作用和影响，也会产生消极作用和影响。必须对每个可行方案进行可行性研究。可行性研究是决策的重要环节。决策方案不但在技术上可行，而且应当考虑社会、政治、道德等各方面的因素，还要使决策结果的副作用缩小到可以允许的范围。

3. 选择性 决策必须有两个以上的方案可供选择，如果不存在两个以上方案，或无法制订方案，或只有一个可行方案，也就不存在选择，那就无所谓决策。

4. 满意性 决策通常是在有限的方案中选择一个比较满意的方案，即遵循满意原则而不是按最优化原则进行决策。对于决策者来说，只能以达到组织目标的方案作为准则。对于任何目标，很难提出全部的可行方案，也就是很难设想最优方案肯定在现有的方案中，所以决策只能得到一个适宜的和满意的方案，而不可能得到最优方案。

5. 过程性 决策在本质上是一个多阶段、多步骤的分析判断过程，而不是

一个“瞬间”作出的决定。决策是一个提出问题、分析问题和解决问题的系统分析过程。在进行决策时，决策者首先需要做大量的调查分析和预测工作，然后确定行动目标，找出可行方案，并进行判断、权衡、选择，最后结合起来组成一个完整的决策过程。无论决策的复杂程度如何，决策都有一个过程。

6. 动态性 决策的动态性与过程有关。

5.1.4 决策在管理中的地位和作用

1. 决策是管理的基础 决策是从各个抉择方案中选择一个方案作为未来行动的指南。而在决策以前，只是对计划工作进行了研究和分析，没有决策就没有合乎理性的行动，因而决策是计划工作的核心。而计划工作是进行组织工作、人员配备、指导与领导、控制工作等的基础。因此，从这种意义上说，决策是管理的基础。

2. 决策是各级、各类主管人员的首要工作 决策不仅仅是“上层主管人员的事”。上至国家的高级领导者，下到基层的班组长，均要作出决策，只是决策的重要程度和影响范围不同而已。

3. 决策是执行的前提，正确的行为来源于正确的决策 组织在日常的管理工作中，执行力是体现一个组织效益的重要因素，也是衡量一个组织是否是良性发展、有效管理的重要指标。正确的决策是组织在有限条件下做正确的事、创造最大价值的前提，让组织少走、不走弯路。

4. 决策能明确目标，统一行动 民主决策有助于提高组织的凝聚力，创造良好的企业文化，改进管理水平。民主决策由于是大家的共识，更加易于执行，更为有效。

决策是行为的选择，行为是决策的执行，正确的行为来源于正确的决策。对于每个主管人员来说，不是有无必要作出决策的问题，而是如何作出更好、更合理、更有效的决策的问题。不同管理层次上的决策，其影响不同。因而，改进管理决策、提高决策水平，应当成为各级主管人员经常注意的重要问题之一。

5.2 决策的程序与影响因素

5.2.1 决策的程序

1. 明确问题，确定决策目标 决策目的是为了解决组织管理中已经发生或将要发生的问题，因此，明确问题是决策的起点。问题可能是组织发展的某种障碍，也可能是组织发展的有利时机，决策者应该善于发现问题，并能够确认问题的性质，并找出问题产生的原因。

明确问题是为了确定决策目标。决策目标是指在一定的环境和条件下，在预测基础上希望达到的结果。在确定决策目标时，要注意几个问题：

1）决策目标的确定要有针对性。

2）要把目标建立在需要与可能相结合的基础上，即目标要有实现的可能性。

3）要使目标明确、具体，尽可能数量化，便于用来衡量决策的实施效果。

4）要明确目标的约束条件。确定目标，不仅要提出目标，而且对那些与实现目标有联系的各种条件，都应该加以分析。

2. 拟订备选方案 在目标确定之后，就要探索和拟订一定数量和质量的备选方案。为了保证备选方案的质量，应注意以下几点：

1）要做好信息收集工作，进行科学预测。

2）管理决策针对所要解决的问题，可以拟订不同的备选方案。

3）各种类型的备选方案都必须坚持四点：①拟订备选方案必须具有整体详尽性。②各方案必须互相区别，不能相互包含。③不能把拟订备选方案的过程看成是简单的数字运算，而应看成是大胆创新、探索、精心设计的过程。④各方案的细节尽量明确具体，并预计各方案的经济效益。

4）对备选方案要进行可行性研究。

3. 分析、比较及选定方案 在选定方案时，先要对各种可行方案作分析和比较。分析就是对各方案的可行性和合理性进一步论证和评估，以便比较和选择。比较就是权衡各方案的利弊，要有一定的标准和方法。标准不仅要统一，还要分清主次；方法则要保证比较结果真实可靠。

在经过分析和比较后，即可进入选择方案阶段。选择方案，即决策者拍板定案，也就是在既定的多种方案和众多的约束条件范围内进行总体权衡，反复比较，择优决断。这是决策最为关键的一环。

选择方案的方法通常有三种：①经验判断法就是依靠决策者的实践经验和判断能力来选择方案，它是选择方案的一种基本方法。但这种方法不适用于那些比较复杂、目标多、变量多、方案多、难于直接看出方案优劣的决策问题。②数学分析法就是用数学模型来表示方案的变量与变量，变量与目标的关系，并计算出结果，根据结果选择方案。对一些无法靠经验来选择方案的决策问题，要用数学分析法选择。③试验法就是对一些缺乏经验的新问题，又无法用数学方法选择时，可以先进行试验，然后根据试验结果来选择方案。

4. 决策的实施和监督 决策方案选定以后，是否符合实际，要通过实施进行验证，同时，在决策执行过程中也不可避免地遇到自身能力及外部环境的重大变化，为避免发生失误，需要进行信息反馈，以便采取相应措施调整、修正原方案，或在必要时进行追踪决策。所以，完整的决策程序应包括决策方案的实施与

跟踪监督这一阶段。其主要工作应该包括：

1）要做好宣传教育工作，使决策执行者都了解决策的内容、目的和意义。

2）要健全机构，做好决策的组织工作。

3）注意跟踪检查，及时反馈，要密切注意决策实施过程中的情况和问题，当发现与原定目标相偏离时，应当及时查明原因，采取措施，进行有效控制，保证原定目标的突现。

4）实施过程中，如果发现原决策方案在实际中行不通，就要对决策本身进行分析，找出问题，对方案作适当的修正。若原决策所依据的客观环境发生重大变化或发现原决策有重大失误，导致原定目标确实无法实现时，就要对原决策进行根本性修改，即进行追踪决策。追踪决策是"非零起点"的再决策，这种决策的难度比初始决策大。

5.2.2 决策的影响因素

组织的决策受到以下因素影响：

1. 环境 环境对组织决策的影响是不言而喻的，这种影响是双重的。

（1）环境的特点影响着组织的活动选择 比如，就企业而言，则需经常对经营方向和内容进行调整；位于垄断市场上的企业，通常将经营重点致力于内部生产条件的改善、生产规模的扩大以及生产成本的降低，而处在竞争市场上的企业，则需密切注视竞争对手的动向，不断推出新产品，努力改善营销宣传，建立健全销售网络。

（2）对环境的习惯反应模式也影响着组织的活动选择 即使在相同的环境背景下，不同的组织也可能作出不同的反应。而这种调整组织与环境之间关系的模式一旦形成，就会趋向固定，限制着人们对行动方案的选择。

2. 过去的决策 在大多数情况下，组织决策不是在一张白纸上进行初始决策，而是对初始决策的完善、调整或改革。组织过去的决策是目前决策过程的起点；过去选择的方案的实施，不仅伴随着人力、物力、财力等资源的消耗，而且伴随着内部状况的改变，带来了对外部环境的影响。目前"非零起点"的决策不能不受到过去决策的影响。过去的决策对目前决策的制约程度要受到它们与现任决策者关系的影响。如果过去的决策是由现在的决策者制定的，而决策者通常要对自己的选择及其后果负管理上的责任，因此不愿对组织活动进行重大调整，而倾向于把大部分资源投入到过去方案的执行中，以证明自己的一贯正确。相反，如果现在的主要决策者与组织过去的重要决策没有很深的渊源关系，则会易于接受重大改变。

3. 决策者对风险的态度 风险是指失败的可能性。由于决策是人们确定未来活动的方向、内容和目标的行动，而人们对未来的认识能力有限，目前预测的未来状况与未来的实际状况不可能完全相符，因此在决策指导下进行的活动，既有成功的可能，也有失败的风险。任何决策都是必须冒一定程度的风险。组织及其决策者对待风险的不同态度会影响决策方案的选择。愿意承担风险的组织，通常对环境被迫作出反应以前就已采取进攻性行动；而不愿承担风险的组织，通常只能对环境作出被动的反应。愿冒风险的组织经常进行新的探索，而不愿承担风险的组织，其活动则要受到过去决策的严重限制。

4. 组织文化 组织文化制约着组织及其成员的行为以及行为方式。在决策层次上，组织文化通过影响人们对改变的态度而发生作用。任何决策的制定，都是对过去在某种程度上的否定；任何决策的实施，都会给组织带来某种程度的变化。组织成员对这种可能产生的变化会怀有抵御或欢迎两种截然不同的态度。在偏向保守、怀旧、维持的组织中，人们总是根据过去的标准来判断现在的决策，总是担心在变化中会失去什么，从而对将要发生的变化产生怀疑、害怕和抗御的心理与行为；相反，在具有开拓、创新氛围的组织中，人们总是以发展的眼光来分析决策的合理性，总是希望在可能产生的变化中得到什么，因此渴望变化。显然，欢迎变化的组织文化有利于新决策的实施，而抵御变化的组织文化则可能给任何新决策的实施带来灾难性的影响。在后一种情况下，为了有效实施新的决策，必须首先通过大量工作改变组织成员的态度，建立一种有利于变化的组织文化。因此，决策方案的选择不能不考虑到改变现有组织文化而必须付出的时间和费用的代价。

5. 时间 美国学者威廉·R·金和大卫·I·克里兰把决策类型划分为时间敏感决策和知识敏感决策。时间敏感决策是指那些必须迅速而尽量准确的决策。战争中军事指挥官的决策多属于此类，这种决策对速度的要求远甚于质量。例如，当一个人站在马路当中，一辆疾驶的汽车向他冲来时，关键是要迅速跑开，至于跑向马路的左边近些、还是右边近些，相对于及时行动来说则显得比较次要。相反，知识敏感决策，对时间的要求不是非常严格。这类决策的执行效果主要取决于其质量，而非速度。制定这类决策时，要求人们充分利用知识，作出尽可能正确的选择。组织关于活动方向与内容的决策，即前面提到的战略决策，基本属于知识敏感决策。这类决策侧重于运用机会，而不是避开威胁，着重于未来，而不是现在。所以，选择方案时，在时间上相对宽裕，并不一定要求必须在某一日期以前完成。但是，也可能出现这样的情况，外部环境突然发生了难以预料和控制的重大变化，对组织造成了重大威胁。这时，若组织不迅速作出反应，进行重要改变，则可能引起生存危机。这种时间压力可能限制人们能够考虑的方案数量，也可能使人们得不到评价方案所需的足够信息，同时，还会诱使人们偏重消极因素，忽视积极因素，仓促决策。

5.3 决策的方法

5.3.1 定性决策方法

定性决策方法是依靠决策者个人或集体的学识、经验、分析和判断能力来进行决策的方法。

1. 直觉决策法 直觉决策（Intuitive Decision Making）是一种潜意识的决策过程，基于决策者的经验、能力，以及积累的判断。直觉是客观事物在人们头脑中迅速留下的第一印象，是在极短的时间内，对情况突如其来的、超越逻辑的顿悟和理解。根据直觉制定决策或者根据感觉制定决策并非与理性决策毫无联系，相反，二者是相互补充的。一个对特定情况或熟悉的事件有经验的管理者，当遇到某种类型的问题或情况时，通常会迅速地作出决策，可能看上去他所获得的信息有限。这样的管理者并不依靠系统性的和详尽的问题分析或识别和评估多种备选方案，而是运用他自己的经验和判断来制定决策。产生直觉的能力并不完全是靠天赋，它可以通过后天的努力和锻炼逐渐得到增强。直觉决策的次数越多，管理决策者的经验越丰富，直觉决策的效果越好，管理决策者的水平越高。

2. 集体决策方法 集体决策在决策理论中又称群众决策。它是相对于个人决策而言的，集体决策指由多人组成一个决策小组进行决策，这个决策小组对该决策的后果负责的决策方式。当然，在这种决策集体中，也有一个组织负责人，但他不是最高决策者，只不过是决策小组的组织者而已。

（1）头脑风暴法 头脑风暴法又称智力激励法，是一种通过小型会议的组织形式，诱发集体智慧，相互启发灵感，最终产生创造性思维的程序化方法。它把一个组的全体成员都组织在一起，使每个成员都毫无顾忌地发表自己的观点，既不怕别人的讽刺，也不怕别人的批评和指责，是一个使每个人都能提出大量新观念、创造性地解决问题的最有效的方法。头脑风暴的实施步骤是：

1）准备阶段。事先对所议问题进行一定的研究，弄清问题的实质，找到问题的关键，设定解决问题所要达到的目标。同时选定参加会议人员，一般以5～10人为宜，人数不宜太多。然后将会议事宜提前通知与会人员，让大家事先做好准备。

2）热身阶段。这个阶段的目的是创造一种自由、宽松、祥和的氛围，使大家得以放松，进入一种无拘无束的状态。先从有趣的话题或问题开始，让大家的思维处于轻松和活跃的境界，随后轻松导入会议议题。

3）明确问题。主持人扼要地介绍有待解决的问题。介绍时须简洁、明确，不可过分周全，否则，过多的信息会限制人的思维，干扰思维创新的想象力。

4）重新表述问题。经过一段讨论后，大家对问题已经有了一定的理解。这时，要从新角度、新思维重新表述问题。

5）畅谈阶段。畅谈是头脑风暴法的创意阶段。引导大家自由发言，自由想象，自由发挥，使彼此相互启发，相互补充，然后整理会议发言记录。为了使大家能够畅所欲言，需要制订规则：①不要私下交谈，以免分散注意力。②不妨碍他人发言，不去评论他人的发言，每人只谈自己的想法。③发表见解时要简单明了，一次发言只谈一种见解。

6）筛选阶段。会议结束后的一两天内，向与会者了解大家会后的新想法和新思路，以此补充会议记录。然后将大家的想法整理成若干方案进行筛选。经过多次反复比较和优中择优，最后确定 1～3 个最佳方案。这些最佳方案往往是多种创意的优势组合，是集体智慧的结晶。

头脑风暴法在实施过程中须遵循以下原则：

1）严格限制问题范围，明确具体要求以便使注意力集中。

2）不能对别人的意见提出怀疑和批评，不管这种设想是否适当、可行。

3）发言要精练，不要详细论述。冗长的发言将有碍产生富有成效的创造性气氛。

4）不允许参加者用事先准备好的发言稿，提倡即席发言。

5）可以补充、完善已有的建议。

6）创造一种自由的气氛，激发参加者的积极性。

头脑风暴法的目的在于创造一种畅所欲言、自由思考的氛围，诱发创造性思维的共振和连锁反应，产生更多的创造性思维。

（2）名义小组技术　在集体决策中，如对问题的性质不完全了解并且意见分歧严重，可采用名义小组技术。在决策小组中，小组的成员互不通气，也不在一起讨论、协商，小组只是名义上的。由小组成员对提出的全部备选方案进行投票，根据投票结果，赞成人数最多的备选方案即为所要的方案。但企业决策者最后仍有权决定是接受还是拒绝这一方案。名义小组可以有效地激发个人的创造力和想象力。

（3）德尔菲法　德尔菲法也称为专家意见法，或称为专家意见函询调查法，这种方法被广泛地用于预测和决策活动。这个方法最早由美国兰德公司用于预测，并起了这个名字，后来广泛应用于决策之中。该方法的程序如下：

1）就决策内容写成若干条含义明确的问题，规定统一的评估方法。

2）根据情况，选择有关方面的专家。

3）将专家的意见收集起来，对每一问题进行统计处理，找出答案中的中位数和分布情况。

4）将统计结果再反馈给专家，每个专家根据统计结果，考虑其他专家的意

见，对自己的建议进行修改，但全部过程都需保密。

5）将修改过的意见再寄给专家。这样经过几次反复，取得比较一致的意见。

该方法的特点是各专家不通过会议形式交换意见和进行讨论，而是邀请与决策问题有关的专家成立专家小组，使专家在相互保密的状态下，通过函询调查，请专家用书面形式独立地回答提出的决策问题。这种形式请专家发表意见往往经过多次反复。首先请专家作出初步判断，经过汇总、综合，归纳出几种不同的判断；再请专家对初步判断进行修改，作出第二次判断。这样反复修改多次，直到意见比较集中为止。

这种方法的优点主要是简便易行，具有一定科学性和实用性，可以避免会议讨论时产生的害怕权威随声附和，或固执己见，或因顾虑情面不愿与他人意见冲突等弊端；同时也可以使大家发表的意见较快收敛，参加者也易接受结论，具有一定程度综合意见的客观性。其缺点是由于专家一般时间紧，回答往往比较草率，同时由于预测主要依靠专家，因此，归根结底仍属专家们的集体主观判断。此外，在选择合适的专家方面也较困难，征询意见的时间较长，对于需要快速判断的预测难于使用等。尽管如此，本方法因简便可靠，仍不失为一种人们常用的定性预测方法。

5.3.2 定量决策方法

定量决策方法是建立在数学工具基础上的决策方法，其核心是把决策的变量与变量、变量与目标之间的关系用数学式表示出来（即建立数学模型），然后根据决策条件，通过计算求得答案。这种方法可以适用于决策过程中的任何一步，特别适用于方案的比较和评价。在决策时要运用复杂程度不同的数学工具。

1. 确定型决策方法 在比较和选择活动方案时，如果未来情况只有一种并为管理者所知，则须采取确定型决策方法。确定型决策方法很多，这里仅介绍线性规划法和盈亏平衡分析法。

（1）线性规划法 在企业决策中经常遇到这样的问题：如何将有限的人力、物力、资金合理地投入和运用，产出社会所需要的更多使用价值的同时，为企业取得最好的经济效益。当资金限制或约束条件表现为线性等式或不等式时，目标函数表示为线性函数时，所运用的数学分析模型，就属于线性规划。

线性规划法是在一些线性等式或不等式的约束条件下，求解线性目标函数的最大值和最小值的方法。具体决策步骤如下：

1）确定影响目标的变量。

2）列出目标函数方程。

3）找到实现目标的约束条件。

4）求得最优解。

【例 5-1】 某企业计划生产甲、乙两种产品，每种产品均需使用 A、B、C、D 四种设备，其加工时间及单位利润数据见表 5-1。现要求确定产品甲、乙的产量，使得企业利润最大。

表 5-1 单位产品所需台时

设备 \ 单位产品所需 \ 产品	甲	乙	计划期的设备能力/台时
A	2	2	12
B	1	2	8
C	4	0	16
D	0	4	12
单位产品的利润/万元	2	3	

解：用线性规划求得：

设决策变量：设 x_1，x_2 依次为产品甲、乙的产量，S 为利润。

列约束方程：

$$\begin{cases} 2x_1 + 2x_2 \leqslant 12 \\ x_1 + 2x_2 \leqslant 8 \\ 4x_1 \leqslant 16 \\ 4x_2 \leqslant 12 \\ x_1,\ x_2 \geqslant 0 \end{cases}$$

建立目标函数：

$\max S = 2x_1 + 3x_2$

解得：$x_1 = 4$，$x_2 = 2$；$\max S = 2 \times 4 + 3 \times 2 = 14$。即安排生产 4 单位 A 产品、2 单位 B 产品可使利润达到最大，此时可获得利润 14 万元。

（2）盈亏平衡分析法 它又称量本利分析法，是研究生产、经营一种产品达到不盈不亏时的产量或收入的决策问题。这个不盈不亏的平衡点称为盈亏平衡点。显然，生产量（或销售量）低于这个产量时，则发生亏损；超过这个产量（销量）时，则获得盈利。如图 5-1 所示，随着产量的增加，总成本与销售额随着增加，当到达平衡点 A 时，总成本等于销售额即成本等于收入，此时不盈利也不亏损，此点对应的产量 Q 即为平衡点产量。同时，以 A 点为界线点，形成亏损和盈利两个区域。

此模型中的总成本是由固定成本和可变成本构成的。

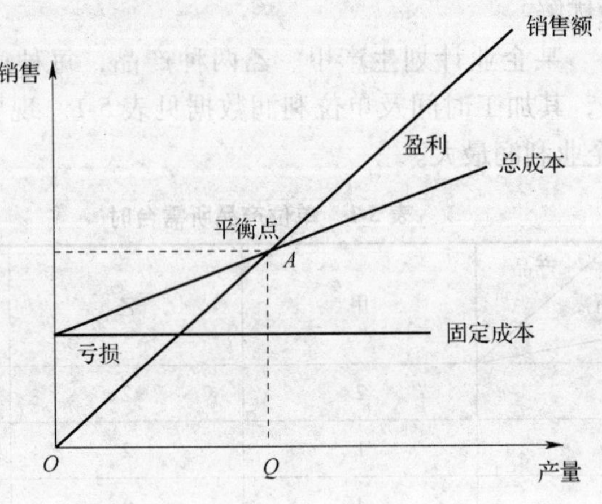

图 5-1　盈亏平衡分析模型

1）盈亏平衡点销量。盈亏平衡点销量即以盈亏平衡点产量或销量作为依据进行分析的方法。其基本公式为：

$$Q = C/(p - v)$$

式中　Q——盈亏平衡点产量（销量）；

C——总固定成本；

p——产品价格；

v——单位可变成本。

2）目标利润产量。当要获得一定的目标利润时，其公式为：

$$Q = (C + M)/(p - v)$$

式中　M——预期的目标利润额；

Q——实现目标利润 M 时的产量或销量。

【例 5-2】　某企业生产某种产品，其总固定成本为 40 万元，单位产品可变成本为 20 元；产品销价为 30 元，求：该企业的盈亏平衡点产量应为多少？如果要实现利润 3 万元时，其产量应为多少？

解：① $Q = C/(p - v)$

$$= \frac{400000\text{ 元}}{(30 - 20)\text{ 元/件}}$$

$$= 40000\text{ 件}$$

即当生产数量为 40000 件时，企业处于盈亏平衡点上。

② $Q = (C + M)/(p - v)$

$$= \frac{(400000 + 30000)\text{ 元}}{(30 - 20)\text{ 元/件}}$$

$$= 43000\text{ 件}$$

即当产量为43000件时，企业可获得3万元利润。

2. 风险型决策方法——决策树法 如果决策问题涉及的条件中有些是随机因素，它虽然不是确定型的，但它们的概率分布是已知的，这类决策被称为风险型决策。风险型决策常用的方法是决策树法。

决策树法是以图解方式分别对各个方案，在不同自然状态下的损益值与概率的乘积进行求和，得出各个方案的期望值，最后经过比较，按照最优期望值（最大期望收益值或最小期望损失值）标准选择满意决策方案。最大期望收益值标准即选择决策树中期望收益值最大者为满意方案，最小期望损失值标准即选择决策树中的期望损失值最小者为满意方案。

决策树是将可行方案，影响因素用一个树形图表示。以决策点为出发点，引出若干方案枝，每个方案枝都代表一个可行方案，在各方案枝末端有一个自然状态（或方案）结点，从状态结点引出若干概率枝（或状态枝），每个概率枝表示一种自然状态，在每个概率枝末梢，注有损益值。如图5-2所示。

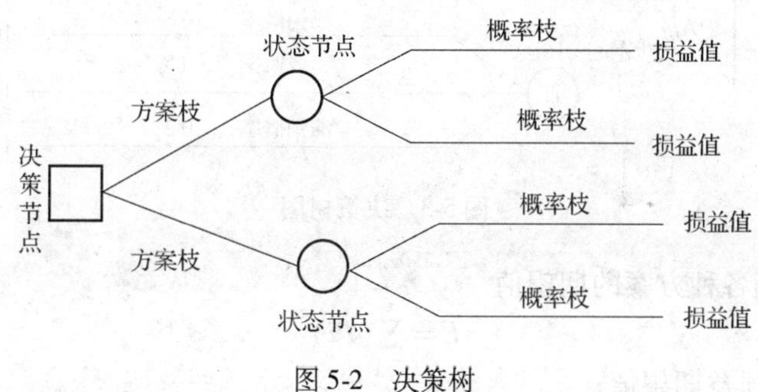

图5-2 决策树

下面用一实例说明这一方法的运用。

【例5-3】 某企业准备下一年生产某种产品，需要决定产品批量。根据预测估计，这种产品市场状况的概率是畅销为0.3，一般为0.5，滞销为0.2。产品生产提出大、中、小三种批量的生产方案，怎样决策才能取得最大经济效益（有关数据见表5-2）？

表5-2 各方案损益值表 （单位：万元）

自然状态 / 概率 / 方案损益值	畅 销	一 般	滞 销
概率	0.3	0.5	0.2
大批量（Ⅰ）	25	16	12
中批量（Ⅱ）	22	20	14
小批量（Ⅲ）	16	16	16

决策树分析法的步骤是：

（1）从左向右画决策树图形　首先从左端方框（称为决策结点方框）出发，按行动方案引出几条方案枝，每条方案枝上注明行动方案的内容——即大、中、小批量生产。然后每条方案枝到达一个自然状态（或方案）节点，用Ⅰ、Ⅱ、Ⅲ表示。再由自然状态（或方案）节点按可能出现的自然状态数目，引出各个状态枝（或概率枝），并在每个状态枝上注明状态的内容及其概率，最后引出状态枝末梢，在状态枝末梢上注明不同状态下的损益值（见图5-3）。

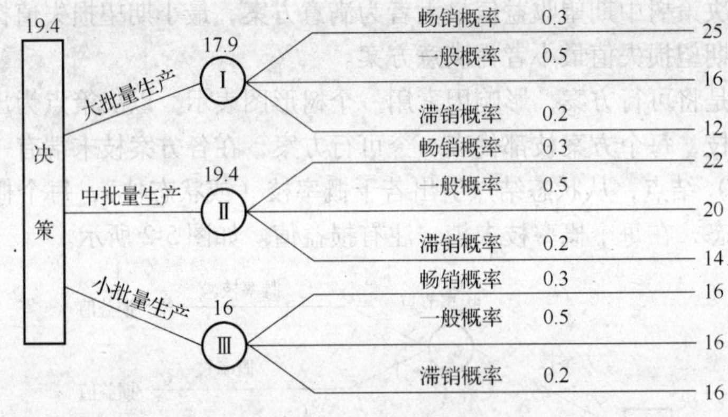

图5-3　决策树图

（2）计算各种方案的期望值

$$E = \sum(Pi)$$

式中　E——损益期望值；

P——损益值；

i——概率。

根据表5-2数据资料计算如下：

大批量生产（Ⅰ）期望值 $E_1 = 25$ 万元 $\times 0.3 + 16$ 万元 $\times 0.5 + 12$ 万元 $\times 0.2 =$ 17.9万元

中批量生产（Ⅱ）期望值 $E_2 = 22$ 万元 $\times 0.3 + 20$ 万元 $\times 0.5 + 14$ 万元 $\times 0.2 =$ 19.4万元

小批量生产（Ⅲ）期望值 $E_3 = 16$ 万元 $\times 0.3 + 16$ 万元 $\times 0.5 + 16$ 万元 $\times 0.2 =$ 16万元

（3）选择满意决策方案　把以上计算结果注明在各个方案节点上，然后在各个方案之间比较期望值，从中选择出期望值最大的作为满意决策方案，并把此决策方案的期望值写在决策节点方框的上面，以表示选择的结果。根据比较，本例应选择中批量生产。

3. 不确定型决策方法　由于不确定型决策是在客观自然状态完全不能确定

的情况下进行的，因此，很大程度上取决于决策者的主观判断和实际经验，取决于决策者对待风险的态度。由于决策者各具特点，便有不同的评选标准，因而产生了多种具体的决策方法。下面结合实例来介绍不确定型决策的具体方法。

【例 5-4】 某企业准备生产一种新产品，估计这种产品在市场上的需求量（自然状态）大体有四种情况：需求量较高，需求量一般，需求量较低、需求量很低，对每种情况出现的概率无法预测。为了生产这种产品，企业考虑了三种方案；A 方案是自己动手，改造原有设备；B 方案是淘汰原有设备，购进新设备；C 方案是购进一部分关键设备，其余自己改造。该产品准备生产 5 年，据测算，各个方案在各种自然状态下 5 年内的损益值见表 5-3。

表 5-3 各方案损益值表 （单位：万元）

自然状态 / 损益值 / 方案	需求量较高	需求量一般	需求量较低	需求量很低
A 方案	95	60	−12	−15
B 方案	70	45	10	−5
C 方案	80	40	15	5

（1）悲观法（即小中取大标准） 它也称为最大最小收益值分析法。这种分析方法是在计算出各方案在各种自然状态下可能的收益值的基础上，以最大最小收益值为标准，把每个方案在各种自然状态下的最小收益值找出来，然后再进行比较，从这些最小收益值当中选择收益值最大的方案作为满意决策方案。悲观法的着眼点是实践中无论自然状态发生什么变化，其收益值都不会低于一定限度，损失值不会高于一定限度。它把最小收益的自然状态视为必然出现的自然状态，从“最不利”的情况出发，寻找“最有利”的方案。因此，这是一种留有余地的分析方法，尽管比较保守、“悲观”，但却稳妥可靠。本例的比较选择见表 5-4。

表 5-4 最小收益值比较表 （单位：万元）

自然状态 / 损益值 / 方案	需求量较高	需求量一般	需求量较低	需求量很低	最小收益值
A 方案	95	60	−12	−15	−15
B 方案	70	45	10	−5	−5
C 方案	80	40	15	5	5

C 方案最小收益值在三个方案中最大，为 5 万元，因而选择 C 方案为决策方案。

（2）乐观法（即大中取大标准）　这种方法决策的程序是：先从每个方案中选择一个最大的收益值，然后再从这些收益值中选择收益值最大的，并以其相应的方案作为决策方案。这种决策方法的主要特点是依据“乐观”原则，不放弃任何一个获得最好结果的机会，争取好中之好。但是，这种方法使用得不得当，往往风险最大，因此，应该谨慎用之。本例的分析见表5-5。

表5-5　最大收益值比较表　（单位：万元）

自然状态 / 损益值 / 方案	需求量较高	需求量一般	需求量较低	需求量很低	最大收益值
A方案	95	60	−12	−15	95
B方案	70	45	10	−5	70
C方案	80	40	15	5	80

A方案的最大收益值最大，为95万元，因而选择A方案为决策方案。

（3）后悔值法（即大中取小标准）　这种方法的基本思想是如何使选定决策方案后可能出现的后悔值（后悔损失、机会损失）达到最小，蒙受的损失也较小。因为当某一自然状态出现时，决策者会很明确地选择收益值最大的方案为决策方案。如果决策者当时没有选择这个方案，而是采取了其他方案，就会感到后悔。这种应采取方案的最大收益值与实际采取方案的收益值之间的差额，叫做后悔值。

这种决策方法的程序是：先从各种自然状态下找出各个方案的最大收益值，再将每种自然状态下各种方案的收益值与最大收益值相比较，求得后悔值，然后从各个方案的后悔值中找出最大后悔值，并从中选择最大后悔值为最小的方案，作为决策方案，见表5-6。这种方法是以后悔值作为评价方案的标准，依据的是“遗憾”原则。它既不过于保守，又不过于冒险，是一种比较稳当的决策方法。具体比较见表5-7。

表5-6　最大收益值表　（单位：万元）

自然状态 / 损益值 / 方案	需求量较高	需求量一般	需求量较低	需求量很低
A方案	95①	60①	−12	−15
B方案	70	45	10	−5
C方案	80	40	15①	5①

① 自然状态下各个方案的最大收益值。

表 5-7 最大后悔值比较表 （单位：万元）

自然状态 后悔值 方案	需求量较高	需求量一般	需求量较低	需求量很低	最大后悔值
A 方案	0	0	27	20	27
B 方案	25	15	5	10	25
C 方案	15	20	0	0	20

表 5-7 中 C 方案的最大后悔值最小，为 20 万元，因而选择 C 方案作为决策方案。

（4）平均法（即折中标准） 这种方法决策的程序是：先将每一个方案在各种自然状态下的收益值相加，然后除以自然状态的个数，求得每个方案的平均收益值，再选择平均收益值最大的方案作为决策方案。这种决策方法的特点是以平均收益值作为评价方案的标准，依据的是平均原则，这是一种折中的、平稳的决策方法。见表 5-8。

表 5-8 平均收益值比较表 （单位：万元）

自然状态 损益值 方案	需求量较高	需求量一般	需求量较低	需求量很低	平均收益值
A 方案	95	60	−12	−15	32
B 方案	70	45	10	−5	30
C 方案	80	40	15	5	35

C 方案平均收益值最大，为 35 万元，因而选择 C 方案为决策方案。

上述 4 种决策方法，分别以不同的标准和原则作为评选方案的依据，因而同一问题会得到不同的决策结果。企业在实际工作中，解决不确定型决策问题，要同时运用以上 4 种方法进行分析对比，将其中被认定为满意决策方案次数最多的方案作为最后选定的决策方案，如上例中 C 方案被选中 3 次，因而 C 方案可以作为该企业生产某种产品的决策方案。

自我测试

一、单项选择题

1. 该项决策具有极大偶然性和随机性，又无先例可循且有大量不确定因素，其方法和步骤也难以程序化和标准化，这项决策就是（ ）。

A. 风险型决策　　B. 不确定型决策

C. 程序性决策　　D. 非程序性决策

2. 在确定决策目标时，要注意把目标建立在（　　）的基础上。

A. 需要　　B. 可能

C. 需要和可能　　D. 必要的利润

3. 例外决策，具有极大偶然性、随机性，又无先例可循且具有大量不确定性的决策活动，其方法和步骤也是难以程序化、标准化，不能重复使用的。这类决策又称为（　　）。

A. 风险型决策　　B. 不确定型决策

C. 战略决策　　D. 非程序性决策

4. 决策程序的首要环节是（　　）。

A. 确定决策原则　　B. 确定决策方法

C. 确定决策目标　　D. 拟订可行方案

二、多项选择题

1. 决策的影响因素主要包括（　　）。

A. 环境　　B. 战略

C. 组织文化　　D. 决策者的个性特征

2. 下列属集体决策的是（　　）。

A. 头脑风暴法　　B. 量本利分析法

C. 德尔菲法　　D. 边际分析法

3. 不确定型决策方法包括（　　）。

A. 大中取大法　　B. 小中取大法　　C. 后悔值法

D. 决策树法　　E. 量本利法

4. 下面的决策哪些是战略性决策（　　）。

A. 生产日程的安排　　B. 产品的定价

C. 日常生产计划的制订　　D. 核心产品的更新换代

E. 投资方向的选择

三、判断题

1. 决策本质上是一个系统的过程，而非“瞬间”的“拍板定案”。(　　)

2. 战术决策是指属于日常活动中有关提高效率和效益、合理组织业务活动等方面的决策，多为程序化决策。(　　)

3. 盈亏平衡点法适用于风险型决策。(　　)

4. 当一个决策方案对应两个或两个以上相互排斥的可能状态，每一种状态都以一定的可能性出现，并对应特定的结果时，这种已知方案的各种可能状态及其发生的可能性大小的决策，可以采用盈亏平衡点法。(　　)

5. 事关企业兴衰成败、带有全局性、长远性的大政方针所作决策，如企业方针、目标与计划等，都属于战术决策。( )

四、案例分析

H 市动物园的搬迁

今年 66 岁的 M 是某林业大学教授，中国工程院院士，中国野生动物学科带头人。作为权威的野生动物学家，M 院士曾多次被邀请参与全国各地野生动物园的迁址论证，其中，H 市动物园的搬迁最为曲折。

据了解，H 市动物园迁址之争由来已久。由于近年来城市建设迅猛发展，H 市动物园的规模和所处位置已不利于动物园自身的生存发展。1999 年，H 市政府首次提出动物园搬迁的设想。2000 年初，M 院士等专家通过对区位、环境、人文和投资等各方面因素的综合比较论证，首选某风景旅游区为动物园新址。该风景区以其优美、独特的自然环境，得天独厚的地理位置，以及其他诸多优势，得到社会各界及有关专家的认可，但当时由于位于该风景区出口的火葬场暂时无法搬迁，这一最佳方案只好放弃。

2000 年 12 月，H 市有关部门曾将动物园正式定址松北新区，但这里是地势低洼的湿地，缺山无林，若人造山林和土方回填，则工程量巨大，又邻近铁路线，噪声干扰严重。2001 年 5 月，在 M 院士等专家组成人员和社会人士的强烈建议下，迁址工程停工。2002 年 6 月，M 院士等专家组成人员同意把新址定在距出城口 38 公里处的鸽子洞，并当场建议为避免公路噪声，要将园址沿垂直公路方向往内迁移。

2003 年 3 月，在动物园新址开工前，M 院士在施工现场勘察，结果发现施工现场已不是当初论证签字时的鸽子洞原址，而是沿着公路又向前推移，距城区的实际路程已超过 50 公里。这意味着市民游览动物园将要承受高昂的费用和浪费大量时间。更严重的是，M 院士还发现了附近存在强烈的噪声源，将对动物的生存构成威胁。

此时，影响选择某风景区的最大障碍已被扫除。2003 年 2 月，H 市政府决定将火葬场搬出该风景区，计划在该风景区建设以旅游为主的大型生态园。于是，M 院士和其他科学家决定弃鸽子洞而选该风景区。

对于有人议论作为科学家居然出尔反尔，M 院士认为，“作为一名科学家，要有科学良知，要说真话。我所想的是国家和人民的利益，是野生动物的生存命运”。他认为，目前解决 H 市动物园新址问题的最好办法就是把选择权交给广大市民，公开召开听证会，让广大市民作决定。H 市政府在充分听取市民和专家的意见后，最终把动物园新址定在 H 市的某风景区。

根据上述案例回答下列问题：

1. H 市动物园新址的原始决策和追踪决策分别是（　　）。

A. 定址某风景区和定址松北新区、鸽子洞

B. 定址松北新区和定址鸽子洞、某风景区

C. 定址鸽子洞和定址松北新区、某风景区

D. 不能确定

2. H市动物园新址的决策过程，说明了（　　）。

A. 决策过程实质上是选择的过程

B. 决策活动是决策者拍板作决定时的片刻行为

C. 在执行过程中必须对原始决策进行内容的补充和修正

D. 以上都是

3. H市动物园新址的选择、变动过程，体现了决策的（　　）。

A. 系统性　　B. 预测性

C. 可行性　　D. A、B、C

【实践练习】

在实际工作中，经常存在各种决策失误。究其原因，可以发现很多决策者不遵循决策的原则和程序。如有的决策者惯于凭主观想象和“拍脑瓜”决策；有的决策者过分追求完美的决策方案而迟迟不能决定，延误决策良机；甚至在过去基本建设项目中还存在边审批、边设计、边施工的“三边工程”。针对以上现象，试用决策理论分析如何提高决策质量。

第6章

组织职能概述

【学习目标】

- 掌握组织的含义，了解组织的内容和作用。
- 掌握组织结构的基本形式。
- 掌握组织结构设计的原则和方法。

6.1 组织职能的含义及内容

6.1.1 组织的含义

1. 组织的一般含义 组织是指为了达到某些特定的目标，在分工合作的基础上构成的人的集合。任何组织的存在都是为了达到某种特定的目标，这是组织与团体的主要区别。同一个组织中的人，尽管所从事的活动各不相同，但都是为了实现共同的目标，分工合作，从而产生集体行为。

2. 组织的管理学含义 在管理学中，组织的含义可以从静态和动态两个方面来理解。在静态方面，组织是一个名词，指组织结构，不同的组织结构会产生不同的功能和效率。在动态方面，组织是一个动词，是指为了更有效率地完成组织目标，对组织结构进行建立、调整和变革。

6.1.2 组织的分类

按照不同的分类方法，可以把组织分成不同的种类。

1. 按组织的目标性质以及由其所决定的基本任务分类 组织可以分为政治

组织、经济组织、军事组织、学术组织、教育组织、宗教组织等。

2. 按组织的人数多少分类 组织可以分为大型组织和小型组织。

3. 按其外部关系分类 组织可以分为独立组织（股份有限公司）和非独立组织（如分公司）。

6.1.3 正式组织与非正式组织

1. 正式组织 经过规划设计而非自发形成；有明确的组织目标；组织的活动以成本和效率为主要标准；分配角色和任务，规定人们之间的相互关系；建立权威、赋予领导以正式的权力，下级必须服从上级；制定各种规章制度以约束个人行为，实现组织的一致性。

2. 非正式组织 非正式组织是指存在于正式组织之中，是人们在共同工作中所形成的靠感情和非正式规则联结的群体。非正式组织的特征有：自发性；功利性；软约束；内聚性；自然领袖。

在大多数情况下，正式组织与非正式组织的凝聚力是此消彼长的。如果一个职工在正式组织中感到非常温暖，在感情方面有一种归宿感，那么他参加、组成非正式组织的倾向就会大大削弱。为此，管理人员在正式组织中，应努力地、最大限度地满足人们的合理需求，从而使每个人在正式群体中达到“心理平衡”状态，对组织的气氛、环境以及人际关系感到满足，这样就可以削弱非正式组织的影响力。

非正式组织的存在和发展是必然和必要的。为了正式组织目标的有效实现，正式组织的领导要善于利用非正式组织的积极作用，克服、消除其不利影响。

6.2 组织结构形式

组织结构就是表现组织各部分排列顺序、空间位置、聚集状态、联系方式以及各要素之间相互关系的一种模式。常见的组织结构类型有：直线制、职能制、直线职能制、事业部制、超事业部制、矩阵制以及一些新型的组织结构模式。

6.2.1 直线制组织结构

直线制组织结构是组织发展初期的最简单的一种组织结构形式。这种组织结构没有职能机构，从最高管理层到最基层，实行直线垂直领导。组织中各种职务按垂直系统直线排列，各级主管人员对所属下级拥有直接的一切职权，组织中每一个人只能向一个直接上级报告。这种组织结构的优点是结构简单，管理人员少、职责权力明确，上下关系清楚。但不足之处是组织结构缺乏弹性，同一层次之间缺乏必要的联系，主管人员独揽大权、任务繁重，一旦决策失误，就会造成较大损失。所以这种组织结构形式只适用于那些没有必要按职能实行专业化管理的小型组织，或者是现场的作业管理。图 6-1 是直线制组织结构图。

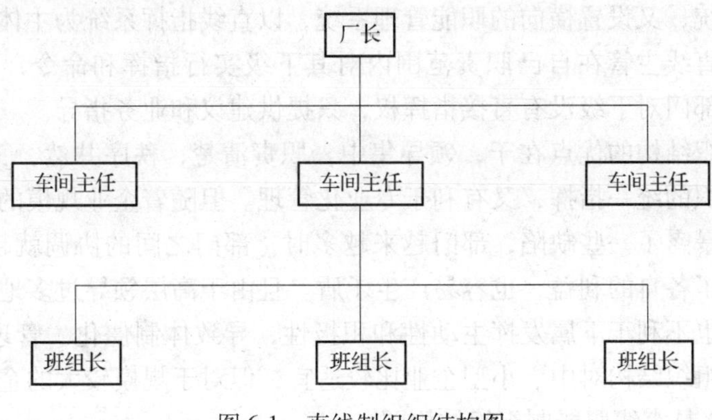

图 6-1 直线制组织结构图

6.2.2 职能制组织结构

职能制组织结构的特点是，按专业分工设置管理职能部门，各部门在其业务范围内有权向下级发布命令，每一级组织（如车间主任）既服从上级的指挥，也听从几个职能部门的指挥。这种组织结构的优点是能够适应现代组织技术比较复杂和管理分工较细的特点，能够发挥职能机构的专业管理作用，减轻上层主管人员的负担。但其缺点也比较明显，即这种结构形式妨碍了组织必要的集中领导和统一指挥，形成了多头领导，对基层来讲是“上边千条线，下面一根针”，无所适从。因此，不利于明确划分直线人员和职能科室的职责权限，容易造成管理的混乱。图 6-2 是职能制组织结构图。

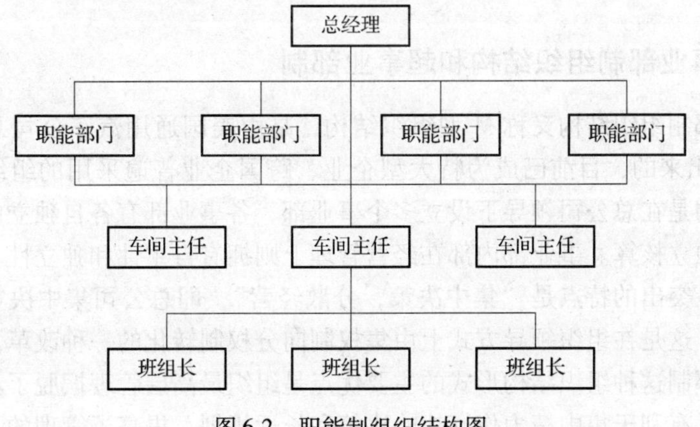

图 6-2 职能制组织结构图

6.2.3 直线职能制组织结构

直线职能制组织结构又称 U 型组织结构，是指在组织内部，既设置纵向的直线指挥系统，又设置横向的职能管理系统，以直线指挥系统为主体建立的二维管理组织。直线主管在自己职责范围内对其下级实行指挥和命令，并负全部责任，而职能部门对下级没有直接指挥权，只提供建议和业务指导。

这种组织结构的优点在于，领导集中，职责清楚，秩序井然，工作效率高，既保证了组织的统一指挥，又有利于专业化管理。但随着企业规模的扩大，这种组织结构也暴露了一些缺陷，部门越来越多时，部门之间的协调就越来越困难，且各部门为了各自的利益，也容易产生矛盾。且由于高层领导过多地参与日常的经营活动，也不利于下属发挥主动性和积极性，导致体制僵化，管理成本上升。所以，这种组织结构对中、小型企业比较适宜，但对于规模较大的企业，则不太适用。图 6-3 是直线职能制组织结构图。

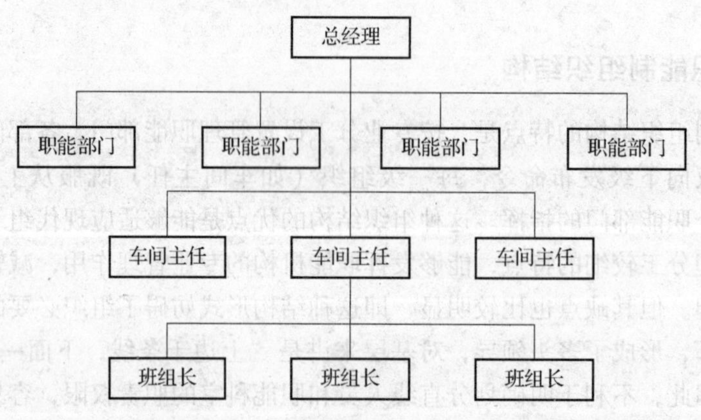

图 6-3 直线职能制组织结构图

6.2.4 事业部制组织结构和超事业部制

事业部制组织结构又称 M 型组织结构，是由美国通用汽车公司总裁斯隆于 1924 年提出来的，目前已成为特大型企业、跨国企业普遍采用的组织结构。这种组织结构是在总公司领导下设立多个事业部，各事业部有各自独立的产品和市场，实行独立核算。事业部内部在经营管理上则拥有自主性和独立性。这种组织结构形式最突出的特点是“集中决策，分散经营”，即总公司集中决策，事业部独立经营，这是在组织领导方式上由集权制向分权制转化的一种改革。

事业部制这种组织结构形式的主要优点是组织最高层管理摆脱了具体的日常管理事务，有利于集中精力作好战略决策和长远规划，提高了管理的灵活性和适应性，有利于培养和训练管理人才。它的缺点是，由于机构重复，造成了管理人员的浪费；由于各个事业部独立经营，各事业部之间要进行人员互换就比较困难，相互支援较差；各事业部主管人员考虑问题往往从本部门出发，而忽视整个组织的利益。图6-4是事业部制组织结构图。

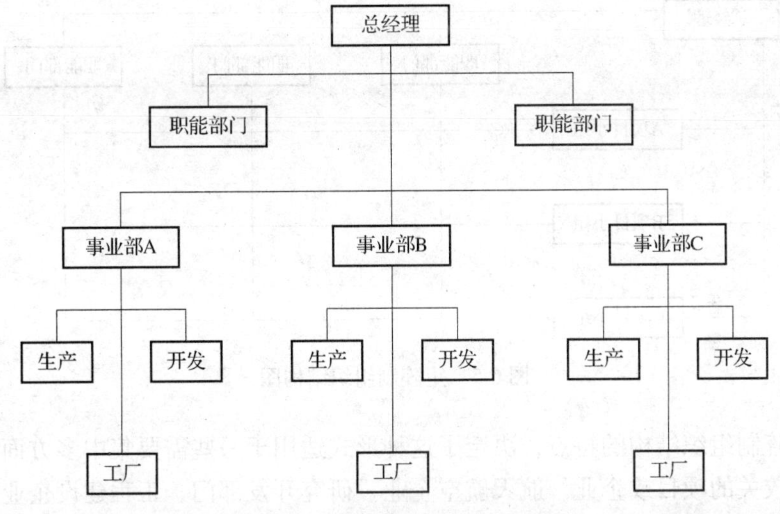

图6-4　事业部制组织结构图

在事业部制组织结构的基础上，20世纪70年代在美国和日本的一些大公司又出现了一种新的组织结构形式——超事业部制组织结构。它是在组织最高管理层和各个事业部之间增加了一级管理机构，负责统辖和协调所属各个事业部的活动，使领导方式在分权的基础上又适当地集中。这样做的好处是可以集中几个事业部的力量共同研究和开发新产品，可以更好地协调各事业部的活动，从而能够增强组织活动的灵活性。

6.2.5　矩阵制组织结构

矩阵制组织结构是在直线职能制结构的基础上，加上一套为完成某项任务而暂时设立的横向项目系统，是一种“临时性”机构。它是把按职能划分的部门和按产品（或项目，或服务等）划分的部门结合起来组成一个矩阵，使同一名员工既同原职能部门保持组织与业务上的联系，又参加产品或项目小组的工作。为了保证完成一定的管理目标，每个项目小组都设负责人，在组织的最高主管直接领导下进行工作。这种组织结构形式的特点是打破了传统的“一个员工只有一个头儿”的命令统一原则，使一个员工属于两个甚至两个以上的部门。它的优点是加强了各职能部门的横向联系，具有较大的机动性和适应性；实行了集权与分权较优的结合；有利于发挥专业人员的潜力；有利于各种人才的培养。其缺点是，由于这种组织形式实行纵向、横向的双重领导，处理不当，会由于意见分歧而造成工作中的扯皮现象和矛盾；组织关系较复杂，对项目负责人的要求较高；由于这种形式一般还具有临时性特点，因而也易导致人心不稳。图6-5是矩阵制组织结构图。

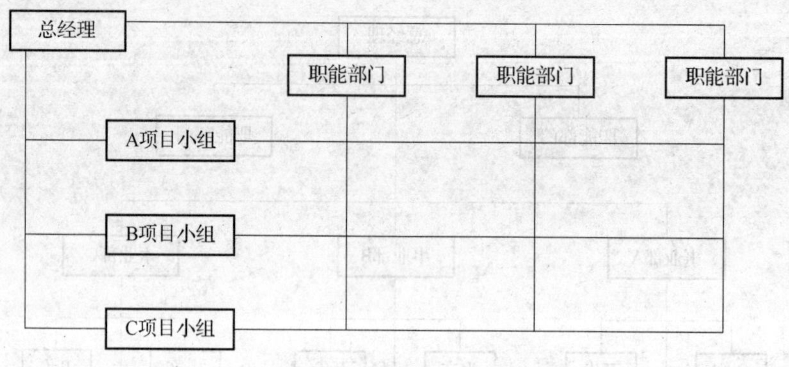

图6-5　矩阵制组织结构图

矩阵制组织结构的特点，决定了这种形式适用于一些需要集中多方面专业人员集体攻关的项目或企业。航天航空企业、研究开发部门、工程建设企业、广告公司、管理咨询公司等采用这种组织结构形式，效益比较明显。

6.2.6　新型组织结构

20世纪80年代，随着经济全球化的发展和市场竞争的加剧，传统的企业组织结构受到了挑战，为了增强组织的竞争力，出现了一些新型的组织结构，主要有团队组织、虚拟组织和无界限组织等。

1. 团队组织　团队是指一种为了某一目标而由相互协作的个体组成的正式群体。对于小公司来说，团队结构可以作为整个组织结构，提高企业的凝聚力。而对于大企业来讲，团队结构主要作为职能结构的补充，提高企业的灵活性和员工的工作效率。团队结构的主要特点是打破部门界限，并把决策权下放到工作团队员工手中，这种结构形式要求员工既是专才又是全才。团队组织适合于组织中有些重要任务具有特定的期限和工作绩效标准，或者任务是独特、不常见的，需要跨职能界限的专门技能。

2. 虚拟组织　虚拟组织是利用一定的信息、通信技术特别是国际互联网将成员联系起来，具有虚拟的组织结构、虚拟的构成人员、虚拟的办公场所以及虚拟的核心能力的组织。其实质是：“可以租借，何必拥有”。例如，耐克、瑞宝这些享誉全球的知名品牌，他们发现，没有自己的生产制造设备，也会获得巨大的成功。只要在自己最擅长的业务上集中精力，如高新技术的研究、新产品的设计和开发或营销等；而对于自己不擅长或不感兴趣的业务，如零部件生产、配送、营销、服务等，如果有其他公司做得更好或成本更低，就可以委托给他们去做。

3. 无界限组织　无界限组织是在信息通信技术特别是计算机网络的支持下，通过一系列调整建立的新的组织结构，这种组织结构具有这样一些特点：通过取消组织垂直界限而使组织扁平化；通过设立多功能团队围绕工作流程运作来消除因职能部门存在而形成的组织水平界限；打破组织与客户之间的外在界限及地理障碍，实行全球化的经营战略以及公司间的战略联盟，建立客户与组织间的固定联系；通过远程办公，模糊组织界限。

6.3　组织结构设计

组织结构设计是通过对组织资源的整合和优化，确立企业某一阶段的最合理的管控模式，实现组织资源价值最大化和组织绩效最大化。

6.3.1　组织结构设计的原则

1. 任务与目标原则　组织结构设计的根本目的是为实现企业的战略任务和经营目标服务的。这是一条最基本的原则。组织结构的全部设计工作必须以此作为出发点和归宿点，即企业任务、目标同组织结构之间是目的同手段的关系；衡量组织结构设计的优劣，要以是否有利于实现企业任务、目标作为最终标准。从这一原则出发，当企业的任务、目标发生重大变化时，例如，从单纯生产型向生产经营型、从内向型向外向型转变时，组织结构必须作相应的调整和变革，以适应任务、目标变化的需要。

2. 专业分工协作原则　现代企业的管理，工作量大，专业性强，分别设置不同的专业部门，有利于提高管理工作的质量与效率。在合理分工的基础上，各专业部门只有加强协作与配合，才能保证各项专业管理的顺利开展，达到组织的整体目标。贯彻这一原则，在组织设计中要十分重视横向协调问题。

3. 有效管理幅度原则　有效管理幅度是指一个主管直接、有效地管理指挥下属的人数。由于受个人精力、知识、经验条件的限制，一名领导人能够有效领导的直属下级人数是有一定限度的。有效管理幅度不是一个固定值，它受职务的性质、人员的素质、职能机构健全与否等条件的影响。这一原则要求在进行组织设计时，领导人的管理幅度应控制在一定水平内，以保证管理工作的有效性。由于管理幅度的大小同管理层次的多少呈反比例关系，这一原则要求在确定企业的管理层次时，必须考虑到有效管理幅度的制约。因此，有效管理幅度也是决定企业管理层次的一个基本因素。

4. 统一指挥原则 统一指挥原则指的是组织中的任何成员只能接受一个上司的领导。除了组织中的最高行政指挥以外，其他任何成员在工作中都会收到来自上级领导的命令，如果一个下属同时接到两个上司的命令，而这两个上司的命令并不一致甚至相互矛盾，这个下属就会无所适从，给工作带来混乱。为了防止这种现象的出现，在组织设计中要遵循统一指挥原则，将管理的各个职务形成一条连续的等级链，明确规定等级链中每个职务之间的责任、权力关系，禁止越级指挥或越权指挥；在组织实践中，在管理体制上，要实行各级行政首长负责制，减少甚至不设各级行政主管的副职。

5. 权责利相结合原则 在组织结构设计中，权力、责任、利益三者之间是不可分割的，权力是责任的基础，有了权力才可能负起责任；责任是权力的约束，有了责任，权力的拥有者在运用权力时就必须考虑可能产生的后果，不至于滥用权力；利益的大小决定了管理者是否愿意担负责任以及接受权力的程度。权、责、利三者不协调，就会使组织结构不能有效地运行，组织的目标难以实现。

6. 集权与分权相结合原则 在组织结构设计时，既要有必要的权力集中，又要有必要的权力分散，两者不可偏废。集权是大生产的客观要求，它有利于保证企业的统一领导和指挥，有利于人力、物力、财力的合理分配和使用。而分权是调动下级积极性、主动性的必要组织条件。合理分权有利于基层根据实际情况迅速而正确地作出决策，也有利于上层领导摆脱日常事务，集中精力抓重大问题。因此，集权与分权是相辅相成、对立统一。没有绝对的集权，也没有绝对的分权。企业在确定内部上下级管理权力分工时，主要应考虑的因素有：企业规模的大小、企业生产技术特点、各项专业工作的性质、各单位的管理水平和人员素质的要求等。

6.3.2 组织结构设计的程序

1. 确定组织结构设计的方针和原则 根据组织的最终目标，确定组织结构设计的方针和原则，这是组织结构设计的前提条件。

2. 进行职能分析和设计 根据组织目标和组织结构设计的方针和原则，合理设计组织的各项职能，确保组织的各项活动能够顺利进行。

3. 组织结构框架的设计 设计各个管理层次、部门、岗位及其权责。

4. 组织联系方式的设计 设计纵向管理层次之间、横向管理部门之间的信息交流、控制、协调方式和手段。

5. 组织管理规范的设计 设计各项管理业务的工作程序、管理工作应达到的要求和管理方法、管理人员的规范等。

6. 人员配备和训练 把合适的管理人员和工作人员安排在合适的部门和岗

位，使他们各司其职，适应组织的运作方式。

7. 组织运行制度的设计　设计各种激励制度、惩罚制度、考评制度、培训制度等。

8. 信息反馈和修正　将组织运行过程中出现的问题和情况及时反馈，并对组织结构进行修正和完善。

6.3.3　部门的划分

组织中的部门是指组织中主管人员为完成规定的任务有权管辖的一个特定的领域。部门划分的目的在于确定组织中各项任务的分配与责任的归属，以求分工合理、职责分明，有效地达到组织的目标。部门的划分方法主要有：

1. 按人数划分　这是一种最原始、最简单的划分方法。军队中的师、团、营、连即是用此方法划分的。这种划分方法的特点是仅仅考虑人力，因此在现代高度专业化的社会中有逐渐被淘汰的趋势。

2. 按时间划分　这种方法多见于组织的基层。它是在正常的工作日不能满足工作需要时所采用的一种划分部门的方法。例如，许多工业企业按早、中、晚三班制进行生产活动，那么部门设置就可是三个。此外，交通、邮电、医院等组织也采用这种轮班制的方法来进行部门的划分。

3. 按职能划分　按职能划分部门是许多组织广泛采用的一种方法。这种方法是根据生产专业化的原则，以工作或任务的性质为基础来划分部门的。按职能来划分部门，遵循分工和专业化原则，因而有利于充分发挥专业职能，使主管人员的注意力集中在组织的基本任务上，有利于目标的实现，同时它简化了训练工作，为上层主管部门提供了进行严格控制的手段。但是这种划分，容易使各职能部门的专业人员形成部门本位主义，从而给各部门之间的横向协调带来一定的困难。

4. 按产品划分　按产品划分部门是按产品或产品系列来组织业务活动的一种方法。比如，“事业部”就有按产品来划分的。这种按产品划分部门的方法一般能够发挥个人的技能和专长，发挥专用设备的效率，有利于部门内的协调。同时，它还使各部门的主管人员把注意力集中在产品上，这对产品的改进和发展是十分重要的。

5. 按地区划分　对于在地区分散的组织来说，按地区划分部门是一种普遍采用的方法。这种方法是在当组织地理位置分布于不同地区，各地区的政治、经济、文化等因素影响到组织的经营管理时，把某个地区或区域内的业务工作集中起来，委派一位经理来主管其事。其目的是为了调动各个地区的积极性，从而取得地方化经营的优势效益。比如，一些大型的集团公司按照地区来划分其事业部。

6.3.4 组织层次的划分

管理者要想有效地领导下属，还必须考虑管理层次和管理幅度的问题。

管理幅度是指一名主管人员有效地监督、管理其直接下属的人数。任何主管人员有效地监督、管理其直接下属的人数都是有限的，当超过这个限度时，管理的效率就会随之下降。因此，管理人员要想有效地领导下属，就必须认真考虑究竟能直接管辖多少下属的问题，即管理幅度问题。经研究发现，高层管理人员的管理幅度通常是4~8人，较低层次的管理人员其管理幅度为8~15人。当管理人员直接管理的下属人数超过了其管理幅度，为了保证管理的有效性，就必须增加一个管理层次，因而管理层次与管理幅度密切相关。

由于管理层次与管理幅度密切相关，较大的幅度意味着较少的层次，较小的幅度意味着较多的层次。这样，按照管理幅度的大小及管理层次的多少，就可形成两种结构：扁平结构和高层结构。这两种结构类型各有利弊：

1. 扁平结构 扁平结构就是管理层次少而管理幅度大的组织结构，由于上下联系渠道短，所以可以减少管理人员，节省管理费用，有利于信息沟通，提高管理效率；但管理幅度加大，会增加横向协调的难度，可能会使组织领导者陷于复杂的日常事务之中，无暇更多关注组织全局的重大问题。

2. 高层结构 高层结构就是管理幅度小而管理层次多的结构，高层型组织结构易于克服扁平型组织结构的某些不足，有利于领导者控制和监督，搞好战略管理。但由于拉长了上下级联系的渠道，会增加管理费用；管理层次增加，会使协调工作量增加；管理层次的增加，会使上下意见沟通交流受阻。

究竟是采取扁平型组织结构还是高层型组织结构，应该取决于组织规模的大小和组织领导人的有效管理幅度等因素。

自我测试

一、单项选择题

1. 职能型组织结构形式的优点是实现了（　　）。

A. 管理现代化　　B. 管理专业化

C. 统一指挥　　D. 统一领导

2. 组织理论上把管理层次多、管理幅度小的结构称之为（　　）。

A. 职能结构　　B. 扁平结构

C. 高层结构　　D. 矩形结构

3. 在组织中存在着正式组织与非正式组织，正式组织与非正式组织之间的一个重大区别就是，正式组织是以（　　）为重要标准。

A. 情感逻辑　　B. 正规的程序
C. 效率逻辑　　D. 高度的责任心

4. 在组织规模一定时，管理幅度与管理层次（　　）。

A. 没有什么必然联系　　B. 直接呈正比例关系
C. 有明显的间接联系　　D. 直接呈反比关系

5. 以组织产品、地域和服务对象等为基础，把组织划分为若干单位而组成的组织结构称为（　　）。

A. 事业部制组织结构　　B. 矩阵制组织结构
C. 纯粹直线制组织结构　　D. 职能制组织结构

二、多项选择题

1. 按组织的外部关系，可以把组织分为（　　）。

A. 大型组织　　B. 小型组织
C. 独立组织　　D. 非独立组织

2. 组织结构的形式有哪些（　　）。

A. 直线结构　　B. 职能结构
C. 高层结构　　D. 扁平结构

三、判断题

1. 职能结构有多头领导的问题，直线结构则没有。（　　）

2. 一般来说，为了达到组织活动的有效性，应尽量增加管理层次。（　　）

3. 组织结构的具体模式有许多种，最具有代表性的两种是直线制和事业部制。（　　）

四、案例分析

A 集团的组织结构问题

A 集团公司的前身是江西省农业厅下属的国有某生物制药厂。集团现有职工 1200 余人，产品涉及饲料、兽药、化肥、绿色食品等六个产业，在省内外共有生产经营企业科研机构 20 余个，是一个集科、工、贸为一体的大型集团公司。集团自 1987 年开始，效益一直很好，但进入 2003 年以来产品效益出现了滑坡，聘请一些知名专家为企业做诊断，专家经过深入调查研究认为：A 集团的管理体制不能适应其发展，必须进行大的改革。

客观地说，A 集团所采取的管理组织结构确实仍是一种比较简单的直线职能制形式。在这种组织结构下，集团实行的是两级管理。上面是集团总部，下面就是各个工厂、公司或科研所等。工厂、公司、科研所之间的关系是并列的，它们均直属集团总部领导。

经过 3 天的思考，A 集团总经理最后认为，A 集团的管理组织结构必须进行

调整。

案例思考题：

1. 你认为 A 集团现在采用的直线职能式结构具有哪些优点？又存在哪些不足？

2. 你认为作为一个企业集团一般应采取什么样的管理组织结构形式？为什么？

【实践练习】

模拟组建公司

学生自愿分组，5~6 人组建一个模拟公司；设定本公司的名称和办公地点；选举产生总经理；确定本公司的组织结构模式和领导体制；由总经理任命本公司各成员的职位，并确定分工；最后做述职报告。

第7章 组织中的职权配置

【学习目标】

- 理解权力的含义、特征和类型。
- 了解权力的来源。
- 掌握职权与职责的定义、区别与联系。
- 掌握集权与分权。
- 理解并掌握授权的含义及其过程。

对于一个组织来讲，职权是构成组织结构的核心要素，对于组织的合理构建与有效运行具有关键作用。企业组织职权配置是企业组织工作的一项重要内容。

7.1 权力及权力来源

7.1.1 权力

1. 权力的含义 权力就是主体以威胁或惩罚等方式强制、影响和制约其他主体态度、行为、价值和资源的能力。领导者要实施领导工作就需要具有一定的权力。

2. 权力的特征

（1）法定权力的强制性 任何一级领导，都有明确的责任范围。在其职权范围内，他有决策权和指挥权。行使这些权力是法律或组织机构规定的，被管理者必须服从。这些服从不仅是维护领导者的威信，而更重要的是维护法律和组织的尊严。在我国，虽说领导者与被管理者都是国家的所有者，但仍然有民主自由和权力集中的关系，仍然存在着素质、目标和利益的差别，为了整体利益和长远利益，个人必须服从组织，下级必须服从上级，地方必须服从中央，在权力运用中，强制性显然是非常重要和必不可少的。

（2）非法定权力的动态性　非法定权力主要是指领导者个人的威望、威信和影响力以及应变能力。任何领导者在领导实践中，随着个人素质的提高、经验的积累、威信的形成，影响力是会变化的，有的领导者由于业绩显著，非法定权力会扩大，同时更有利于法定权力的使用；而有的领导者或者由于工作的失误，或政绩平平、无所作为，或由于本身素质跟不上事业发展的需要，威信会降低，实际权力也可能会越来越小。同时现代科学发展迅速，客观环境变化快，领导目标也会随着时代的发展而转移，领导工作的内容和方法也要随之更新，领导机构的结构和权力划分也必然随之调整。因此，领导权力的动态性将日趋明显。基于这点，领导者就可能更注意本身素质的提高和事业的开拓，上级领导者会注意观察下级领导者实际权力的变化。高层次领导者就应经常从总体上审查和调整领导结构和权力配置，使层层领导组织保持活力。

（3）权力使用的多层次性　领导就是一个大系统，是分层次的。各层次领导有相应的权力。科学的领导是分层负责、各行其权，在正常情况下不应超越自己的权力。同一层次的领导活动中，对一个组织的成员，也要将权力划分为若干个层次，分工负责。任何一个组织，若是事无巨细全由一把手来处理，大小权独揽，是不可能取得好的领导效果的。任何一级领导层次的权力使用，领导工作的实施，都是由它本身的一个组织系统来共同完成的。领导者只有既善于集权，又善于分权，既有明确的权力关系，又要有明确的权限范围，才能使权力运用合理，发挥最佳作用。

（4）权力运用的灵活性　权力的运用必然具有灵活性，在客观条件不具备时，运用权力就要充分考虑大多数群众的愿望，强制命令或单纯靠法定职位权力是难以办好事情的，权力必须慎重使用。对于不同素质的领导对象，权力运用的方法应有所不同，有的是在商量讨论中决定问题，有的是硬性规定，有的是因势利导，有的是果断指示，不可能千篇一律。在注重提高下级素质的基础上，还要大胆给下面一些应有的自决权力，或者将自己手中的权力稳妥地授予下级。懂得领导权力运用的灵活性，对提高领导效力，建立领导威信是非常重要的。

3. 权力的类型

按照权力获取方式的不同，可将权力分为职位权力和非职位权力两大类，具体又包括了 7 种不同性质的权力，如图 7-1 所示。

（1）职位权力　职位权力是因为在组织中担任一定的职务而获得的权力。

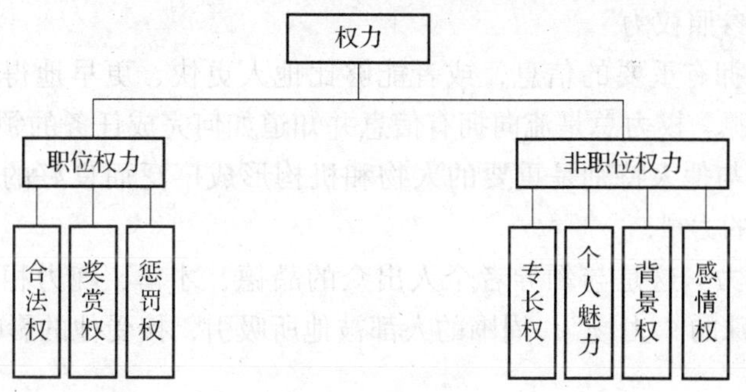

图 7-1　权力的类型

① 合法权就是组织中等级制度所规定的正式权力。

② 奖赏权是决定提供还是取消奖励、报酬的权力。

③ 惩罚权是指通过精神、感情或物质上的威胁，强迫下属服从的一种权力。

以上三种权力都与组织中的职位联系在一起，是从职位中派生出的权力，因此统称为职位权力。

（2）非职位权力　非职位权力是指与组织的职位无关的权力，主要有：

① 专长权，这种权力源于信息和专业特长。

② 个人魅力是一种无形的，很难用语言来描述或概括的权力。

③ 背景权是指个体由于以往的经历而获得的权力。

④ 感情权是指个体由于和被影响者感情较融洽或能对其情感产生较大影响而获得的权力。

7.1.2　权力的来源

1. 惩罚与强制力　这既取决于领导者所拥有的惩罚及负面压力，也取决于下属对于这种惩罚及代价的知觉。

2. 奖赏　领导者能够提供给下属诸如金钱、晋升等有价值的激励，所以奖赏也是权力的来源。但是在这种奖赏权力的行使中，领导者必须谨慎地处理好奖酬的平均性和奖励突出贡献之间的关系，以保持职员的工作动机和组织归属感。

3. 组织法定　组织是一个职权等级结构，它给每一个职位的领导者都规定与完成职责相应的法定权力。

4. 专长　领导者拥有某一有关领域的知识和技能，也能受到他人的仰慕和服从，从而获得了所谓的专长权或专家权。

5. 尊敬　领导者由于其丰富的工作经验和资历，良好的信誉及在行业和同事中的突出表现，赢得职员的尊敬，成为他们认同的对象。那么该领导者也就拥有了所谓的“参照权力”。

6. 信息 拥有重要的信息，或者能够比他人更快、更早地得到信息，也是权力的一个来源。权力总是流向拥有信息并知道如何完成任务的领导者。

7. 关系 与他人特别是重要的人物和机构形成广泛而良好的关系，也能够获得影响他人的力量。

8. 个人魅力 这是与领导者个人出众的品德、才华、魄力相联系的，从而形成了一种特殊的“力场”，周围的人都被他所吸引，接受他的影响。

7.2 职责与职权

7.2.1 职责

1. 职责的定义 所谓职责（Responsibility），简单地讲是职务上应尽的责任，具体是指为了在某个关键成果领域取得成果而需要完成的系列任务的集合，它常常用任职者的行动加上行动的目标来加以表达。例如，A 公司小张的职责是“维护客户关系，以保持和提升公司在客户心目中的形象。”

2. 制定职责应考虑的主要原则 制定组织的某个部门或某个岗位的具体职责时，主要应考虑这样几个原则：

1）必须有利于该部门或者该岗位完成组织目标或任务，有利于调动人员积极性。

2）必须结合该部门或者该岗位的工作性质和特点制定。这样才能真正落实相关人员的工作范围、任务、权限、责任和义务。

3）必须按不同专业、不同档次、不同的工作岗位制定，确保使职与责紧密结合起来。

4）必须全面、准确、明了，以便于对部门或相关岗位人员进行考核。

3. 职责的一般内容 每一个企业或组织的各个岗位都有与其岗位相对应的职责。首先来看一下组织领导者的职责，以便对职责有一个清晰的认识：

一般来讲，领导者有 4 项基本职责：①确定远景。②提出战略。③形成联盟。④激励鼓舞。约翰·加德纳划分得更细，提出了领导者的重要职责即 8 大任务：①拟订目标。②确定价值。③激励行动。④学会管理。⑤致力于统整，即化解内部冲突，保持组织团结，建立相互信任。⑥宣导说明。⑦作为象征。⑧担任团体代表，如出面谈判，维护体制完整，执行公共关系等。

7.2.2 职权

1. 职权的定义 职权（Authority）指经由一定的正式程序所赋予某个职位

的一种权力。居其位者，可以承担指挥、监督、控制，以及惩罚、裁决等工作。这种权力是一种职位的权力，而不是特定个人的权力。职权可以向下委让给下属管理人员，授予他们一定的权力，同时规定他们在限定的范围内行使这种权力。职权以正式职位和对奖惩的控制为基础，要求下属服从。换句话来说，职权是职务范围内的管理权限。

2. 职权的性质　职权是人们凭借在组织中的地位而拥有的权力。这种权力具有外在的性质，即经过法律、组织等直接或间接肯定而为社会或组织所承认，并对权力施受双方具有控制性的约束力。掌握权力者必须在规定范围内行使权力，依权办事；接受权力者必须服从掌权者的命令、指挥和意志，两者之间是命令和服从的关系。

3. 职权的种类　职权作为职务范围内的管理权限，是相应职位上的人员所拥有的。组织内的职权有三种类型：直线职权、参谋职权和职能职权。

（1）直线职权　直线职权（Line Authority）是直线人员所拥有的包括发布命令及执行决策等的权力，也就是通常所指的指挥权。直线主管职能领导、指挥、管理、监督下属的人员。很显然，每一管理层的主管人员都应具有这种职权，只不过每一管理层次的功能不同，其职权的大小及范围各有不同而已。例如，厂长对车间主任拥有直线职权，车间主任对班组长拥有直线职权。这样，从组织的上层到下层的主管人员之间，便形成一条权力线；这条权力线被称为指挥链或指挥系统。在这条权力线中，职权的指向由上而下。由于在指挥链中存在着不同管理层次的直线职权，所以指挥链的信息传递由上而下或由下而上地进行，因此指挥链既是权力线，又是信息通道。

（2）参谋职权　参谋职权（Staff Authority）是参谋所拥有的辅助性职权，包括提供咨询、建议等。

参谋的种类有个人与专业之分。前者即参谋人员。参谋人员是直线人员的咨询人，他协助直线人员执行职责。专业参谋通常为一个单独的组织或部门，就是一般的“智囊团”（Think Tank）“顾问班子”。专业参谋部门的出现是时代发展的产物，它聚合了一些专家，运用集体智慧，协助直线主观进行工作。

参谋和直线之间的界限是模糊的。作为一个主管人员，既可以是直线人员，也可以是参谋人员，这取决于他所起的作用及行使的职权。当处在自己所领导的部门中，他行使直线职权是直线人员；当他同上级打交道或同其他部门发生联系时他又成为参谋人员。例如，医院院长在医院内是直线人员，但在卫生局进行计划或决策而征询他的意见时，他便成为参谋人员了。

（3）职能职权　职能职权（Functional Authority）是指参谋人员或某部门的主管人员所拥有的原属直线主管的那部分权力。为了改善和提高管理效率，主管人员就可能将职权关系作某些变动，把一部分本属自己的直线职权授予参谋人员

或某个部门的主管人员，这便产生了职能职权。

职能职权大部分是由业务或参谋部门的负责人来行使的，这些部门一般都是由一些职能管理专家组成的。例如，一个公司的总经理统揽全局管理公司的职权，他为了节约时间，加速信息的传递，就可能授权财务部门直接向生产经营部门的负责人传达关于财务方面的信息和建议，也可能授予人事、采购、公共关系等顾问一定的职权，让其直接向直线组织发布指示等。由此看出，职能职权是组织职权的一个特例，可以认为它介于直线职权和参谋职权之间。

4. 正确处理直线职权、参谋职权与职能职权的关系 三种人员在管理工作中的相互关系本质上就是一种职权关系。在现代组织中，这三种职权是使组织活动转向组织目标不可分割的整体。

（1）直线职权与参谋职权的关系 直线与参谋是两类不同的职权关系。直线关系是一种指挥和命令的关系，授予直线人员的是决策和行动的权力；而参谋关系则是一种服务和协助的关系，授予参谋人员的是思考、筹划和建议的权力。

直线职权是一种完整的职权，是协调组织的人、财、物，保证组织目标实现的基本权力。拥有直线职权的人有权作出决策，有权进行指挥和发布命令。参谋职权则是一种有限度的、不完整的职权，拥有参谋职权的管理者可以向直线管理者提出建议或提供服务，但其本身并不包括指挥权和决策权。参谋职权是一种辅助性职权，一个组织没有委派任何参谋人员也可以有效地工作。但当一个组织的规模扩大到一定程度，直线职权已不足以应付所面临的许多复杂的问题时，就需要设置参谋职权。参谋职权的行使是保证直线人员作出的决策更加合理与科学的重要条件。

参谋职权的设立可以协助直线管理人员解决复杂的管理问题，但是由于参谋职权的特点和它不易为人们所理解，因而在实际运用时受到了某些限制，常常带来直线管理人员与参谋人员之间的冲突。因此，如何正确处理它们的关系对一个组织来讲是至关重要的。

（2）直线职权与职能职权的关系 职能职权是直线职权的一部分，是从直线职权中分离出来的，因此，职能职权也具有直线职权的特点。但职能职权的范围小于直线职权，它主要解决的是较具体的问题，如怎样做、何时做的问题，绝不能包揽直线的一切权力，否则就会削弱直线人员的地位。同时，职能职权的行使者多是一些有一定专长的参谋人员，因此，更能从某一专业的角度出发来保证一项决策的科学性、可行性和实用性，从而大大促进管理效率的提高。

5. 职权配置的基本类型 职权配置是指为有效履行职责，实现工作目标，而将组织的职权在各管理部门、管理层次、管理职务中进行分配与设置。

职权配置的基本类型主要分为横向配置和纵向配置，具体见表 7-1。

表 7-1　职权配置的基本类型

名　称	含　义	举　例
横向配置	依目标需要而将职权在同一管理层次的各管理部门和人员之间进行合理配置	公司将人员招聘权交给人事部，而将人员使用权交给各业务部门
纵向配置	依目标需要而将职权在不同管理层次的部门或人员之间进行分割，主要表现为集权与分权	在事业部体制中，总公司将相当大的一部分权力交给下属的事业部，就属于一种分权体制

7.3　集权与分权

7.3.1　集权与分权的定义

集权与分权是管理工作中必须处理好的基本问题。集权与分权反映了组织的纵向职权关系，其意思是指组织中决策权限的集中与分散程度。集权和分权主要是一个相对概念。

集权是指决策权在组织系统中较高层次上一定程度的集中；与此相对应，分权是指决策权在组织系统中较低层次上一定程度的分散。

在组织管理中，集权和分权是相对的，绝对的集权或绝对的分权都是不可能的。

7.3.2　集权分权应遵循的原则

集权与分权既互相矛盾，又密不可分。怎样才能使之发挥最大的整体协调效应呢？要达到这一目标应遵循以下两条原则：

（1）战略上的集权与战术上的分权相结合　具体到企业管理中，就是少数重要决策权要高度集中，如客户、财务、人事等应由高层集中掌控；多数运行权力要彻底分开，如品种开发、生产、营销等由基层自行掌控。

（2）要根据情况因势而变　企业是集权或分权，不能一成不变，而应根据企业内外部环境与形势的变化作相应的权变。

7.3.3　影响集权和分权的因素

（1）工作的重要性　如涉及庞大费用支出和员工士气的问题，为重大事项，有关决定权应该集中在上层。

（2）方针的统一性　组织的方针政策有必要统一时，应实行集权。组织的方针政策不需要统一时，应实行分权。

（3）经营规模　规模越大，经营管理越复杂，越应将内部组织划小，实行分权管理。

（4）组织工作性质　工作流动性大、变化大时，宜采用分权。

（5）组织历史　现有企业如果是由若干个小单位合并而成，宜分权；由小企业成长为大组织，则宜采用集权。

（6）管理者的数量和质量　管理者足够或者质量高，可实行分权；反之实行集权。

（7）管理者的管理水平和控制能力　管理水平高、控制能力强则集权，弱则分权。

（8）企业的外部环境　外部环境变化大，宜分权；反之宜集权。

（9）组织的动态特性　组织的动态特性也会影响组织分权的程度。如果一个组织正处于迅速的成长过程中，并面临着复杂的扩充问题，组织的高层管理者可能不得不作出较多的决策。高层管理者在无法应付的情况下会被迫向下分权。在一些历史悠久、根基稳固的组织中，一般倾向于集权。

分权是现代企业组织为发挥低层组织的主动性和创造性，而把生产管理决策权分给下属组织，最高领导层只集中掌控少数关系全局利益和重大问题的决策权。分权管理通常适用于规模较大、产品品种多、市场变化快、地区分布较分散的产业。

评价分权程度的因素主要有4个：

（1）决策的频度　组织中较低管理层次制定决策的频度或数目越大，则分权程度越高。

（2）决策的幅度　组织中较低层次决策的范围越广，涉及职能越多，则分权程度越高。

（3）决策的重要性　决策的重要性可从决策的影响程度和决策涉及费用两方面来衡量。

（4）对决策的控制程度　如果高层对较低层次的决策没有任何控制，则分权程度极高。

7.3.4　集权与分权的优缺点

1. 集权的优缺点

1）集权的优点：有利于组织实现统一指挥、协调工作和更为有效的控制。

2）集权的缺点：①会加重上层领导者的负担，进而影响重要决策的制定质量。②不利于调动下级的积极性与主动性。③难以适应外部环境的变化。

2. 分权的优缺点　分权的优缺点正与集权相反，这里就不再赘述。

7.4　授权

7.4.1　授权的含义及要素

1. 授权的含义　授权是组织运作的关键，它是以人为对象，将完成某项工作所必需的权力授给部属人员。即主管将处理用人、用钱、做事、交涉、协调等决策权移转给部属，不只授予权力，且还托付完成该项工作的必要责任。组织中的不同层级有不同的职权，权限则会在不同的层级间流动，因而产生授权的问题。授权是管理人的重要任务之一，有效的授权是一项重要的管理技巧。若授权得当，所有参与者均可受益。

2. 授权的要素　授权包括四个要素：

（1）分派任务　管理者必须明确下级运用被授予的权力所要完成的任务，并把这个任务分派给下级。

（2）授予权力　把完成任务所必需的权力授予下级，使之能够运用这个权力去完成任务。

（3）明确责任　权力授予下级之后，下级就要对分派的任务负责。负责不仅包括完成分派的任务，也包括向上级汇报任务的执行情况和成果。

授权并不意味着“授责”，更不等于有意识地推卸责任。而是为了充分调动下属的积极性，以更好地实现组织的整体目标而必须采取的一种手段和艺术。

（4）进行监控　授权并不是将职权放弃或让渡，授权者在授权过程中对受权者有监控权，有权对受权者的工作进展情况和权力使用情况进行监督检查，并根据检查结果调整所授权力或收回权力。

7.4.2　授权的作用

有效的授权，可起到如下几个方面的作用：

1）让管理者从本不属于自己的繁杂的、事务性的工作中解脱出来，专心致力于研究企业发展战略、领导决策、沟通协调和检查督导企业重大的、方向性的工作。

2）组织高层通过授权来激励、培养下属，使之成为能独当一面的人才。同时，授权也能使受权者更有成就感，提高工作满意度。

3）有利于提高决策质量。通过正确、合理的授权，有利于避免领导专断，降低错误决策风险，减小错误决策的发生，甚至减小错误决策所造成的损失。

4）授权可以提高组织的凝聚力。每次成功的授权必然联系一个明确的目

标，在目标的指引下，各部门通力合作带来的必将是组织凝聚力的提升。

5）通过授权来提高组织的创新能力。世界上没有任何两个人的知识、经验、思维模式、行为模式是相同的，授权可以激发下属的创造性，是创新的源泉。同时，因授权而带来的信息的交流、组织结构的更新、权限体系的变更等更是在制度上保障了持续创新。

7.4.3 授权与分权的区别

授权的实质是要别人为自己做事，授权是管理者把属于自己管理范围的相对不重要的部分责任和权力或是不需要自己亲自做的事、没有时间去做的事、别人做成本更低的事等，托付给下属，这一过程就是“管理者的授权工作”。授权可以理解为“托付”。因此，授权时一方面要交代清楚做什么事，达到什么要求，另一方面要下放由实施人自己来决定的权力。因此，授权人自始至终对下属工作的执行负有责任。所以，授权是一种管理行为，授权的目的是为了实现组织的目标，所以，授权并不是目的，而是手段。

分权更多是企业组织层面的范畴。分权的实质是要实现权力的分散，是根据企业发展的总体目标，在组织的上层将组织的决策权分授给若干重要组织成员，这里的成员既可以是组织的部门，也可以是组织中具体的某个人或某些人。分权赋予的权力包括了具有战略性的决策权，这些权力的行使对企业发展影响巨大，此外，对于各自的计划的完成负有完全的责任。

概括来讲，授权是指组织中的管理者为更好地实现管理目标，在自己的职权范围内赋予其下属相应的责任和权力，并对组织承担最终责任的一种管理手段。分权则是根据组织发展的总体目标的需要，为在组织中实现权力制衡，避免重大决策的失误，将组织的上层决策权分授给组织下层的管理手段。两者在概念、实质、出发点、实施条件等方面都有不同，实践中必须进行严格区分。通过对分权和授权的区分，合理设置什么管理问题通过分权解决，什么问题通过授权解决，并有效结合两者的应用，会取得较好的管理成效。

7.4.4 授权应遵循的原则

1. 因事设人，视“能”授权 一切依被授权者的才能大小和知识水平的高低为依据。“职以能授，爵以功授”，这是古今中外的历史经验，两者绝不能混为一谈。“因人设事”、“以功授权”，必然贻误大事。授权前必须认真分析本单位的工作任务及其难易程度，以使职权授予最适合的人选。一旦授予下属职权而下属不能承担职责时，应明智地及时收回职权。

2. 明确所授事项 授权时，授权者必须使被授权者明确所授事项的任务目标及权责范围。这样不仅有利于下属完成任务，更可避免下属推卸责任。

3. 不可越级授权 只能对直接下属授权，不可越级授权。例如，局长只能把所属的权力授给他所管辖的处长，而不能越过处长直接授予科长。越级授权必然造成中层主管人员的被动，以及部门之间的矛盾。

4. 授权适度 授予的职权是上级职权的一部分，而不是全部，对下属来讲，这是他完成任务所必需的。授权过度等于放弃权力。对于涉及有关组织全局的问题，例如决定组织的目标、发展方向、人员的任命和升迁、财政预算，以及重大政策问题等，不可轻易授权，更不可将不属于自己权力范围内的事授予下属。

5. 适当控制 在授权过程中要适度地进行控制。如果主管人员授权后，仍不断地检查工作，是授权不足的表现。有效的主管人员在实施授权前，应先建立一套健全的控制制度、制定可行的工作标准和适当的报告制度，以及能在不同的情况下迅速采取补救的措施。

自我测试

一、单项选择题

1. 权力一般可分为职位权力和（　）。

A. 专长权　　B. 非职位权力

C. 感召权　　D. 奖赏权

2. 下列关于职权与权力的论断哪一个是不正确的？（　）

A. 当某人从一职位退位后，就不再拥有相应的职权，但可能仍拥有一些权力

B. 在组织中的地位越高，权力就越大

C. 职权是权力概念的一部分

D. 只有领导者才拥有强制的权力

3. 分权会有助于（　）。

A. 提高下级的积极性　　B. 上级的管理

C. 增加管理层次　　D. 减少管理层次

4. 下面哪个职能部门需要较大的集权？（　）。

A. 销售　　B. 顾客服务

C. 生产　　D. 财务

5. 组织中管理人员的主要关系是（　）。

A. 直线关系　　B. 参谋关系

C. 直线与参谋关系　　D. 整合关系

6. 下列关于直线和参谋说法正确的是（ ）。

A. 必须授予参谋行动和决策的权力，以发挥其作用

B. 向参谋授权必须谨慎，授予之后也应该经常亲自指挥

C. 设置参谋职务是管理现代化组织的复杂活动所必需的

D. 参谋的作用发挥失当，应该予以取消

二、多项选择题

1. 组织内职权的类型有（ ）。

A. 决策职权　　B. 参谋职权

C. 职能职权　　D. 直线职权

2. 衡量集权与分权程度的标志是（ ）。

A. 决策的人数　　B. 决策的数量

C. 决策的重要性　　D. 对决策控制的程度

3. 下列因素中对分权有促进作用的是（ ）。

A. 组织规模小

B. 政策的统一性

C. 活动较分散

D. 缺乏受过良好训练的管理人员

4. 下面哪些情况是由于过分集权引起的？（ ）

A. 降低决策质量

B. 降低企业员工的工作积极性

C. 增加企业各部门之间的摩擦

D. 削弱了企业的应变能力

5. 授权所包括的要素有（ ）。

A. 分派任务　　B. 控制下属

C. 授予权力　　D. 明确责任

三、判断题

1. 一个好的管理者应该同时利用好职位权力和非职位权力。（ ）

2. 参谋和直线之间的界限必须是明确的。（ ）

3. 对于企业管理来讲，分权肯定比集权要好。（ ）

4. 授权的关键主要是做好事后控制。（ ）

四、简答题

1. 什么是权力？权力一般有哪几种？

2. 什么是职权？职权分为哪三种形式？

3. 什么是集权、分权？影响分权的因素有哪些？

4. 什么是授权？有效的授权必须遵循哪些原则？

五、 案例分析

张总的集权问题

刘教授到一个国有大型企业去咨询，该企业的张总在办公室热情接待了刘教授，并向刘教授介绍企业的总体情况。张总讲了不到15分钟，办公室的门就开了一条缝，有人在外面叫张总出去一下。于是张总就说："对不起，我先出去一下。"10分钟后张总回来继续介绍情况，不到15分钟，办公室的门又开了，又有人叫张总经理出去一下，这次张总又出去了10分钟。整个下午3小时张总共出去了10次之多，使得企业情况介绍时断时续，刘教授显得很不耐烦。

案例思考题：

1. 该企业的张总遇到了什么问题？
2. 结合本案例，分析如何处理好集权和分权的关系？

【实践练习】

（一）实践内容与要求

根据所学知识与对实际企业调查访问的基础上，模拟组建一个软件开发公司。

1. 以自愿为原则，6~8人为一组，组建"××大学生模拟软件开发公司"，自定公司名称。
2. 进行总经理竞聘，每个人以"我要做一个什么样的管理者"为题，发表竞聘讲演（要有发言提纲，内容可以是如何授权、如何集权和分权等）。

（二）成果与检测

1. 投票选出公司总经理，完成模拟公司的总经理岗位职责的制定。
2. 班级组织一次交流，每个模拟公司推荐两名成员讲演，说明自己如何进行分权与授权。
3. 由教师与学生对各模拟公司组建情况（含演讲情况）进行评估打分。

第 8 章
人力资源管理

【学习目标】

- 了解人力资源及人力资源管理的概念及内容。
- 熟悉人力资源规划的内容。
- 理解工作分析的内容。
- 掌握员工选拔培训的基本方法。
- 掌握绩效考核和薪酬管理的基本概念。

8.1 人力资源管理的含义及规划

8.1.1 人力资源的基本概念及特点

1. 人力资源的含义 人力资源的一般含义为：一个社会在一定范围内为社会创造物质财富和精神财富、推动整个经济和社会发展的具有体力劳动和智力劳动能力的人们的总称。人力资源包括数量和质量两个方面。

2. 人力资源分类 人力资源可以从不同的角度进行分类。在美国，传统分类法将人力资源分为白领和蓝领两类。白领包括：专业技术人员、经理和行政人员、销售人员和职员；蓝领包括：技工、操作工、非农业劳动力、服务业工人、农业工人和操作工。新的分类方案将人力资源分为行政长官、经理及行政管理人员、专业人员、职员、熟练工人及技工、非熟练工及半熟练工。

我国现行人力资源分类主要有两种体系。一种是人口统计体系；另一种是组织劳动统计体系，组织就业人员被分成工人、学徒、工程技术人员、管理人员、服务人员和其他人员六类。

3. 人力资源的基本特征 与其他资源相比，人力资源具有能动性、角色两重性、时效性、再生性和社会性等特征。

（1）能动性 能动性是人力资源区别于其他资源的本质所在。人力资源在被开发的过程中，有思维与情感，能对自身行为作出抉择，能够主动学习与自主地选择职业，更为重要的是人力资源能够发挥主观能动性，有目的、有意识地利用其他资源进行生产，推动社会和经济的发展。同时，人力资源具有创造性思维的潜能，能够在人类活动中发挥创造性的作用，既能创新观念、革新思想，又能创造新的生产工具、发明新的技术。

（2）角色两重性 人力资源具有生产者和消费者的角色两重性，它既是投资的结果，又能创造财富；或者说，它既是生产者，又是消费者。

（3）时效性 作为生物有机体的个人，其生命是有周期的。无论哪类人，都有其才能发挥的最佳期、最佳年龄段。如果其才能未能在这一时期充分利用开发，就会导致人力资源的浪费。因此，人力资源的开发与管理必须尊重人力资源的时限性特点，做到适时开发、及时利用、讲究时效，最大限度地保证人力资源的产出，延长其发挥作用的时间。

（4）再生性 人力资源的再生性是基于人口的再生产和劳动力的再生产，通过人口总体内个体的不断更替和“劳动力耗费——劳动力生产——劳动力再次耗费——劳动力再次生产”的过程得以实现。同时，人的知识与技能陈旧、老化也可以通过培训和再学习等手段得到更新。从这个意义上来说，人力资源要实现自我补偿、自我更新、持续开发，这就要求人力资源的开发与管理注重终身教育，加强后期的培训与开发。

（5）社会性 人处在一定的社会之中，人力资源的形成、配置、利用、开发是通过社会分工来完成的，是以社会的存在为前提条件的。所以，人力资源管理要注重组织文化建设，既要注重人与人、人与团体、人与社会的关系协调，又要注重组织中团队建设的重要性。

8.1.2 人力资源管理

1. 人力资源管理的含义 人力资源管理是指组织为了获取、开发、保持和有效利用在生产经营活动中必不可少的人力资源，通过运用科学、系统的技术和方法进行各种相关的计划、组织、领导和控制活动，以实现组织既定目标的过程。

2. 人力资源管理的基本职能

（1）获取 人力资源管理工作第一步就是获取人力资源。它主要包括人力资源规划、工作分析、员工招聘和录用。人力资源管理部门必须根据环境制订人

力资源规划，明确组织中工作岗位的需求，提出人员补充计划，对有资格的求职人员提供均等的就业机会，采用招聘、选拔、录用及配置等活动，为组织获取所需的人力资源。

(2) 保持　保持主要是指建立并维持有效的工作关系。它包括组织同化、组织文化传播、信息沟通、人际关系和谐、矛盾冲突的处理和化解。其目的一方面保持员工有效工作的积极性、主动性和创造性，并得以充分发挥；另一方面保持安全、健康、舒适的作业环境和良好的工作氛围。

(3) 开发　开发是提高员工能力的重要手段。它包括组织和个人开发计划的制订、新员工的工作引导和业务培训、职业生涯设计、继续教育、员工的有效使用以及工作丰富化等。通过教育、培养、训练，促进员工知识、技巧、能力和其他方面素质的提高，不断保持和增强员工在工作中的竞争地位，最大限度地实现个人的价值和人力资源对组织的贡献率。

(4) 奖酬　奖酬是人力资源管理的核心。它主要包括制订公平合理的薪酬方案、提供福利与服务、经济性和非经济性报酬分配、各种激励的运用等。奖酬是根据公平性、经济性、效率性和发展性原则来行使的，其目的是增强员工的满意感，激发员工的积极性，提高工作效率和组织效率。

(5) 调控　调控是指对员工适时合理、公平的动态管理的过程。它包括员工的绩效考核和素质评估，在此基础上决定员工的晋升、调动、奖惩、离退、解雇等。

3. 人力资源管理的基本内容

(1) 人力资源规划　人力资源规划是指把组织人力资源战略转化为中长期目标、计划和政策措施，包括对人力资源现状分析、未来人力资源供需预测与平衡，计算人力资源净需求、人力资源计划方案。人力资源规划是组织人力资源开发与管理活动的重要指南，是组织发展战略的重要组成部分，也是组织发展战略实施的有效保障。

(2) 工作分析与设计　工作分析是通过观察和研究，确定关于某种特定职务性质的一种程序。也就是说，工作分析就是对组织中每个工作职位的性质、结构、责任、流程，以及胜任该职位工作人员的素质、知识、技能等，在调查分析所获取相关信息的基础上，编写出职务说明书和岗位规范等人事管理文件。

(3) 员工招聘与选拔　员工招聘与选拔是指根据人力资源规划和工作分析的要求，为组织招聘、选拔所需要人力资源并录用安排到一定岗位上的过程。它是人力资源管理的核心业务之一，由招募、甄选及录用等一系列活动组成。

(4) 员工培训与职业发展　培训是组织人力资源开发的重要手段，它包括对员工的知识、技能、心理素质等各方面的培训。通过培训提高员工个人、群体和整个组织的知识、能力、工作态度和工作绩效，进一步开发员工的智力潜能，以增强人力资源的贡献率。员工职业发展是指鼓励和关心员工的个人发展，帮助员工制订个人发展规划，以进一步激发员工的积极性、创造性。

（5）绩效考核　绩效考核是指运用科学的方法和标准对员工完成的工作数量、质量、效率及员工行为模式等方面进行考核和评价，及时作出反馈，以便提高和改善员工的工作绩效，并为员工培训、晋升、计酬、岗位调整等人事决策提供依据。绩效考核是实施员工激励的重要基础。

（6）员工薪酬管理　薪酬管理是组织人力资源管理的一个极为重要的方面，它主要包括对基本薪酬、绩效薪酬、奖金、津贴以及福利等薪酬结构的设计与管理，以激励员工更加努力地为组织工作。

（7）劳动关系管理　劳动关系是指劳动者与用人组织在劳动过程和经济活动中发生的关系。劳动关系管理就是协调和改善组织与员工之间的劳动关系，进行组织文化建设，营造和谐的劳动关系和良好的工作氛围，保障组织经营活动的正常有序开展。

（8）人力资源会计　人力资源会计是指与财务部门合作，建立人力资源会计体系，开展人力资源投资成本与产出效益的核算工作，为人力资源管理与决策提供依据。

8.1.3　人力资源规划

1. 人力资源规划的概念　人力资源规划，也叫做人力资源计划。它是一项系统的战略工程，是在组织发展战略和经营规划的指导下，科学预测组织在未来环境变化中人力资源的供给和需求情况，制定必要的人力资源获取、利用、保证和开发策略，确保在特定的时间和岗位上获得适当数量、质量和种类的人才，保证组织和个人获得长远利益。

2. 人力资源规划的作用

1）人力资源规划是各项人力资源管理实践的起点和重要依据。它是组织发展战略的重要组成部分，同时也是实现组织战略目标的重要保证，不仅具有先导性和战略性，而且是其他各项人力资源管理活动的纽带。

2）人力资源规划能加强组织对环境的适应能力，确保组织生存发展过程中对人力资源的需求。

3）人力资源规划有利于人力资源管理活动的有序化，有效控制人力资源成本。人力资源规划为管理活动提供可靠的信息和依据，进而保证管理活动的有序化，减少由此而产生的不必要的人力成本，把用人成本控制在合理的范围内。

4）人力资源规划有利于调动员工的积极性和创造性。人力资源管理要求在实现组织目标的同时，也要满足员工的个人需要，这样才能激发员工持久的积极性。借助合理的人力资源规划，员工能够有更多的机会预见到自己的职业发展前

景，能有更多的机会参加有利于提升自身素质和能力的培训，这样他们往往在工作中表现出主动性和创造性。

3. 人力资源规划的内容

(1) 总体规划　说明制订人力资源规划的意义和作用，规划的期限和范围，并阐述组织人力资源规划的总原则、总方针、总目标和总指导思想。

(2) 职务编制计划　根据组织的性质、功能和特点，设置并陈述组织结构、职务设置、职务描述和职务资格等要求。

(3) 人员配置计划　根据组织中长期目标、劳动生产率、技术设备工艺要求等状况，配置并陈述组织每个职务的人员数量、人员职务变动以及职务人员空缺数量等。

(4) 人员需求计划　通过总体规划、职务编制计划、人员配置计划得出人员需求计划。该需求计划包括职务名称、人员数量、计划到岗时间等。

(5) 人员供给计划　人员供给计划主要陈述供给的方式、人员内部和外部流动政策、人员获取的途径和获取的措施等。它是人员需求计划的对策性计划。

(6) 人员使用和晋升计划　人员使用和晋升计划是指组织制定人员的晋升、解聘、补充政策，规定人员聘用、晋升时间，发布转换工作岗位情况等。

(7) 培训开发计划　确定规划期内拟培训的目标、内容、人员对象、模式、方法及培训费用的投入等。其内容包括组织的培训政策、培训需求、培训内容、培训方式和培训评估等。

(8) 费用规划　费用规划是对组织人力资源管理费用的整体规划，包括人力资源费用的预算、核算、结算以及人力资源费用控制等。

4. 人力资源规划的程序

(1) 有关信息资料收集　人力资源规划的收集的信息包括组织内部和组织外部环境信息以及组织现有的人力资源信息。组织内部环境信息和组织外部环境信息及管理环境信息，前者包括组织的战略计划、战术计划、行动方案、本组织各部门的计划等，后者包括组织的管理风格、组织文化、组织结构等。组织外部环境信息主要包括宏观经济形势和行业经济形势、技术的发展情况、行业的竞争性、劳动力市场、人口和社会发展趋势、政府的有关政策等。组织现有人力资源信息主要有：人员调整情况，人员的经验、能力、知识、技能等要求，员工培训、教育等情况。

(2) 人力资源需求预测　人力资源需求预测的主要工作是对组织现有的职位进行分析，从而较为准确地预测出未来所需要的人力资源的数量、质量和结构。其主要内容有：现实人力资源需求预测，未来人力资源需求预测，未来人力资源流失预测，得出的人力资源需求预测结果。

(3) 人力资源供给预测　首先应从组织内部人力资源供给情况和人员变动

情况进行预测，其次预测组织外部人力资源供给，然后将组织内部人力资源供给预测数据和组织外部人力资源供给预测数据汇总，得出组织人力资源供给的总数据。

(4) 确定人力资源净需求　在对员工未来的需求与供给预测数据的基础上，将本组织的人力资源需求预测数与在同期内组织本身可供给的人力资源预测数进行对比分析，从比较分析中可测算出各类人员的净需求数。

(5) 编制人力资源规划　根据组织的战略目标及本组织员工的净需求量，编制人力资源规划，包括总体规划和各项业务计划。同时要注意总体规划和各项业务计划及各项业务计划之间的衔接和平衡，提出调整供给和需求的具体政策和措施。编制的人力资源规划一般包括：规划的时间段、计划达到的目标、情景分析、具体内容、制定者、制定时间。

(6) 实施人力资源规划　人力资源规划的价值在于实施。人力资源规划的实施是一个动态过程，应及时进行审核、执行、控制等。审核是对人力资源规划的质量、水平和可行性进行的评价工作；执行就是落实规划的内容和要求；控制的对象涉及人力资源管理的方方面面，包括人员、预算、进度、信息等，有效控制的手段是检查、监督和纠正偏差。

(7) 人力资源规划评估与反馈　组织人力资源规划付诸实施后，要根据实施的结果对人力资源规划的各个环节进行评估，发现问题及时总结，并将评估的结果反馈给相关部门和人员，以修正人力资源规划，使其更符合实际，更好地促进组织目标的实现。

8.2 工作分析

8.2.1 工作分析的基本概念

1. 工作分析的含义　工作分析又称职务分析、工作岗位分析，是指对各类岗位的性质、任务、职责权限、岗位关系、劳动条件和环境，以及员工承担本岗位的任务应具备的资格条件所进行的系统研究，并制定职务说明书和工作规范（任职资格）的过程。

职务说明书是以书面形式描述有关工作的任务、职责、工作中所使用的设备和工作条件等信息的文件。

工作规范是用来说明对承担该项工作的员工所必须具有的特定技能、工作知识、能力、身体条件和个人特征的基本要求。

工作分析的主要内容包括职务说明书与工作规范，因此可以说工作分析就是为了制定正确的人事决策而收集有关情况，并以这些情况为依据而编制成职务说

明书与工作规范的过程。具体地说，工作分析就是全面收集某一职务的有关信息，对该工作从6个方面开展调查研究：工作内容（What），责任者（Who），工作岗位（Where），工作时间（When），如何从事该项工作（How），以及为何要这样做（Why）等，然后再将该职务的任务要求进行书面描述、整理成文的过程。

2. 工作分析的作用 工作分析是组织人力资源管理的一项基础工作，其作用如下：

1）有助于整个组织确立明确的职责和工作范围，从而奠定组织结构和组织设计的基础。

2）有助于组织改进工作设计、优化劳动环境，提高工作效率。

3）有助于组织招聘、选拔、任用合格的人员。

4）有助于制订有效的人力资源规划，是组织进行各类人才供给和需求预测的重要前提。

5）有助于建立客观、公正的价值考评体系，是员工晋升、获取报酬的依据。

6）有助于加强对员工的培训和员工个人的职业生涯规划。

7）有助于组织规范管理，从整体上提高组织的管理水平。

3. 工作分析的原则

（1）系统原则 在对某一工作进行分析时，应从总体上把握该工作的特征及对人员的要求，明确该工作在整个组织中所处的地位，注意区分该工作与其他工作的关系。

（2）动态原则 根据战略调整、环境的变化以及业务的变动，适时地对工作分析的结果进行调整。

（3）目的原则 在工作分析中，既要明确工作分析的目的，又要随着工作分析的目的不同，确定工作分析的侧重点。

（4）经济原则 工作分析应围绕工作分析的目的采用合理的方法。

（5）职位原则 工作分析的出发点应从职位出发，分析职位的内容、性质、关系、环境以及人员胜任特征，从而确定完成这个职位工作的从业人员需具备的资格与条件。

（6）应用原则 应用原则是指工作分析的结果，即职位描述与工作规范。工作分析一旦形成工作说明书后，无论是人员招聘、选拔培训，还是考核、激励，都需要严格按工作说明书的要求来做。

8.2.2 工作分析的步骤

工作分析的实施是一个完整的过程，组织在进行工作分析时必须确定搜集什么信息，如何搜集信息，怎样整理、分析所搜集的信息，最后将信息整理成文件。为此，工作分析一般按照以下步骤进行。

步骤1：成立工作分析的工作组。一般包括数名人力资源专家、内部主管及工作人员，这是进行工作分析的组织保证。工作组的任务包括：对工作人员进行工作分析技术的培训，编制工作计划，明确工作分析的范围和主要任务，确定工作分析的目标和设计职位调查方案。

步骤2：调查与工作相关的背景信息。背景信息涉及组织生产运营状况、组织机构和管理系统图、各部门工作流程图、各岗位办事细则以及质量体系论证资料等。

步骤3：收集工作分析的信息。这是为正确编写工作说明书提供依据。其主要方法是运用访谈、问卷、实地观察等进行职位调查，收集有关工作活动、职责、工作特征、环境和任职要求等方面的信息。

步骤4：整理和分析所获取的工作信息。这一阶段是工作分析的关键环节，主要任务有：剔除无效的访谈信息和调查问卷，并按照编写职位说明书的要求对各个职位的工作信息进行分类；把初步整理的信息让在职人员以及他们的直接主管进行核对；归纳和总结出工作分析的必需材料和要素；创造性地分析发现有关工作和有关工作人员的关键成分；修改并最终确定所收集的工作信息的准确性和全面性，作为编写职位说明书的基础。

步骤5：编写职位说明书。职位说明书由工作说明和工作规范两部分组成。工作说明书就是对有关工作职责、工作活动、工作条件以及工作对人身安全危害程度等工作特性方面的信息所进行的书面描述。工作规范则是全面反映工作对从业人员的品质、特点、技能以及工作背景或经历等方面要求的书面文件。工作说明书和工作规范书可以分成两份文件来写，有时也可以合并在一份工作说明书之中。

8.2.3 工作分析的方法

工作分析的方法主要有以下几种：

1. 观察法 观察法是工作分析人员通过直接观察，把有关工作的各部分内容、特点、方法、程度、目的等信息以文字或图表的形式记录下来的方法。观察法可分为直接观察法、阶段观察法、工作表演法。观察法比较适用于对体力工作者和事务性工作者。

2. 访谈法 访谈法是工作分析人员通过与工作承担者进行面对面的交谈来获取有关信息资料的方法。访谈法可分为个别访谈、集体访谈、管理人员访谈。此法不能单独用于信息收集，只适合与其他方法一起使用。

3. 试验法 试验法是指分析人员通过亲身实践获取工作要求的第一手资料。

这种方法可以了解工作的实际情况以及在体力、环境、社会方面的要求，特别适用于短期内可以掌握的工作。试验法一般分实验室试验法和现场试验法。

4. 问卷调查法 问卷调查法是工作分析中最常用的一种方法，是根据工作分析的目的、内容等编写结构性调查表，由工作执行者填写后回收整理，提取出工作信息的一种方法。问卷调查的形式要求选定的员工当场或在一定时间内填写，以此来收集有关工作信息的方法。这种方法成败的关键在于问卷设计的质量。

5. 典型事件法 典型事件法又称为关键事件法，是对执行工作者实际工作中具有代表性的工作行为进行描述。典型事件包括以下几个方面：导致事件发生的原因和背景；员工特别有效或多余的行为；关键事件的后果；员工自己能否支配或控制上述后果。关键事件的信息可以是静态信息，也可以是动态信息。

6. 工作日志法 工作日志法又称写实分析法，是按时间顺序详细记录工作过程，然后经过归纳提炼，取得所需工作信息的一种提取方法。这种按从事某项工作的员工按时间顺序记录在一段时期内所从事的各项工作活动或任务以及所耗费的时间等各种细节来了解员工实际工作的内容、责任、权力、人际关系及工作负荷，可以获得一个比较完整的工作图景。

由于上述每一种方法都有各自的优缺点，为了获得更为真实、完整的资料，通常将上述方法组合使用。

8.2.4 工作说明书的编写

工作说明书是陈述某类职位的工作性质、任务、责任、权限、工作内容和方法、工作环境和条件，以及本职务任职人资格条件的一种书面文件。员工通过阅读工作说明书，可以确切地知道自己应做什么、怎么做以及应履行何种职责。工作说明书的编写无固定模式，一般包括以下内容：

1. 工作标识 工作标识主要包括工作名称、隶属部门或班组、工作地位、工作编号和编写日期、编写人与审核人，以及文件确认时间等项目。

2. 工作概要 对工作内容、目的、要求、范围等作简短概述，使员工对该项工作有概括性的了解。

3. 工作职责 工作职责是关于工作责任和工作任务的详细罗列，包括所要完成的工作任务、职位责任、所使用的工具以及机器设备、工作流程、与其他人联系、所接受的监督以及所实施的监督等。

4. 工作权限 工作权限是指界定工作承担者的权限范围，包括决策的权限、对其他人员实施监督权、对下属任用的权限以及审批财务经费和预算的权限等。

5. 工作的绩效标准 工作的绩效标准是指组织员工完成某些任务或工作量所要达到的标准或要求。

6. 工作规范　工作规范主要说明担任此职务的人员应具备的基本资格和条件，包括所需的最低学历和专业方面的要求、年龄和性别要求、工作经验、健康状况、力量与体力、运动的灵活性、感觉器官的灵敏度、观察能力、学习能力、解决问题的能力、语言表达能力、人际交往能力等。

7. 工作环境　工作环境是指工作场所的软硬环境，硬环境包括工作地点的温度、湿度、光线、噪声程度、安全条件和地理位置等，软环境包括工作团队中的人数、完成工作所要求的人际交往的数量和程度、各部门之间的关系、工作现场内外的文化设施、社会习俗等。

8.3　员工的招聘、培训与发展

8.3.1　员工招聘

1. 员工招聘的来源与方法　员工招聘是指按照组织经营战略规划的要求把优秀、合适的人聘入公司，把合适的人放在合适的岗位。组织在员工招聘中必须符合国家有关法律、政策和组织利益，坚持公平原则，确保录用人员的质量，并且要根据公司人力资源规划工作需要和职务说明书中应职人员的任职资格要求，运用科学的技巧和程序开展招聘工作，努力降低招聘成本，注意提高招聘的工作效率。员工招聘分为组织内部招聘和外部招聘。

（1）内部招聘　组织现有员工是组织管理岗位的最大招聘来源。内部职员既可自行申请适当位置，又可推荐其他候选人。内部招聘能提高组织招聘的效益，因而大多数组织通常先考虑内部招聘。内部招聘主要有内部晋升、工作轮换和召回原职工等形式。

1）内部晋升。组织的一些比较重要的岗位需要招聘人员时，让内部符合条件的员工从一个较低级的岗位晋升到一个较高级的岗位的过程就是内部晋升。这种方式建立在相互比较了解的基础上，往往更注重员工的实际能力。内部晋升给员工提供了发展的机会，能培养员工的奉献精神，激励员工奋发向上，对增强组织的凝聚力非常有利。由于人员选择范围小，因而易导致自我封闭，使组织缺少活力。

2）工作轮换。当组织中需要招聘的岗位与员工原来的岗位层次相同或略有下降时，把员工轮换到同层次或下一层次岗位上去工作的过程称之为工作轮换。工作轮换过程中实行能上能下，适当流动，可留住人才，自动淘汰多余的人。工作轮换应尽可能事前征得被调用者的同意，用人之所长，轮换后更能有利于工作。

内部招聘最常用的方式是职务招聘海报。组织的内部招聘是经常发生的，当一个岗位需要招聘时，管理人员首先想到的是内部选拔是否能解决该问题。由于内部选拔费用低廉，手续简便，人员熟悉，因此，当招聘少数人员时常常采用此方法。

（2）外部招聘　外部招聘指所需要招聘的人员来自组织的外部。外部招聘的优点在于：能给组织带来新观念、新思想、新技术和新方法；因与组织成员无裙带关系，因而能较客观地评价组织工作，洞察存在的问题；能聘用到已受过训练的员工，满足组织对人才的急需。组织外部招聘常见的方法有：

1）广告招聘。广告招聘是应用很广泛的一种方法，它可以比较容易地从人力资源市场中招聘到所需的人才。广告一方面将有关工作的岗位要求和雇员应该具备的资格等信息提供给潜在的申请人，另一方面让申请人获得组织优势等相关信息。一份优秀的招聘广告应充分显示出组织对人才的吸引和组织的自然魅力。招聘广告的内容包括广告标题、招聘岗位、组织简介、人事政策、联系方式等信息。

2）人才招聘会。这是为聚集用人单位的招聘人员和求职者而设计的现场招聘活动，是一种用来吸引大量求职者来应聘的招聘方法。各地每年都要组织若干次大型人才交流洽谈会。用人单位可花一定的费用在交流会上摆摊设点，应征者前来咨询应聘。这种途径的特点是时间短、见效快。

3）人员推荐。人员推荐是指将有关工作空缺的信息告诉相关人员，请他们向组织推荐潜在的申请人。这种招聘方式的优点是，由于是熟人推荐，所以招聘应聘双方在事先已有了解，可节约不少的招聘程序和费用。尤其是对关键岗位、专业技术人员等常用此法。研究表明，通过这种方法招聘的人员比用其他方法招聘的人员跳槽率更低。

4）校园招聘。校园招聘是指由组织派人到学校招聘毕业生中的求职者。大学的研究生、本科生和高职高专生是大多数专业管理人员和工程技术人员的主要来源。最常见、最节省的校园招聘方法是派人到学校开设就业讲座，介绍组织的情况和政策，让毕业生了解更多的组织信息，吸引毕业生应聘。为了让学生增进对组织的了解，鼓励学生到本组织来工作，招聘人员在向学生详细介绍组织情况时，最好发放组织简介的小册子。安排顶岗实习是一种特殊的校园招聘形式，它是指组织给学生安置一个临时性的工作，但不必承担永久性聘用学生的任务，学生毕业后也不必接受组织固定的职位，实行真正的双向选择。

5）委托各种职业介绍机构招聘。职业介绍机构作为一种就业中介组织，承担着双重角色：既为组织择人，也为求职者择业。借助这些机构，组织和求职者均可获得大量信息，同时也可传播各自的信息。这种招聘方法具有选择面大、工作量少的特点。猎头公司是一种特殊的就业中介组织，专门为组织选拔中高级管理人员和专业技术人员服务。

6）网上招聘。网上招聘具有信息传播范围广，速度快，成本低，供需双方选择余地大，且不受时间、空间的限制，因而被广泛采用。然而，网上招聘往往会因过多的应聘者，从而需要花费更多的时间进行筛选。部分网站还存在信息发布滞后，更新缓慢、信息失真等缺点，也制约了网上招聘的发展。

2. 员工招聘的一般程序 员工招聘包括制订招聘计划、发布招聘信息、应聘者提出申请接待和甄别应聘人员、发出录用通知书、评价招聘效益。

（1）制订招聘计划 此阶段应在人力资源计划基础上产生。具体内容包括：确定本次招聘目的；描述应聘职务和人员的标准和条件；明确招聘对象的来源；确定传播招聘信息的方式；确定招聘组织人员、参与面试人员、招聘的时间和新员工进入组织的时间；确定招聘经费预算等。

（2）发布招聘信息 此阶段是指利用各种传播工具发布岗位信息，鼓励和吸引人员应聘。在发布招聘信息时应注意信息发布的范围、时间以及招聘对象的层次性。

（3）应聘者提出申请 此阶段是从应聘者角度来考虑的。应聘者在获取招聘信息后，向招聘单位提出应聘申请。应聘申请通常有两种方式：①通过信函向招聘单位提出申请。②直接填写招聘单位应聘申请表（网上填写提交或到单位填写提交）。无论哪种方式，应聘者应提供以下个人资料：应聘申请表，且必须说明应聘的职位；个人简历，着重说明学历、工作经验、技能、成果、个人品格等信息；各种学历的证明包括获得的奖励、证明（复印件）；身份证（复印件）。

（4）接待和甄别应聘人员 此阶段实质是在招聘当中对职务申请人的选拔过程，具体又包括如下环节：审查申请表——初筛——与初筛者面谈、测验——第二次筛选——选中者与主管经理或高级行政管理人员面谈——确定最后合格人选——通知合格入选者作健康检查。此阶段一定要客观、公正，尽量减少面谈中各种主观因素的干扰。

（5）发出录用通知书 这是招聘单位与入选者正式签订劳动合同并向其发出上班试工通知的过程。通知中通常应写明入选者开始上班的时间、地点与向哪个部门报到。

（6）对招聘活动的评估 这是招聘活动的最后阶段。对本次招聘活动作总结和评价，并将有关资料整理归档。评价指标包括招聘成本的核算和对录用人员评估；这两类指标分别从招聘的成本和质量来衡量，若在招聘费用支出低的情况下，能招聘到高质量的人才，则表明本次招聘效果好。

3. 测试、选拔和录用 招聘测试是评定应聘者素质与行为能力的重要手段，运用科学、有效的测试方法能保证组织招聘录用到所需要的人选，并将其安排到组织最合适的岗位上。常用的员工招聘测试的方法有：笔试、面试、心理测试、情景模拟测试等。

（1）笔试　笔试也称知识测试，是指通过纸笔测验的形式，对应聘人的基本知识、专业知识、管理知识、综合分析能力和文字表达能力进行衡量的一种方法。笔试的类型有广度测试、结构测试和深度考试，依次分别是百科知识、相关知识和业务知识测试。通常笔试合格者才能取得面试和下一轮测试的资格。

（2）面试　面试是通过主试与被试双方面对面地考察、交谈等双向沟通方式，了解应聘者的素质状况、能力特征及求职应聘动机的一种人员甄选技术。由于应聘申请表的人员资格与初选不能反映应聘者的全部信息，组织不能对应聘者作深层次的了解，个人也无法得到关于组织的更为全面的信息，因此需要通过面试使组织与个人得到各自所需的信息，以便组织进行录用决策，个人进行是否加入组织的决策。通过供需双方的正式交谈，组织能够客观地了解应聘者的业务知识水平、外貌风度、工作经验、求职动机、人际交往与沟通技巧、应变能力、分析判断能力、个人兴趣爱好、与职位匹配性等信息，应聘者也能更全面地了解组织的信息。

（3）心理测试　随着社会化大生产的发展，社会分工越来越精细，工作本身对人的素质和心理适应性的要求越来越高，这就要求在人员和工作之间选择最佳匹配。单凭个人经验的选拔方法无法对人的心理素质进行科学准确的评估，心理测试的运用可以使人事决策更为科学、准确。心理测试主要包括：职业能力倾向测试、个性测试、价值观测试、职业兴趣测试和情商测试等。

（4）情景模拟测试　情景模拟测试是根据被试者可能担任的岗位，编制一套与该岗位实际情况相似的测试项目，将被试者安排在模拟的、逼真的工作环境中，要求被试者处理可能出现的各种问题，用多种方法来测试其心理素质、实际工作能力、潜在能力等综合素质。情景模拟测试主要形式有公文处理、与人谈话、角色扮演和即席发言等。

人员选拔就是从应聘者中遴选出组织需要的员工的过程。由于这一步将直接决定最后所录用的人，因而是招聘过程中最关键的一步，也是技术性最强的一步。在这一过程中需要运用到上述提到的测试方法。

员工录用过程主要包括：录用决策、背景调查和健康检查、通知录用者、办理录用手续、签订试用合同、新员工培训、正式录用。

8.3.2　员工的培训与发展

1. 员工培训与发展的概念　员工培训是指组织为开展业务及培育人才的需要，采用各种方式对员工进行有目的、有计划的培养和训练的管理活动，其目标是使员工不断地更新知识，开拓技能，改进员工的动机、态度和行为，使员工适应新的要求，更好地胜任现职工作或担负更高级别的职务，从而促进组织效率的提高和组织目标的实现。培训是保持员工适应工作要求的关键环节。

员工职业发展是人力资源管理与开发的新概念、新职能和新方法。它包括两层含义：①科技进步和文化理念的渗透，员工需要从工作中得到成长、发展的要求和满足感的愿望，就会不断地追求理想的职业，设计着自己的职业目标和职业计划。②人力资源部门应当根据员工的特点和要求，结合组织发展的需求，主动为员工设计职业发展计划，创造条件帮助员工实现职业发展计划，使员工的发展融入组织的发展之中，实现组织和个人共同发展。

2. 员工培训与发展的原则　为了有效增进员工的知识、技能和能力，保证培训与发展的方向不偏离组织预定的目标，员工的培训与发展必须制定基本原则，并以此为指导，确定合适的训练计划，激励受训者。具体原则如下：

（1）学以致用原则　员工培训与发展应当有明确的目的性和针对性，要从实际工作的需要出发，充分考虑工作岗位的特点，结合员工的年龄、知识结构、能力结构、思想状况等因素，务求作出全面的规划，决定培训与发展的内容。只有这样培训与发展才能收到实效，真正实现提高工作效率和经济效益。

（2）专业知识技能与组织文化并重原则　员工培训与发展的内容，除了文化知识、专业知识、专业技能的提高外，还应包括理想、信念、价值观、道德观等方面的提升。而后者又要与组织的目标、文化、制度、优良传统等结合起来，以便培养员工的工作态度，使员工在各方面都能够符合组织的要求。

（3）全员培训与重点提高相结合原则　全员培训就是有计划、有步骤地对在职的所有员工进行培训，这是提高全体员工素质的必经之路。在资源使用上，要按职级的高低安排培训的先后顺序，自上而下，先培训和发展对组织兴衰有着重大影响的管理干部和技术骨干，特别是中高层管理人员，以增强领导素质，继而培养有前途的梯队人员，再者培训基层员工。

（4）培训效果的反馈与强化原则　培训效果的反馈与强化是不可缺少的重要环节。前者是指在培训后对员工进行检验，其作用在于巩固员工学习的技能、及时纠正错误和偏差。一般来说，反馈的信息越及时、准确，培训的效果就越好。后者则是指由于反馈而对接受培训人员进行的奖励或惩罚。其目的一方面是为了奖励接受培训并取得绩效的人员；另一方面是为了加强其他员工的培训意识，使培训效果得到进一步强化。

3. 有效员工培训体系的特征与培训需求分析　培训体系是否有效的判断标准是该培训体系是否能够增强组织的竞争力，实现组织的战略目标。有效的培训体系应当具备以下特征：

（1）有效的培训体系以组织战略为导向　组织培训体系是根源于组织的发展战略、人力资源战略体系之下的，只有根据组织战略规划，结合人力资源发展战略，才能建立符合自己持续发展的高效培训体系。

（2）有效的培训体系着眼于组织的核心需求　有效的培训体系是深入发掘

组织的核心需求，根据组织的战略发展目标预测对于人力资本的需求，提前为组织需求做好人才的培养和储备。

（3）有效的培训体系是多层次、全方位的　有效的培训体系应考虑员工教育的特殊性，针对不同的课程采用不同的训练技法，针对具体的条件采用多种培训方式，针对具体个人能力和发展计划制订不同的训练计划。在效益最大化的前提下，多渠道、多层次地构建培训体系，达到全员参与、共同分享培训成果的效果，使得培训方法和内容适合被培训者。

（4）有效的培训体系充分考虑了员工的自我发展需要　培训工作的最终目的是为组织的发展战略服务，同时也要与员工的个人职业发展相结合，实现员工素质与组织经营战略的匹配。这个体系将员工个人发展纳入组织发展的轨道上，让员工在服务和推动组织战略目标实现的同时，也能按照明确的职业发展目标，通过参加相应层次的培训，实现个人的发展需要。

建立有效的培训体系，需要对培训需求进行分析。培训需求分析通常在组织、业务和员工三个层次上进行。

（1）组织分析　对组织层面的分析主要是对照组织的目标和资源，对人力资源的培训和需求的必要性和适当性作出正确的判断，确定组织的培训框架、目标和实施步骤。培训要与组织的目标和战略、组织绩效、组织结构、内外部环境等内容联系起来，要实现上述目标，解决上述问题服务。否则培训就成为无源之水，达不到应有的效果。

（2）业务分析　组织的业务是不断发展的，随着科学技术的发展，组织的产品会不断升级换代，技术含量不断提高，员工所在的工作岗位也会随之变化，以适应新的趋势。通过探讨组织未来几年内业务发展方向及变革计划，对岗位要求、工作绩效、工作环境等进行重新评估，以确定业务重点，并配合组织整体发展策略，运用前瞻性的观点，将新开发的业务，事先纳入培训范畴。

（3）员工分析　员工分析的重点就是解决哪些员工需要培训以及培训什么内容。培训需求反映了员工和组织对培训的期望，但是要将这些需求转化为计划，还需要对需求进行评估。不同的员工有不同的培训需求，对于组织大多数员工的培训需求，应当放在优先考虑的地位。培训可以缩小和弥补员工实际工作绩效与标准工作绩效的差距。尽管员工的实际工作绩效已经达标，但因组织的工作需要，安排员工接受高一层次的培训，也是员工分析时应加以考虑的。

4. 员工培训的形式　组织培训的具体形式是多样化的，常见的员工培训形式有：

（1）传统讲授法　组织安排一些自身主管或有经验师傅进行言传身教的讲授，有利于受训者成长和组织人才的交替和承接。这是一种传统的培训方式，其优点是运用起来方便，便于培训者控制整个过程。其缺点是单向信息传递，反馈效果差。

（2）视听技术法　通过现代多媒体技术对员工进行培训。其优点是运用视觉与听觉的感知方式，直观鲜明，易被学员接受。但缺少互动环节，且制作和购买的成本高，内容易过时。

（3）案例分析法　通过向培训对象提供相关的背景资料，让其寻找合适的解决方法。这一方式可以有效地训练学员分析解决问题的能力，且使用费用低，反馈效果好。

（4）角色扮演法　授训者在培训教师设计的工作情况中扮演其中的角色，其他学员与培训教师在学员表演后作适当的点评。由于信息传递多向化，反馈效果好，实践性强，费用低，因而多用于人际关系能力的训练。

（5）问题讨论法　一般有小组讨论与研讨会两种方式。小组讨论法的特点是信息交流方式为多向传递，学员的参与性高，费用较低。研讨会多以专题演讲为主，学员与演讲者进行互动交流，特点是信息可以多向传递，反馈效果较好，但费用较高。问题讨论法多用于巩固知识，训练学员分析、解决问题的能力与人际交往能力，但运用时对培训教师的要求较高。

（6）网络培训法　网络培训法是一种新型的计算机网络信息培训方式。这种培训方式信息量大，新知识、新观念传递优势明显，使用灵活，符合分散式学习的新趋势，节省学员集中培训的时间与费用。因此，特别为实力雄厚的组织所青睐，也是培训发展的一个必然趋势。

5. 员工职业发展管理　员工在组织中的职业发展途径通常由以下几种选择：一种是根据职业发展的领域可分为专业技术型与行政管理型。员工在专业技术领域的发展一般是通过职称或资格认证来达成的，因此，其领域不仅包括生产、科研与工程等科学技术，也涵盖了类似财会、法律等专业职能。而员工在行政管理领域的发展是通过管理职位的晋升来达成的，晋升的前提通常是工作能力与工作绩效的体现。另一种是根据职业发展的方向可分为纵向型、横向型与核心型发展道路。纵向型发展是指组织内员工个人工作职位纵向的晋升。横向型发展是指员工在组织内各平行职能部门间的工作轮换。核心型发展是指员工由组织外围逐步向组织核心方向发展。

从组织的角度而言，员工职业发展的管理包括以下内容：

（1）制订组织的职业计划　组织的人力资源部门在充分了解员工个人在成长发展的方向和兴趣的基础上，把组织发展的需要同增强员工的满足感统一协调起来，制订出组织的职业计划。

（2）评价员工个人能力和潜力　组织能否恰当评价每个员工个人的能力和潜力是组织职业计划的关键。传统的方法是通过对员工的绩效考核与评价来测定的，现在逐渐采用心理测试和评价中心等先进的科学方法来测评员工的个人能力和潜力。

(3) 引导员工制订和执行职业生涯规划　组织应有效地对员工进行职业指导，帮助他们选择合适的岗位，帮助员工在个人目标与组织内存在的机会之间达到更好的结合。

(4) 提供员工职业发展平台　员工实现职业理想和获取满意工作需要一个较好的发展平台。这就是说组织应为员工提供职业发展机会，或委以重任，或多岗位历练，或授以艰苦复杂工作，使其在实际工作中积累经验，增长才干。

(5) 疏通员工职业通道　员工职业发展的障碍，既有来自职业自身，又可能产生于个人生物周期的问题，甚至来自家庭等社会因素。因此帮助员工疏通职业通道，从员工总生命空间中发现问题和解决问题是非常必要的。

8.4　绩效考核与薪酬管理

8.4.1　绩效考核

1. 绩效考核的含义　绩效是指员工的工作行为、表现和结果。绩效具有多因性、多维性和变动性特点。员工个人绩效的优劣及形成是多种因素综合作用的结果，而不是由某个单一的因素能够决定的。员工个人的绩效往往又是从多方面体现的，因此，必须从多维度或多方面分析考查员工的工作绩效。员工个人的绩效也不是固定不变的，随着时间的推移和主客观条件的变化，绩效也会发生变化。

绩效考核是指组织根据既定的员工绩效目标，收集与员工绩效相关的各种信息，借助一定的方法，定期对员工完成绩效目标的情况进行考查、评价和反馈，从而促进员工绩效目标的实现并促进组织整体绩效目标的实现的管理活动。

绩效考核是一项系统工程，涉及战略目标体系及其目标责任体系、指标评价体系、评价标准及评价方法等内容，其核心是促进组织获利能力的提高及综合实力的增强，其实质是做到人尽其才，使人力资源作用发挥到极致。绩效考核具有管理、激励、导向、沟通、监控、增进绩效等多方面的功能。绩效考核在组织内部创造了一种优胜劣汰的压力环境，它必然会强化组织员工的竞争意识和自强意识，促使其设法提高自已的知识、技能及综合素质，努力工作，从而提高工作效率。同时，绩效考核将员工个人的发展目标和组织的发展目标结合并统一起来，也必然对组织整体绩效的提高发挥积极作用。

2. 绩效管理系统　绩效管理把绩效作为一个系统来看待，就如同为组织的各种管理系统搭建了一个管理平台，它是各种管理系统的纽带，透过它来验证各管理系统的运作效果。这个系统是开放的，即有工作说明来确定绩效考核的权

重，运用科学、简练的评价方法，使员工有一个明确的努力方向。在引进和开发绩效管理系统的过程中，有些组织已经取得了一定的成功经验，但不同组织的发展状况、组织文化、组织气氛、组织结构和管理风格是不同的。在具体实施绩效考核中，一方面，要对照评价内容和权重，另一方面，要把组织文化、组织战略、组织人力资源政策等宏观因素渗透其中，使绩效考核的目的与组织的发展方向和要求趋于一致。绩效考核的结果应与员工培训、开发紧密结合起来，使员工的个人发展与实现组织目标相结合，进而达到提高绩效的目的。

3. 绩效考核原则

（1）公平透明原则　公平是确立和推行人员考绩制度的前提。不公平就不可能发挥考绩应有的作用。透明是实现客观公正的必要条件。制定标准时应广泛听取员工的意见，在执行考绩时更要保障受评者申诉与解释的权利，考绩标准与程序要向员工交底，考绩结论要向被评者反馈。

（2）严格可靠原则　要有严肃、认真的考核态度和明确的考核标准，同时还要有严格的考核制度与科学、严格的程序及方法，否则就会流于形式，不但不能全面地反映员工的真实情况，而且还会产生消极的后果。考核的标准应一视同仁，不能区别对待，也不能经常变动，以确保考核结果有很高的可信度。

（3）全面相关原则　这是由绩效考核的多维性特点带来的要求，只有把影响工作绩效的各个方面综合起来进行考核，才能避免片面性。值得一提的是，全面性是指与工作相关的考核内容而不包括生活方面的琐碎内容，否则很难保障考绩的必要信度。

（4）客观可操作原则　考核的标准必须能直接操作，尽可能进行量化，即使有不能量化的绩效，也应有明确规定的考核细则，针对客观考评资料进行评价，避免掺入主观性和感情色彩。

（5）恰当稳定原则　绩效考核的项目在数量上应注意合理、恰当，使考核工作既全面又不烦琐。考核标准制定后要保持相对稳定，切不可朝令夕改，即使情况发生变化也应依据一定程序进行调整和修改。

（6）差别奖惩原则　绩效考核的等级之间应当有鲜明的差别界限，针对不同的考评评语在工资、晋升、使用等方面体现明显差别，使考核带有刺激性，鼓励职工的上进心。依据考绩的结果，应根据工作成绩的大小、好坏，有赏有罚，有升有降，而且这种赏罚、升降不仅与精神激励相联系。而且还必须通过工资、奖金等方式同物质利益相联系，让被考核人震撼。

4. 绩效考核方法　绩效考核的方法很多，常见的有：

（1）图尺度考核法　这是简单而又运用最普遍的绩效考核技术之一，一般采用图尺度表填写打分的形式进行。它一般从德、能、勤、绩四个方面来确定考核项目，给予不同的权重，再将评价项目分为若干等级予以量化，建立考核尺度和量表。这种考核对被考评者是同一尺度考核且可量化，便于操作。

（2）分级排序法　按照分级排序的不同可分为简单排序法和交替排序法。简单排序法就是在全体被考核员工中挑选出绩效最出色者列于序首，再找出次优者列于第二，以此类推，直至最差的一个列于序尾。交替排序法就是分别挑选、排列的“最优的”与“最劣的”，然后挑选出“次优的”与“次劣的”，如此依次进行，直到将所有的被考核人员排列完为止，从而以优劣排序作为绩效考核的结果。交替排序在操作时也可以使用绩效排序表。

（3）配对比较法　这是一种通过系统排序来考核绩效水平的方法，它的特点是每一个考核要素都要进行人员间的两两比较和排序，使得在每一个考核要素下，每一个人都和其他所有人进行了比较，所有被考核者在每一个要素下都获得了充分的排序。

（4）强制分布法　强制分布法是指按预先规定的比例将被考核者分配到各个绩效类别中去。此法是根据事物“两头小，中间大”的正态分布规律，先确定好各等级在总数中所占的比例。这种方法可以防止滥评优秀或被评者的得分十分接近而分不出优劣的弊端发生。

（5）关键事件法　关键事件法是一种通过员工的关键行为和行为结果来对其绩效水平进行绩效考核的方法。考评者在较长的一段时间内，不间断地用“工作日志”的方式把员工在工作中表现出来的非常优秀的行为事件或者非常糟糕的行为事件记录下来，然后在考核时点上与该员工进行面谈，根据记录共同讨论来对其绩效水平作出考核。这种方法要求记录情况具体、客观，而不是主观描述或评语。

（6）行为锚定考核法　这是基于对被考核者的工作行为进行观察、考核，从而评定绩效水平的方法。它为每一职务的各考核维度都设计出一个评分量表，并有一些典型的行为描述性说明词与量表上的一定刻度（评分标准）相对应和联系（即锚定），对被考核者实际表现评分时，可作参考依据。

（7）目标管理法　目标管理法是指上级和员工一起讨论、共同制订工作目标，在实施过程中上级给予员工知道并互相探讨完成工作目标情况，在评价阶段时上级和员工共同检查目标是否达到，在此基础上，提出下一轮的目标措施。在目标管理法下，每个员工都确定有若干具体的指标，这些指标是其工作成功开展的关键目标，它们的完成情况可以作为评价员工的依据。

（8）360°考核法　360°考核法又称为全方位考核法，最早被英特尔公司提出并加以实施运用。员工通过自己、上司、同事、下属、顾客等不同主体来了解其工作绩效，知晓各方面的意见，清楚自己的长处和短处，来达到提高自己的目的。这种方法的优点是评估比较全面，易于作出比较公正的评价，同时通过反馈可以促进工作能力，也有利于团队建设和沟通；其缺点是因为来自各方面的评估，工作量比较大，评价的公正性很难把握。

5. 绩效考核的程序 组织的绩效考核一般分为六个具体的行动步骤组织实施。

(1) 确定考核目标 将年度计划分解到个人，上级与下属就个人计划达成一致。其具体活动有：确定下属职责、主要任务；确定任务完成的时间指标和质效指标；按照预先设定的计分要求，确定各项考核内容的分值权重。

(2) 成立考核组织 成立由行政负责人以及各部门主要负责人组成的绩效考核领导小组，明确考核职责，同时对有关人员进行考核方法和考核技能的培训。

(3) 校正量效化指标 绩效考核强调要求重点工作的开展和完成必须设置量效化指标，量化指标是数据指标，效化指标是成效指标。在实际工作的操作中，并不是所有的工作结果或成效都可以用数据指标进行量化的，而效化指标则比较难以设置和确定，需要一定的专业素质和及时的信息沟通。因此，考核人员应会同考核对象，对重点工作的量效化指标进行认真校正并最终确定，保障重点工作的完成质量。

(4) 实施绩效考核 采取季度考核、下级评价、自评、年度综合考核、同级考核、客户考核等方式客观评价被考核者的业绩。考核人员对被考核者在管理运转中，存在并发生着不确定性因素，容易造成工作变数，应该及时进行分析，准确识别变化的原因和走向，然后对工作计划和考核指标作出及时、适当的调整改进。

(5) 验收工作成效 在每个考核时段，考核执行人应依据预置或调整的阶段性工作计划，对考核对象的重点工作完成情况，进行成效验收。按照每项工作设置的量效化指标和考核分值，逐项核实工作成效并进行评分记分，累计计算考核对象该考核阶段重点工作完成情况的实际得分，并就工作的绩效改进作出点评。

(6) 考核结果运用 考核的目的是改进绩效、推进工作、提高效率。考核对象重点工作完成情况的实际得分即为考核结果。如何运用考核结果，会直接影响考核的激励作用。要切实结合组织管理资源的实际情况，充分考虑组织文化的负载能力，将考核结果与薪资收入、职位晋升等挂钩，兑现奖惩。同时将考核信息与资源配置、岗位设置、管理损耗、工作问题以及人才信息等进行整合，为组织决策、管理运转和人才的培养使用，提供重要的信息支持。

8.4.2 薪酬管理

有效的薪酬制度对于员工的工作态度、行为和绩效会产生积极影响。薪酬制度在设计和推行上，需要和组织的经营战略相互配合才能有效。薪酬管理可以说对组织发挥自己的竞争优势，实现战略目标，吸引、留住和用好人才具有重要的作用，也是人力资源管理中最复杂的环节。

1. 薪酬的含义与构成 薪酬是指组织所付出的人力成本，即组织对员工提供的劳务和所做的贡献而付出的报酬。薪酬分为货币性薪酬和非货币性薪酬两大类。货币性薪酬包括直接货币薪酬、间接货币薪酬和其他货币薪酬。其中，直接薪酬包括工资、福利、奖金、奖品、津贴、股权等；间接薪酬包括养老保险、医疗保险、失业保险、工伤保险、住房公积金、餐饮等；其他货币性薪酬包括有薪假期、休假日、病事假等。非货币性薪酬体现在工作、社会和其他方面。其中，工作方面包括工作成就、工作有挑战感、责任感等优越感；社会方面包括社会地位、个人成长、实现个人价值等；其他方面如友谊、关怀、舒适的工作环境、弹性工作时间等。

2. 基本工资制度 基本工资制度也称工资等级制度。在组织薪酬管理实践中，根据薪酬支付依据的不同，有岗位工资、职务工资、技能工资、绩效工资、工龄工资、薪级工资等薪酬构成元素。选择并确定工资制度形式是很关键的，这体现着组织的价值导向。

（1）岗位工资制 岗位工资制是依据任职者在组织中的岗位确定工资等级和工资标准的一种工资制度。岗位工资制的理念是：不同的岗位将创造不同的价值，因此，不同的岗位将给予不同的工资报酬；同时组织应该将合适的人放在合适的岗位上，使人的能力素质与岗位要求相匹配，对于超过岗位任职要求的能力不给予额外报酬；岗位工资制鼓励员工通过岗位晋升来获得更多的报酬。岗位工资制的特点是员工只能根据目前的职位取得报酬；职位变化，报酬也随之变化；职位通常与员工的资历、能力相联系。

（2）技能工资制 技能工资制是根据员工所拥有的与工作相关的技能与知识水平来决定员工报酬的一种工资制度。技能等级不同，薪酬支付标准不同。技能通常包括三类：深度技能、广度技能和垂直技能，深度技能指从事岗位工作有关的知识和技能，强调员工在某项能力上不断提高，鼓励员工成为专家；广度技能指从事相关岗位工作有关的知识和技能，提倡员工掌握更多的技能，鼓励员工成为通才；垂直技能指的是员工进行自我管理，掌握与工作有关的计划、领导、团队合作等技能，垂直技能鼓励员工成为更高层次的管理者。技能工资制的特点是员工的基本报酬是基于技术而不是资历来支付的，工资增长，先要证明其要求精通掌握的技术。

（3）绩效工资制 绩效工资制是根据员工的表现或绩效来决定员工报酬的一种工资制。绩效工资制的核心在于建立公平、合理的绩效评估系统。绩效工资制可以应用在任何领域，适用范围很广，在销售、生产等领域更是得到大家认可。计件工资制、提成工资制也都是绩效工资制。这种工资制最能体现收入与贡

献挂钩的经济利益原则，有利于个人和组织绩效提升，实现薪酬内部公平和效率目标，降低人工成本。

（4）结构工资制　结构工资制是综合岗位、技能、绩效三种工资制的特点来决定员工工资的一种薪资制度。它是目前较为合理的、兼顾面较广的工资制度。实施这种工资制度的难度在于制定工资标准的复杂程度。

此外，还有对组织董事长、总经理等高管实行经营者年薪制。它是以年度为单位确定经营者的基本收入，并视经营成果评分来浮动发放风险收入的工资制度。

3. 薪酬制度设计的原则　薪酬管理的目标是吸引和留住组织需要的优秀员工，调动员工提高工作所需要技能和能力的积极性，鼓励员工高效率地工作。薪酬制度设计应该坚持以下基本原则：

（1）战略导向原则　组织的薪酬不仅仅是一种制度，它更是一种机制，应该将薪酬体系构建与组织发展战略有机结合起来，使薪酬在实现组织发展战略方面发挥重要作用。在薪酬设计中，应驱动和鞭策那些有利于组织发展战略实现的因素得到成长和提高，使不利于组织发展战略实现的因素得到有效的遏制、消退和淘汰。薪酬的作用是通过制定恰当的薪酬策略来实现的，薪酬策略包括薪酬水平策略、薪酬结构策略、薪酬构成策略、薪酬支付策略、薪酬调整策略等方面。

（2）相对公平原则　公平是决定薪酬制度的最重要因素，这里的公平包括三个层次，即分配公平、过程公平和机会公平。分配公平有自我公平、内部公平、外部公平三个层面。内部公平和外部公平是薪酬设计应该注意的问题，因为只有实现内部公平和外部公平，才不会导致员工不满意。薪酬制度本身的设计就是为了实现过程公平，应该保证制度得到切实有效执行，保证制度的权威性和严肃性，因此在薪酬设计和薪酬分配过程中要体现过程公平。机会公平是最高层次的公平，组织在薪酬决策前应该与员工互相沟通，对涉及员工切身利益问题的决策应该考虑员工的意见，主管应该考虑员工的立场，应该建立员工申诉机制等。需要指出的是，公平是相对的，绝对的公平是不存在的。

（3）有效激励原则　组织内部各类、各级职位之间的薪酬标准要适当拉开距离，避免平均化。有效激励主要体现在激励内容和激励方式要符合个体实际情况，在激励内容上，一方面，应该详细分析固定收入与浮动收入的比例关系，在固定收入满足员工生活基本需要前提下，应加大绩效工资、奖金等激励薪酬的比重；另一方面，在重视物质激励作用的同时，不能忽视精神激励的重要作用。在激励方式上，首先，应该加强激励的及时性和提高奖金分配过程中的透明度，将导致员工不会将工作努力与奖金多少建立直接联系，这样大大降低了奖金的激励作用。其次，要恰当使用正激励和负激励。

（4）有利竞争原则　组织的薪酬标准应有吸引力和竞争力，对关键的管理

人员和核心技术人员的薪酬水平要高于同类组织相当一部分，对一般员工的薪酬标准可以略高于市场行情。

（5）经济合理原则　薪酬设计必须充分考虑组织自身的发展特点以及支付能力，平衡股东和员工利益的关系，平衡组织的短期和长期发展。薪酬过高，则成本上升，影响组织竞争力；薪水过低，难以配置合适的人力资源。因此，在进行薪酬设计时要进行人工成本测算，将人工成本控制在一个合理范围内，寻找到最佳平衡点。

（6）守规合法原则　薪酬设计要遵守国家法律、法规和政策规定，反对不正当竞争，这是薪酬设计最基本的要求。特别是有关国家的强制性规定，组织在薪酬设计中是不能违反的，比如，最低工资制度、加班加点工资支付问题，员工养老保险等福利问题，组织必须遵守。

4. 薪酬制度设计的程序

（1）工作分析　工作分析是确定薪酬的基础。组织管理层要在结合经营目标的前提下对业务和人员进行分析，明确部门职能和职位关系，人力资源部门和各部门主管合作编写工作说明书。

（2）工作评价　工作评价重在解决薪酬的对内公平性问题。它有两个目的：①比较组织内部各个职位的相对重要性，得出职位等级序列。②为进行薪酬调查建立统一的职位评估标准，使不同职位之间具有可比性，为确保工资的公平性奠定基础。

（3）薪酬调查　薪酬调查重在解决薪酬的对外竞争力问题。组织在确定工资水平时，需要参考人力资源市场的工资水平。薪资调查的途径有：国家和地区统计部门、人力资源部门公开发布的统计资料；管理咨询机构发布的薪资调查资料；相关组织招聘信息中提供的资料；从新招聘的员工或应聘员工了解信息。

（4）薪酬定位　在分析有关薪酬数据后，需要做的是，根据组织状况选用不同的薪酬水平。这一程序包括薪资总额的计算、薪资标准的确定以及薪酬体系和薪酬结构的选择。薪资总额的计算通常要考虑市场行情、组织的支付能力和员工的基本生活费用。确定有价值差异的薪资标准的目的是体现按劳取酬的原则和内部公平的原则，保护所有员工的积极性。合适的薪酬体系和薪酬结构的选择是保证薪酬制度得以顺利实施的关键环节。

（5）设计出薪酬制度　通过上述程序，确定本组织薪酬的基本管理办法，经这些办法规范化、制度化，最终形成的文件就是薪酬制度。

（6）薪酬制度的实施和修正　在实施薪酬制度过程中，及时沟通、必要宣传或培训是保证薪酬制度成功实施的重要因素之一。从本质意义上讲，薪酬制度是对人力资源成本与员工需求之间进行权衡的结果。人力资源部可以利用薪酬制度问答、员工座谈会、满意度调查、内部刊物甚至 BBS 论坛等形式，充分介绍薪酬制度制定的依据。为保证薪酬制度的适用性，组织还要对薪酬的定期调整进行规定。

5. 薪酬结构分析　良好的薪酬管理有助于组织的发展，薪酬结构分为显性薪酬和隐性薪酬。显性薪酬主要包括基本工资、加班费、奖金、津贴和补贴、股权、福利，而隐性薪酬则主要包括工作环境、学习成长机会等。

自我测试

一、单项选择题

1.“深入工作现场，能全面了解工作情况”是以下哪种工作分析法的优点？(　　)

A. 写实法　　B. 观察法　　C. 问卷法　　D. 参与法

2. 我国组织目前面临的一个重大问题是（　　）。

A. 人力资源不足　　B. 人力资源管理不当

C. 人力资源浪费　　D. 人力资源过剩

3. 作为决定培训需求起始依据的是（　　）。

A. 任务分析　　B. 绩效分析

C. 培训计划制订　　D. 前瞻性培训需求分析

4. 下列哪一项不属于工作说明书的基本内容？（　　）

A. 工作职责　　B. 工作环境　　C. 工作中的晋升　　D. 工作权限

5. 一名工人的绩效，除了产量指标完成情况外，质量、原材料消耗率、能耗、出勤，甚至团结、服从纪律等硬性、软性方面的表现，都需要综合考虑，逐一评估，这体现了绩效的（　　）特点。

A. 多因性　　B. 多维性　　C. 动态性　　D. 不确定性

6. 失业保险所属的员工福利类型是（　　）。

A. 组织福利　　B. 法定福利　　C. 生活福利　　D. 有偿假期

二、多项选择题

1. 人力资源和其他资源不同，它主要具有的特征有（　　）。

A. 社会性　　B. 共享性　　C. 能动性　　D. 可开发性

2. 媒体广告招聘的优点是（　　）。

A. 信息传播范围广　　B. 应聘人员数量大

C. 招聘时间较长　　D. 组织的选择余地大

3. 同一组织内部不同员工薪酬水平不同，是由于（　　）因素的影响。

A. 员工的绩效　　B. 员工的岗位　　C. 员工的能力　　D. 员工的工龄

4. 分析培训需求的重点是（ ）。

A. 了解受训员工的现状　　B. 了解受训员工在工作中面临的困难

C. 关注培训成本　　D. 关注员工通过培训后要达到的效果

5. 从组织角度来看，帮助员工应对工作压力的方式有（ ）。

A. 加强组织沟通　　B. 为员工建立明晰的绩效目标

C. 为员工建立身心健康的方案　　D. 让员工参与到工作的设计中来

6. 关于人员招聘的实施过程，表述正确的是（ ）。

A. 预备性面试通常由人力资源部门人员进行

B. 心理测试主要是淘汰，结构化面试主要是优选

C. 如果应聘者通过结构化面试下一步就是复查简历

D. 对于外部招聘而言，递交申请材料的应聘者都应给予机会参加预备性面试

三、判断题

1. 人力资本关注的是收益问题，人力资源关注的是价值问题。（ ）

2. 工作分析作为一种活动，其主体是工作岗位，客体是工作分析者。（ ）

3. 甄选工作在整个招聘过程中已经越来越居于核心地位，应该借助于多种甄选手段来公平、客观地作出正确的决策。（ ）

4. 在现代组织中，员工的知识水平和技能已不再是影响工作绩效的唯一重要因素，员工的态度、观念对组织生产力及组织效益的影响日益加强。（ ）

5. 关键事件技术是通过设计一定的表格，专门记录工作者工作过程中那些特别有效（成功）与特别无效（失败）的工作行为，作为将来确定任职资格的一种依据。（ ）

四、案例分析

甲食品公司的年终考绩

罗某在甲食品公司担任地区经理快一年了。他分管 10 家供应站，每站有 1 名主任，负责向一定范围内的客户销售和服务。

甲食品公司不仅服务于航空公司，也向成批定购盒装中、西餐的单位提供所需食品。甲食品公司负责雇请所有需要的厨房工作人员，采购全部原料，并按客户要求烹制定购的食品。各供应站主任要负责订计划、编预算、监控分管制定客户的销售服务等活动。

罗某上任的头一年主要是巡视各供应站，了解业务情况，熟悉各站的所有工作人员。通过巡视，他收获不少，也增加了自信。罗某手下的 10 名主任中资历最老的是马某。他只读过 1 年大专，后来就进了甲公司，从厨房带班长干起，3 年多前当上了如今这个供应站的主任。近一年的接触，罗某了解了老马的长处和缺点。老马很善于和他重视的人，包括他的部下和客户们搞好关系。他的客户都

是“铁杆”，3 年来没一个转向甲公司的对手去订货的；他招来的部下，经过他的指点培养，有好几位已被提升，当上其他地区的经理了。不过他的不良饮食习惯给他带来了严重的健康问题，身体过胖，心血管病加胆囊结石，使他这 1 年里请了 3 个月病假。其实医生早给过他警告，但他置若罔闻。再则，他太爱表现自己了，做了一点小事，也要打电话向罗某表功。他给罗某打电话的次数，超过另 9 位主任的电话数总和。罗某觉得过去共过事的人没有一人是这样的。

由于营业扩展，已盛传要给罗某添一名副手。老马已公开说过，站主任中他资格最老，他觉得这地区副经理非他莫属。但罗某觉得，老马来当他的副手真叫他受不了，两人管理风格相差太悬殊，再说，老马的行为准会激怒地区和公司的工作人员。正好年终考绩要到了。公正地讲，老马这一年的工作，总的来说，是干得挺不错的。甲公司的年度考绩表总体评分是 10 分制；9 ~ 10 分是优，7 ~ 8 分是良；5 ~ 6 分是合格；3 ~ 4 分是较差；1 ~ 2 分是最差。罗某不知道该评老马几分。评高了，他就更认为该提升他；评低了，他准大为发火，会吵着说对他不公平。

老马自我感觉良好，觉得跟别的主任比，他是鹤立鸡群。他性格开朗豪放，爱去造访客户，也爱跟手下人打成一片，他最得意的是指导部下某种新操作方法，卷起袖子亲自下厨示范手艺。跟罗某谈过几次后，他就知道罗某讨厌他事无巨细，老打电话表功，有时一天两三次，不过他还是想让罗某知道自己干的每项成绩。他也知道罗某对他不听医生劝告，饮食无节制的看法。他为自己学历不高但成绩斐然而自豪，觉得这副经理就该提他，而这只是他实现更大抱负的过程中的又一台阶而已。

考虑再三后，罗某给老马考绩总体分评了 6 分。他觉得这是有充分理由的：因为老马不注意饮食卫生，病假 3 个月。他知道这分数远低于老马的期望，但他要用充分理由来坚持自己所评的分数。他开始考虑给老马各考评维度的分项分数，并准备跟老马面谈，向他传达所给的考绩结果。

案例思考题：

1. 罗某对老马的考评合理吗？老马不服气有令人信服的理由吗？
2. 甲公司的考绩制度有什么需要改进的地方？你建议甲公司应做何改革？

【实践练习】

实际访问一个实施人力资源规划的组织，了解该组织如何制订人力资源规划，然后以老师统一给予的组织资料或某一组织为原型，以小组为单位制订一份该组织人力资源规划书。

第9章 组织变革

【学习目标】

●了解组织变革的意义、原因，掌握组织变革的种类。

●理解组织变革的动力和阻力，了解克服阻力的对策。

●掌握组织变革的程序。

●掌握组织的生命周期理论，理解组织各个阶段的管理危机及变革方向。

9.1 组织变革概述

9.1.1 组织变革的意义与原因

组织变革是指组织依据外部环境的变化和内部状况的变化，及时调整并完善自身的结构和功能，以提高生存和发展能力的过程。

1. 组织变革的意义 组织变革的含义表明，变革是组织实现动态平衡的发展阶段。组织原有的稳定和平衡不能适应形势变化的要求，就要通过变革来打破它们，但打破原有的稳定和平衡不是目的，目的是建立适应新形势的新的稳定和平衡，应当把组织的变动性和稳定性有机地结合起来。

2. 组织变革的原因

（1）外部原因

1）社会经济环境的变化。社会经济不断发展，人民生活水平不断提高，使得市场更为广阔，产品更新换代速度加快，加上工作自动化程度的提高等，均会迫使组织进行变革。社会经济环境还包括国家的经济政策、法规以及环境保护。

2）科学技术的发展。科学技术的迅速发展及其在组织中的应用，如新发明、新产品、自动化、信息化等，使得组织的结构、组织的运行要素等都发生了巨大变化，这些变化也会推动组织不断地进行变革。

3）管理理论与实践的发展。管理的现代化，新的管理理论和管理实践，都要求组织变革过去的旧模式，对组织要素和组织运行过程的各个环节进行合理的协调和组织，从而对组织提出变革的要求。

（2）内部原因

1）组织目标的选择与修正。组织的目标并不是一成不变的，当组织目标在实施过程中与环境不协调时，需要对目标进行修正。

2）组织结构与职能的调整和改变。组织会根据内、外部环境的要求对自身的结构进行适时的调整与改变，如管理幅度和层次的重新划分、部门的重新组合、各部门工作的重新分配等。同时，组织在发展的过程中，也会不断抛弃旧的不适用的职能并不断承担新的职能，如社会福利事业、防止公害、保护消费者权益等。这些均会促使组织不断地进行变革。

3）组织员工的变化。随着组织的不断发展，组织内部员工的知识结构、心理需要以及价值观等都会发生相应的变化。现代组织中的员工更注重个人的职业发展和管理中的平等自主。组织员工的这些变化必将带动组织的变革。

9.1.2 组织老化与对策

1. 组织老化的标志

组织老化的标志有机构臃肿、反应迟钝、文山会海、模式僵化等。

2. 组织老化的对策 防止和克服组织老化是组织变革的重要课题。其常见的对策有：

（1）定期审议 把组织结构的调整、精简列入议事日程，定期进行。在美国、日本的许多企业里，每年审查和调整一次组织结构，包括职能部门的撤并，也包括事业部的合并和改组。在美国，有些企业实行“日落法”，各组织机构像太阳朝起暮落一样，每年年初打报告申诉自己继续存在的理由，由领导层逐个审查，决定其是否继续存在，以及是否进行撤并和改组。

（2）破格行为 为了冲破僵化的组织及其官僚主义作风的障碍，可以采用一些破格行为，逼迫组织焕发活力。在中国，常见的“现场办公”，把有关部门的负责人召集到现场，分析问题，有议有决，使久拖不决的事情迎刃而解；还可以简化办公程序。如美国麦克弗森就任达纳公司总裁后，宣布中止22in厚的政策文件，而代之以一页纸的“主旨声明”，实行大破大立的改革。

（3）走动管理和越级建议 为了克服组织的老化和官僚化，促使管理人员了解下情，在西方国家流行着一种“走动管理”方式，即规定机关管理人员不得只靠参加会议和文件办公，而要深入第一线，走到现场去调查研究，了解真实情况，修改和完善政策，还可以在现场进行面对面的指导。有些著名企业家亲自在全球范围内走动，使跨国公司重新焕发活力。还有一些著名公司实行“开门政策”，鼓励越级建议。总裁办公室的门永远向全体职工敞开，鼓励普通职工反映问题，提出建议，参与管理。这些措施都取得了良好的效果。

(4) 人员平行流动　一个人久在一个部门工作，久干一件工作，容易造成思想僵化、行为僵化，以及形成非正式群体，不利于组织的变革。实行管理人员、经理人员的平调制度，不仅可以防止和克服这种现象，而且还有利于培养多面手和全面管理人才。

(5) 灵活用工方式　采用诸如全日制、一周两天、一天两小时等多种用工方式的组合，可以使组织增加弹性，防止组织的老化。日本的百货业有100余种用工方式，以适应不同的经营环境。

(6) 组建团队组织　根据工作需要，组建一些精干的团队组织，是使组织焕发活力的有效方法。团队建设（Team Building）是20世纪90年代企业组织建设的重要内容，团队建设的核心在于培养团队精神。团队精神是从团队的根本利益出发，坚持整体利益高于一切。团队精神的另一个含义是平等参与。组织的环境日新月异，风云动荡，如果组织的决策由一个人来承担，风险便会加大。另外，社会分工越来越细，科学技术的发展越来越快，这使重大的创新由一个人完成变得越来越难。组织成员必须具备与他人合作的能力，必须掌握团队解决问题的方法。事实表明，团队建设加大了组织的灵活性，增强了对外部环境的适应能力。

9.1.3　组织变革的种类

1. 组织变革按领导者控制的程度可分为主动的变革与被动的变革

1）主动的变革是有计划的变革是管理者洞察环境中可能给组织带来的机遇与挑战，考虑到未来发展趋势与变化，以长远发展的眼光，主动制订对组织进行变革的计划并分段逐步实施。

2）被动的变革是指管理者缺乏长远的战略观念，当环境发生变动时，要么显得束手无策，要么在环境的逼迫下被动匆匆地作出对组织进行变革的决定。重大的成功的变革都是主动的有计划的改革。

2. 组织变革按照工作的重点可分为以人为中心，以组织为中心，以技术为中心的三种变革方式

1）在以人为中心的变革方式中，管理人员首先致力于改变人员的态度、价值观念和需求的种类、层次，通过转变人员的工作态度促使人们修正自己的行为，从而达到改进工作绩效的目的。但以人为中心的改革往往费时较多，改革成本太高，因此有人认为不如改变组织结构和技术环境，再借以改变人的行为来得更为快捷。

2）在以技术为中心的变革方式中，管理人员通过改革从原料的投入到转变为产品的整个过程所使用的技术促使人们的工作内容、工作顺序、工艺程序的改变，以达到影响人的行为，提高工作绩效的目的。改进技术意味着运用各种新技术去提高工作效率。技术变革有两个方面：一是劳动密集型，一是资本密集型。不同类型的技术对组织结构和下级人员的工作行为产生不同的影响，这些影响包括：①影响工作分工与工作内容。②影响下级的社会关系。③影响工作环境。④影响管理者所需要的技能。⑤影响工作的类型。⑥影响工资。⑦影响工作时间。因此，在考虑技术变革问题时，不仅要考虑新技术可能带来的效益，而且要考虑新技术可能对组织结构和下级行为带来的影响。

3）在以组织为中心的变革方式中，则不侧重人态度的转变，而是通过改变组织结构、沟通渠道、奖惩制度、管理政策和工作环境；通过工作环境的改变，组织中的人会自动修正他们的行为。在这种方式的变革中，人们态度的转变似乎无关紧要。但是组织结构的任何变革，必然会对人的态度产生影响，这种影响可能有助于或者有碍于组织结构的改变。

3. 组织变革按照变革的程度分为渐进性变革和根本变革

1）渐进性变革是组织按预定目标，通过多次渐进改变调整现有观念价值、成员行为，从而将组织管理推向更高水平的过程。这种方式的变革对组织的震动较小，而且可以经常性地、局部地进行调整，直至达到目的。这种变革方式的不利之处在于容易产生路径依赖，导致企业组织长期不能摆脱旧机制的束缚。

2）根本变革是指在短期内对组织系统进行彻底的改变。改革开放以来，为适应市场经济的要求，许多国内企业进行了大量的管理创新和组织创新。“全员下岗、竞争上岗”的实践就是其中之一。为了克服组织保守，一些企业在组织实践中采取全员下岗，继而再竞争上岗的变革方式。这种方式有些极端，但其中体现了深刻的系统思维。稳定性对于企业组织至关重要，但是当企业由于领导超前意识差，员工安于现状而陷于超稳定结构时，企业组织将趋于僵化、保守，会影响企业组织的发展。此时，小扰动不足以打破初态的稳定性，也就很难达到目的。只有通过全员下岗，粉碎长期形成的关系网和利益格局，摆脱原有的吸引子，才能彻底打破初态的稳定性。进一步再通过竞争上岗，激发企业员工的工作热情和对企业的关心，只要竞争是公平、公正、公开的，就有助于形成新的吸引子，把企业组织引向新的稳定。此类变革如能成功，其成果具有彻底性。

9.2 组织变革的动力和阻力

9.2.1 组织变革的动力

组织变革的动力指的就是发动、赞成和支持变革并努力实施变革的驱动力。组织变革的动力来自各方面，不仅来自组织的外部环境，而且来自组织内部。

1. 外部变革推动力 组织变革的外部环境推动力包含政治、经济、文化、技术、市场等方面的各种因素和压力，其中与变革动力密切相关的有以下几方面。

(1) 社会政治特征 全国的经济政策、企业改革、发展战略和创新思路等社会政治因素也许是最为重要的因素，对于各类组织形成强大的变革推动力。国有企业转制、外资企业竞争、各种宏观管理体制改革、加入 WTO、开发西部地区以及促进中部地区崛起等，都成为组织变革的推动力。

(2) 技术发展特征 机械化、自动化、特别是计算机技术对于组织管理产生了广泛的影响，成为组织变革的推动力。由于高新技术被日益采用，计算机数控、计算机辅助设计、计算机集成制造以及网络技术等的广泛应用，对组织的结构、体制、群体管理和社会心理系统等提出了变革的要求。尤其是网络系统的应用，显著缩短了管理和经营的时间和距离，电子商务打开了新的商业机会，也迫使企业领导人重新思考组织的构架和员工的胜任力要求，知识管理成为重点。

(3) 市场竞争特征 全球化经济形成新的伙伴关系、战略联盟和竞争格局，迫使企业改变原有经营与竞争方式。同时，国内市场竞争也日趋激烈，劳务市场正在发生深刻的变化，使得企业为提高竞争能力而加快重组步伐，大量的裁员和并购，管理人才日益成为竞争的焦点。

2. 内部变革推动力 组织变革的内部推动力包括组织结构、人员与管理特征和团队工作模式等方面的因素。

(1) 组织结构 组织变革的重要内部推动力是组织结构。由于外部的动力带来组织的兼并与重组，或者因为战略的调整，要求对组织结构加以改造。这样往往还会影响到整个组织管理的程序和工作的流程。

(2) 人员与管理特征 由于劳动人事制度的改革不断深入，干部员工来源和技能背景构成更为多样化，企业组织需要更为有效的人力资源管理。管理无疑成为组织变革的推动力。为了保证组织战略的实现，需要对企业组织的任务作出有效的预测、计划和协调，对组织成员进行多层次的培训，对企业不断进行积极的挖潜和创新，等等。这些管理活动是组织变革的必要基础和条件。

(3) 团队工作模式 各类企业组织日益注重团队建设和目标价值观的更新，

形成了组织变革的一种新的推动力。组织成员的士气、动机、态度、行为等的改变，对于整个组织有着重要的影响。

9.2.2 组织变革的阻力

组织变革作为战略发展的重要途径，总是伴随着不确定性和风险，并且会遇到各种阻力。组织变革的阻力则是指人们反对变革、阻挠变革甚至对抗变革的制约力。要成功地进行组织变革就要了解组织变革的阻力。常见的组织变革阻力可以分为三类。

1. 组织因素 组织中抵制变革的因素随处可见，主要有：组织结构惯性、组织的变革点、组织已有的专业知识、组织已有的权利关系、组织已有资源的分配等。

（1）组织结构惯性 组织有其固有的机制保持其稳定性，如组织制度规范化提供了工作说明书、规章制度和员工遵从的程序。当组织面临变革时，结构关系就充当起稳定的反作用力。

（2）组织的变革点 组织由一系列相互依赖的子系统组成，一个子系统的变革必然会影响其他子系统，所以子系统中的有些变革有可能因为更大系统的问题而变得毫无意义。

（3）组织已有的专业知识 组织中的变革可能会威胁到专业群体的专业技术知识。

（4）组织已有的权力关系 任何决策权力的重新分配，都会威胁到组织长期以来形成的权力关系。

（5）组织已有资源的分配 组织中控制资源的群体常常视变革为威胁，他们倾向于保持原来状态。

2. 个体因素 变革中的个体阻力来源于人类的基本特征，如知觉、个性和需要。具体的阻力如下：

（1）习惯 人类是有习惯的动物。社会生活非常复杂，必须作出许多决策。为了应付这种负责性，个体往往依赖于习惯和模式化的反应。因此，习惯成为变革的一个阻力。

（2）安全 由于变革会给个体带来不安全感，而安全需要是个体的基本需要之一，因此，会对变革产生阻力。

（3）经济因素 变革必然导致新的工作岗位和新的工作规范，尤其是当报酬和生产息息相关时，工作任务和工作规范的改变会引起经济收入的下降，这会影响个体对变革的态度。

（4）对未知的恐惧 变革通常是用模糊和不确定性代替原来的东西，会导致个体的不适应性，从而产生阻力。

（5）选择性信息加工 个体通过视觉塑造自己的认知世界，这个世界一旦

形成就很难改变。为了保持知觉的整体性，个体会有意对信息进行选择性加工，即只听自己想听的，而忽视那些对自己构建起来的世界形成挑战的信息，这会成为组织变革的阻力。

3. 群体因素 组织变革的阻力还会来自群体方面，研究表明，对组织变革形成阻力的群体因素主要有群体规范和群体内聚力等。群体规范具有层次性，边缘规范比较容易改变，而核心规范由于包含着群体的认同，难以变化。同样，内聚力很高的群体也往往不容易接受组织变革。

9.2.3 克服组织变革的阻力

1. 参与和投入 研究表明，人们对某事的参与程度越大，就越会承担工作责任，支持工作的进程。因此，当有关人员能够参与有关变革的设计讨论时，参与会导致承诺，抵制变革的情况就显著减少。参与和投入方法在管理人员所得信息不充分或者岗位权力较弱时使用比较有效。但是，这种方法常常比较费时间，在变革计划不充分时，有一定风险。

2. 教育和沟通 加强教育和沟通是克服组织变革阻力的有效途径。这种方法适用于信息缺乏和对未知环境的情况。其实施比较花费时间。通过教育和沟通，分享信息资料，不仅带来相同的认识，而且在群体成员中形成一种感觉，即他们在计划变革中起着作用。他们会有一定的责任感。同时，在组织变革中加强培训和信息交流，对于成功实现组织变革是极为重要的。这既有利于及时实施变革的各个步骤，也使得决策者能够及时发现实施中产生的新问题、新情况，获得有效的反馈。这样才能随时排除变革过程中遇到的抵制和障碍。

3. 组织变革的时间和进程 即使不存在对变革的抵制，也需要时间来完成变革。干部员工需要时间去适应新的制度，排除障碍。如果领导觉得不耐烦，加快速度推行变革，下级会产生一种压迫感，产生以前没有过的抵制。因此，管理部门和领导者需要清楚地懂得人际关系影响着变革的速度。

4. 群体促进和支持 变革推动者可以通过提供一系列支持性措施来减少阻力，包括创造强烈的群体归属感；设置群体共同目标，培养群体规范，建立关键成员威信，改变成员态度、价值观和行为等。这种方法在人们由于心理调整不良而产生抵制时使用比较有效。

5. 谈判 变革推动者处理变革潜在阻力的另一方式是以某种有价值的东西来换取阻力降低。比如，如果阻力集中在少数有影响力的个人身上，可以通过谈判形成某一奖酬方案使这些人的需要得到满足。谈判作为一种策略，尤其在阻力来自于某权力源（如工会）时更为适用。但其潜在的高成本是不可低估的。这种策略还有一个危险，即一旦变革推动者为克服阻力而作出让步，他也就可能面临其他权势者的勒索。

6. 强制　克服变革阻力的最后一种策略是强制，即直接对抵制者进行威胁和控制。如一个公司管理当局真正下定决心，如果员工们不同意削减工资就关闭这家工厂。这时就是使用强制策略。强制的其他举措包括调换工作、不予升职、负面绩效评估及不友善的推荐信等。但强制通常是不合法的，即便是合法的强制也容易被看成是一种暴力，从而有损变革者的威信。

9.3　组织变革的程序

9.3.1　组织变革三步骤模型

任何一个涉及人的变革过程都要遵循以下三个步骤：解冻、改变、固结。

1. 解冻　解冻就是要促使人们改变他们原有的态度和观念并消除那些支持这些态度或行为的因素，输给他们一些新观念。任何一个组织内部都存在着力图保持现状、抵制变革的势力。因为人们在一个熟悉的环境中感到舒适，受到的压力较小。而变革意味着有些人将失去这种舒适感，所以他们要抵制。因此，就要有一个解冻的过程作为实施改革的前奏，使人们认识现实总是有缺点，是可以改进的，原有的某些观念随着环境的变化是应该更新的，不能满足于现状。使人们对改革有所准备，将妨碍改革的因素降至最少，鼓励人们接受新的观念，乐意接受变革。

2. 改变　人们在经历了解冻过程，对变革做好了准备之后，具体的变革活动就可以开始实施。变革必须包含一个由现行的行为方式和组织结构向新的行为方式和组织结构转变的过程。正是在这个过程中，变革行动实地进行了。人们往往倾向于变动的过程就是改革的全部，但如果把变革视为三个阶段的一个过程就应该认识到根本性变革只有在前有一个解冻过程，后有一个固结过程的条件下才能完成。

3. 固结　变动发生后，人和组织都有一种退回到原有习惯和行为模式之中的趋势。为了避免这种情况，必须保证新的行为模式和组织结构不断得到加强和巩固，为此就要对继续保持新态度与新行为方式的职工予以支持和奖励。这种巩固和加强新的行为模式的过程称为固结。没有这一过程，变革只是一种对组织和成员仅有短暂影响的活动。

9.3.2　组织变革的一般程序

1. 发现问题征兆、认识改革的必要　一个组织不成长可以生存，但不变革组织则难以生存。管理者不能只看到成绩、看到机遇、面向过去，而应更多地看到问题，看到挑战，面向未来。要有紧迫感、危机感和预见性，以变图兴，把握和创造未来。但从哪里获得需要变革的信息呢？除了从外部环境变动的一般信息中发现对自己的有利或不利因素外，最重要的是从组织内部日常活动的反馈信息中发现异常情况，如利润、销售、市场占有率、质量、成本、员工士气等数据。通过它们以显示出内外部环境引发变动的力量和组织自身的优劣，如果利润率和市场占有率下降，则表明了企业竞争能力的减弱，需要及早诊治与变革。切不可麻木，将不正常情况视为正常。

2. 诊断问题 发现问题的征兆是比较容易的，但透过征兆诊断出问题的根源却是困难的。如诊断问题发生错误就不可能正确地提出变革的措施，达到解决问题的目的。因此，诊断问题必须回答什么是有别于征兆的真正问题？改变什么可以解决这些问题？改变的结果是什么？如何衡量这些目标？诊断问题是整个变革过程正确进行的关键环节，此阶段必须将变革的目标具体化，目标可以以财务和生产数据表示，如利润、市场占有率、销售量、生产率、废品率，也可用对组织成员有意义的个人发展目标来表示，但目标必须明确、易懂、有挑战性。

3. 选择变革的方法 前已述及，变革的方式可分为以人为中心、以技术为中心、以组织结构为中心。选择哪种变革方法应根据诊断出问题的性质，有针对性地选择，但变革技术的分类丝毫不意味着这三种类型变革间有着明显的区别。现实中的改革往往采用综合方法，针对问题选择重点，相辅相成，配套进行。

4. 分析变革的限制条件 一项变革能否取得成功，除了正确地诊断问题与选择变革的方法外，还要分析变革受到哪些条件的制约。一般说来变革受三个因素的影响。

（1）领导的支持 任何一项变革的计划或改革者得不到上级和管理部门的支持和认可，其成功的可能性是很小的，变革是破旧立新，破除现有的妨碍生产和人发展的规章制度，这不仅是下面的制度，也包括上级的制度，所以被领导者在采取一项变革之前应尽可能得到上级的支持赞助或保持中立，允许试验，而领导者对下级的改革也应该采取乐于支持的态度，如果要使一项改革具有普遍意义加以推广到其他单位，高层领导态度的转变更具有决定意义。

（2）改革要综合配套进行 任何一项改革不能孤立、单一地进行，必须在政策、组织、结构、控制方法、工作制度以及人们的行为习惯上做相应的改变。任何改革也不可能只有优点而无缺点，只有成果而不需成本，都是解决了某些问题而又产生新的问题，对可能出现的问题必须作出妥善处理。

（3）变革要求人们在思想和价值观念作相应的改变 如果变革和现有的组织文化相对立，那么改革的制定者必须对预期的阻挠采取预防措施，另一方面也要考虑社会和人们的承受能力，考虑周围条件的影响，不顾现实条件而进行的变革会把事情搞糟，不能追求理想的变革方案，有时只能满足于审慎的有节制的改革，有些改革的目标也不是一次能完成的，要分步实施。

5. 正确地选择推行改革的方式和策略 推行改革的策略可分为：

(1) 根据下级参与变革决策和程度分命令式、参与式和分权式 命令式是指由领导者作出变革的决策，自上而下地发布命令，说明所要进行变革的内容和下级在贯彻这些变革中的职责。参与式是指让下级在不同的程度上参与讨论、分析与选择改革的方案，吸取众人的智慧。分权式是指将决策权力交与下级，由下级对存在的问题进行讨论，自行提出解决问题的方案，并对方案最终负责。

(2) 按变革解决问题的深度可分为计划性变革和改良式变革 计划性变革是指对问题进行系统、广泛的研究，统筹全局，作出规划，然后有计划、有步骤地实施，将变革和政策、工作制度、管理方式的改进、人员的培训同时进行，让职工有充分的思想准备。改良式的变革是指对问题进行症结性治疗，小改小革，进行修补，这是组织中经常采用的一种变革方式，优点是符合实际需要，局部进行变革阻力较小，比较稳妥；缺点是缺乏整体和长远规划，头痛医头、脚痛医脚，带有随机和权宜性。

(3) 按改革进行的步调可分为突破式和渐进式 突破式是领导以最大的决心和魄力对于重大性变革要求一步到位，定期完成。此种方式虽然问题有可能在短期内获得解决，但由于时间仓促，考虑不周，或由于人的态度问题，士气低落，而形成较大的变革阻力。渐进式是利用足够的时间分步骤地逐步推进变革，在不知不觉中达到变革目标。此种方式自然阻力较小，易于接受，但也容易使变革变成旷日持久，成效不大。

6. 实施变革计划 任何一项组织变革的决策都是为了实施。没有行动的决策等于没有决策。实施变革计划时要恰当地选择发起变革的时间和范围。除非情况紧急，问题直接涉及组织存亡应立即予以实施，否则，一般不宜选在业务繁忙的旺季。至于实施的范围，既可以在整个组织范围内贯彻，使其在很短的时间内成为既成事实，也可以在组织中逐级、逐部门、分阶段进行。往往成功的改革都采用分阶段，限制改革的范围以积累经验，逐步推开的做法。

9.4 组织生命周期与组织变革

9.4.1 组织的生命周期

格林纳（Greiner）提出了组织成长与发展的五阶段模型，他认为，一个组织的成长大致可以分为创业、聚合、规范化、成熟、再发展或衰退五个阶段。每阶段的组织结构、领导方式、管理体制、员工心态都有其特点。

1. 创业阶段 这是组织的幼年期，规模小，人心齐，关系简单，一切由创业者决策指挥。组织的生存与成长完全取决于创业者的素质与创造力。他创造了市场，掌握整个组织的活动与发展。一般这些创业者属于技术业务型，不重视管理，组织分工较粗，没有正式和稳定的组织结构。员工之间的意见交流极为频繁，而且多采用非正式方式。管理者通过与员工的直接接触来传达他的思想，企业的价值观没有形成明确的条文。

2. 聚合阶段 这是组织的青年时期，企业在市场上取得成功，人员迅速增多，组织不断扩大，职工情绪饱满，对组织有较强的归属感。创业者经过锤炼自己成为了管理者或引进了有经验的专门管理人才。这时为了整顿正陷入混乱状态的组织，必须重新确立发展目标，以铁腕作风与集权的管理方式来指挥各级管理者。在这种管理方式下，中下层管理者由于事事都必须请示，听命于上级而感到不满，要求获得较大的自主决定权。

3. 规范化阶段 这是组织的中年时期，这时企业已有相当规模，增加了许多生产经营单位，甚至形成了跨地区经营和多元化发展。如果组织要继续成长就要采取授权的管理方式，采用分权式组织结构，容许各级管理者有较大的决策权力。

4. 成熟阶段 这一阶段组织又有采取集权管理的必要，将许多原属中基层管理的决策权重新收归总公司或高层管理者。但是由于组织已采取过分分权的办法，不可能重新恢复到第二阶段的命令式管理。

5. 再发展或衰退阶段 此阶段组织的发展前景既可以通过组织变革与创新重新获得再发展，也可以更趋向成熟、稳定，也可能由于不适应环境的变化而走向衰落。

9.4.2 组织生命周期不同阶段的管理危机及变革方向

组织生命周期的每一阶段最后都面临某种危机和管理问题，都要采用一定的管理策略解决这些危机以达到成长的目的。

1. 创业阶段的管理危机及变革方向 创业的局面打开之后即创业期的后期，组织的状态开始转变，业务量不断增大，员工人数不断增加，各种问题和挑战也不断出现。组织的工作开始由创业特征转向管理特征，事事都要靠创业人直接监督的局面已无法维持。但是仍有不少创业者由于缺少这种转换能力，或者缺乏管理知识，运作企业的有效性开始降低，因而表现出极大的不适应。这就是所说的“领导危机”。

领导危机主要表现在：

（1）员工过于忙碌 员工的忙碌与工作绩效并不成正比，各种抱怨日益增多。

（2）内部沟通不畅 很多人无法了解他们工作的确切性质和企业内部人与人之间的工作关系。公司的员工和部门都只做自己想做的事，员工和部门之间有关责任的争执此起彼伏。

(3) 紧急问题层出不穷 紧急状况如此普遍，以至于管理人员把自己称为“消防员”；高级管理层则对中层管理人员“救火”的高超本领给予奖励，而对在“防火”方面表现出色的经理视而不见；一些人开始成为“纵火犯”，以吸引高级主管的注意。

(4) 公司上下对发展方向缺乏一致的理解，员工对企业未来发展感到茫然。

要克服“领导危机”，必须建立一个管理团队，通过专业化的经理人去指导员工工作，引导员工执行决策层的决定。这个时候，要么是创业者成长为职业化的领导，要么他委派更职业化的经理人进行控制。领导者若不能完成由独裁集权者向授权指导者角色的过渡，企业便会走向“创业者陷阱”，即企业离开创业者无法正常运转，或随着创业者的离去，企业走向夭亡。

2. 聚合阶段的管理危机及变革方向 在这一阶段，高层主管已经习惯于集权管理，一时难以改变从而产生“自主性危机”。

自主性危机的表现及特征如下：

(1) 企业关键人物流失 由于企业经营领域的增多需要更多的专业人士，他们开始要求在自己的领域有一定的自主权，而不是事事受最高管理层的控制。这些人中雄心勃勃者会向上奋斗，争取权力以便让别人听取他们的意见；而不善争权者则开始失意，要么消极地对待工作，要么灰心丧气地离开公司。

(2) 公司凝聚力下降 经营领域的增多，管理体系的滞后，使部门谋求本位利益成为可能；权力、责任的不清，导致企业内部屡现争功诿过的现象；员工之间的信任与尊重飞速丧失，企业内部钩心斗角相互拆台，公司合力迅速下降。

(3) 特权阶层滋生 随着企业内部钩心斗角的加剧，少数人开始用不正当的手段谋取权势，他们逐渐成为公司的“特权阶层”。公司少数人“得势”，多数人“失意”，员工士气低落。

在解决自主性危机的过程中，企业必然扩大中层管理者的权限，但往往缺乏完善的控制制度与之配合，这样就为一些部门谋求私利提供了较大的空间。一些中层管理者会最大限度地利用自己的职权，谋求本单位、本部门的利益。当某个问题出现时，踢球扯皮推诿责任则成为普遍现象。当本位主义现象发展到一定程度时，企业就走向了发展中的另一个误区——本位主义陷阱。

3. 规范化阶段的管理危机及变革方向 规范化阶段中由于授权，给各部门带来了灵活性，同时调动了下层经理和员工的积极性，推动了企业进一步发展。这一阶段一般分权式组织结构，如事业部制组织结构，但不断壮大成长的各权力中心越来越像一个独立王国，统领全局的企业高层领导开始感到对高度分权的各部的经营活动难以控制。这时，“失控危机”就自然产生了。

失控危机的表现及特征如下：

1）事业部的发展偏离公司的总体战略目标，企业边际利润下降。

2）各事业部协调配合困难，内部冲突加剧，甚至出现相互争夺用户的现象，公司有限的财力、物力和人力资源不能合理分配和有效使用。

3）本位主义现象严重。一些事业部的领导搞“上有政策，下有对策”，利用授予的权力谋取本事业部甚至个人的利益而牺牲公司的整体利益。

防止“失控危机”，解决问题的办法在于高层主管的监督与加强各部门之间的协调、配合，加强整体规划，建立管理信息系统，成立委员会组织，或实行矩阵式组织。一方面使各部门有所作为，另一方面使高层主管能够掌控整个公司的活动与发展。为此就必须拟订许多规章制度、工作程序和手续。

4. 成熟阶段的管理危机及变革方向　到了成熟阶段后期，随着管理层次的增多，部门和机构的增多，企业中各种规章、条例、计划、报表等书面文件越来越多，各种办事程序越来越烦琐僵化，这严重挫伤了下层经理人员的积极性和创造性，企业管理效率开始大幅度下降。这时，企业就产生了“官僚主义危机”或“硬化危机”。

为了解决“官僚主义危机”所带来的组织僵化问题，组织必须进行变革。这时，通常的做法是引入矩阵式组织结构。在矩阵组织中，一个下属可以有两个或更多个上司，这使得组织可以同时包含不同的维度，这些维度可以是职能部门、产品、地理区域、市场，或这些因素的任意组合。矩阵式结构要求人力、设备等资源在不同的产品之间灵活分配，因而在一定程度上可以提高组织的活力。

5. 再发展或衰退阶段的变革方向　成熟期企业突出的表现就是创新精神的衰减，但竞争环境的变化却对规模庞大的成熟期企业提出了更高的创新要求。创新的供给和需求一旦失衡，企业将不可避免地走向衰亡。

企业进入衰退期的特征主要有：

(1) 形式主义盛行　企业极其讲究仪式，出现强调做事的过程和方式，而不问所做的内容和原因的怪现象。

(2) 官僚习气十足　每个人只对制度负责，不对顾客负责。只强调按程序办事，不讲求做事的合理性。

(3) 本位主义泛滥　每个人都只关心自己，不对企业负责。每个部门都把注意力集中到内部的地盘之争，外部的顾客反倒成了令人生厌的多余的东西。

(4) 创新精神缺失　企业高层不思进取，沉醉于昔日的辉煌，失去构筑发展远景的兴趣。企业内部创新精神受到排斥，对批判的宽容每况愈下。

(5) 应变能力下降　组织官僚化和僵化，对社会与市场反应迟钝，其结果必然是捕获机会的能力和应对危机的能力降低。一旦环境发生重大变化，企业将因不能承受冲击而走向崩溃。由成熟走向衰亡并不是企业成长的必然归宿，有很多企业通过自我革新超越了衰退期，其发展也得以进入再兴阶段。艾迪斯先生说：“成长和老化既不取决于企业大小，也不在于时间长短。百年老企业仍可灵活如初，年仅10岁的企业却可能官僚无比。”

为了避免组织进入衰退期，必须培养管理者和各部门之间的合作精神，通过团队合作与自我控制以达到协调配合的目的，另外要进一步增加组织的弹性，采取新的变革措施，如精简机构，划小核算单位，开拓新的经营项目，更换高级管理人员等。

自我测试

一、单项选择题

1. 变革的外部力量有很多来源，下列哪一项不是变革的外部力量？（　　）

A. 政府法律和条例　　B. 劳动力市场

C. 组织战略　　D. 经济变化

2. 组织变革的第一步是（　　）。

A. 通过组织诊断，发现变革征兆　B. 分析变革因素，制订改革方案

C. 选择正确方案，实施变革计划　D. 评价变革效果，及时进行反馈

3. 组织变革以打破平衡状态为起点的意义在于（　　）。

A. 为新领导者提供有力的组织关系

B. 可以去除不合格的管理者

C. 使企业能成为环境的领导者

D. 使潜在的问题暴露出来

4. 人们抵制变革的原因包括（　　）。

A. 担心个人的损失

B. 担心变革强调个人目标胜过组织目标

C. 变革带来的巨大财务成本

D. 以上各项

5. 在缓解员工压力时，管理者最好（　　）。

A. 减少沟通以缓解运动的焦虑

B. 拒绝对这些员工提供帮助

C. 对员工提供咨询帮助

D. 劝阻员工不要谈论本人感受以避免不道德的干涉

6.（　　）是指组织需要根据环境的变化适时对组织的结构进行变革，并重新在组织中进行权力和责任的分配，使组织变得更为柔性灵活、易于合作。

A. 主动性变革　　B. 结构性变革

C. 以技术为中心的变革　　D. 以人为中心的变革

二、多项选择题

1. 组织变革的目标应该是（ ）。

A. 使组织更具环境适应性　B. 使管理者更具环境适应性

C. 使员工更具环境适应性　D. 使董事会更具环境适应性

2. 对人员的变革，叙述正确的是（ ）。

A. 员工在态度、技能、期望、认知和行为上的改变

B. 变革的主要任务是组织成员之间在权力和利益等资源方面的重新分配

C. 必须注重员工的参与

D. 注重改善人际关系并提高实际沟通的质量

3. 消除组织变革组织的管理对策有（ ）。

A. 客观分析变革的推力和阻力的强弱

B. 创新组织文化

C. 创新策略方法和手段

D. 加强流程改造

4. 自主危机主要变现在（ ）。

A. 企业关键人物流失　B. 公司凝聚力下降

C. 紧急问题层出不穷　D. 特权阶层滋生

三、判断题

1. 组织与外部环境间的关系表现为两个方面：一是社会环境对组织的作用；二是组织对外部环境的适应性。（ ）

2. 组织变革按变革的程度可分为主动变革与被动变革。（ ）

3. 渐进性变革所需时间长，根本性变革所需时间短。（ ）

4. 组织变革的内部推动力包括组织结构、人力资源管理、经营决策和经济等方面的因素。（ ）

5. 任何一个涉及人的变革过程都要遵循以下三个步骤：解冻、改变、固结。（ ）

6. 格林纳（Greiner）提出了组织成长与发展的五阶段模型，他认为，一个组织的成长大致可以分为创业、聚合、规范化、成熟、再发展或衰退五个阶段。（ ）

【实践练习】

班级分成小组，各小组网上了解或实地调研本地区相关企业、医院、学校、超市等各类组织的发展演变情况，对其发展过程中出现的问题进行深入讨论，并站在管理者或者变革者的角度，拟订组织变革的方案，方案主要包括以下几个部分：组织简介、分析组织现状、提出组织存在的问题、如何解决（变革对策）、前景展望等。

第10章
领导职能概述

【学习目标】

●领会领导的含义和领导的内容；了解领导的作用和领导的有效性。

●掌握领导者的类型和领导者应具备的基本素质；了解领导集体的构成。

10.1 领导职能的含义和作用

10.1.1 领导的含义

1. 领导的概念 领导的实质是领导者为实现组织的管理目标，凭借其职务权力和个人权力对他人产生影响。

2. 领导者 领导者就是别人想要跟随的人，是能够得到别人的信任和忠诚的人。一个组织的领导者就是以计划、组织、监督、控制、沟通信息、委派任务和承担责任来实现组织目标的人。

3. 被领导者 被领导者是指领导者所辖的个人和组织、团体。在组织活动中，被领导者的角色定位表现为服从领导、支持领导和监督领导。

4. 领导者的责任 领导者的责任首先表现为运用自己拥有的职权，保证组织目标的实现。为达到这一目标，领导者必须承担相应的政治责任、法律责任和社会责任，同时还要满足组织成员个人的合理需要。领导者的职权越大，所承担的责任越重。

5. 领导者的服务 领导的本质是服务。领导者必须树立服务思想，应该代表国家利益、人民利益，为社会服务，为人民服务，为下属服务。

10.1.2 领导的内容

领导作为一种人际间相互交往和作用的过程，它是由如下几方面的工作构成的：

1. 权力或影响力的形成和运用 这是有关领导工作的最狭义的概念。在一个组织内，一个人可能会利用职权的合法性而采用强制手段指挥、命令他人做事情，这里他所依仗的只是自己所处的地位（职位）和职权的权威性，这样的人尚且称不上是一个优秀的领导者。在某些情况下，某个人可能根本就没有合法的地位所赋予他的职权，但是他却能形成和发挥影响力，能以个人的才能、魄力和威望来影响和促进他人努力工作。可见，领导者借以影响他人的权力有多方面来源。有效的领导者必须设法拓宽自己的权力来源。

2. 激励 激励与领导是密切相关的。领导者要取得被领导者的追随与服从，首先必须能够了解被领导者的愿望并帮助他们实现各自的愿望。可以说，管理者越是懂得什么东西在激励员工，以及这些激励如何发挥作用，并把它们在各项管理工作中反映出来，那么他们就越有可能成为有效的领导者。

3. 沟通 沟通是领导者和被领导者进行交往的不可或缺的活动。通过沟通，领导者不仅可以使所发布的命令、指示得到下属的准确理解和贯彻执行，而且还能更好地察觉下属需要什么以及他们为什么会如此行事。管理工作的各个方面都离不开信息沟通，在领导职能中，沟通的作用尤其重要。

4. 营造组织气氛，建设组织文化 领导者不仅要对各种各样的激励因素作出反应，而且常常需要利用所创造的组织气氛和组织文化去激发或抑制某些激励因素，使员工保持高昂的士气和良好的工作意愿。组织气氛和组织文化的形成与沟通渠道、领导风格和激励措施等有密切关系。可以认为，广义的领导职能就是通过建立组织内外通畅的沟通渠道，采用适宜的激励措施和办法，以及不断改进和完善领导作风等方面的工作，营造出一个人人愿意作出贡献的工作环境氛围，使组织目标得以顺利实现。概括起来说，就是“通过三个方面，达到一个目的”。

10.1.3 领导的作用

1. 指挥作用 领导者的工作之一是制订组织目标。因此，需要领导者运用清醒的头脑、敏锐的洞察力，从纷繁复杂的环境中，明察秋毫地判断出形势的走向，从而确定组织的发展方向，制订出正确的组织目标，并且带领组织成员为实现组织目标而努力，发挥领导的指挥作用。

2. 协调作用　领导者要协调好本组织或群体与外部的关系，协调好组织内各成员的关系。在组织活动中，各成员因自身所具有的才能、性格、态度、作风等不同，思想上也会有所区别，可能会导致偏离目标。因此需要领导者协调人们之间的关系和活动，团结组织成员，为实现组织目标努力。

3. 激励作用　对组织来说，调动员工的积极性非常重要。领导者要关注员工各方面的需求，尤其要排除存在于其中的阻碍因素，激发他们的工作热情。

4. 控制作用　领导者不仅要鼓励下级为组织目标努力，同时也要控制和评定下级的工作表现。在组织活动过程中，领导者能够及时获取较为全面的信息，通过对活动效果和组织目标的比较，迅速发现组织中存在的问题，建立有效的控制标准来衡量工作是否开展成功，保证组织活动按照组织目标的要求实施。

5. 沟通作用　沟通是领导者和下属进行交往的不可或缺的活动。领导的沟通作用可以使领导者的命令、指示下达至下属并得到执行，同样，领导者也可以及时了解下属的需要及反应，使双向信息的交流有效开展。

10.1.4　领导的有效性

领导的有效性主要取决于两个基本要素：领导者的决策质量和领导者的权力。

1. 领导的有效性与决策质量　为提高领导工作的效能，促进组织成员共同努力，必须保证决策的质量。决策的质量表现在，决策目标应能充分调动成员的积极性；采用系统论的观点进行决策，使决策科学化、整体化；决策必须可行、合理；决策要有效益。

2. 领导的有效性与领导者的权力　权力是引导或影响他人行为的能力，领导工作是领导者的权力运用过程。领导者正确运用权力是实现领导有效性的保证，对实现组织目标有重要意义。一般来说，领导权力可以分为两部分：职位权力和个人权力。职位权力可以分为法定权力、奖赏权力和惩罚权力。个人权力包括专长权力、信任权力和关系权力。

10.2　领导者与领导集体

10.2.1　领导者的类型

1. 集权型领导　集权型领导是指以专制、独裁为特征的领导。这类领导者通常认为权力来自他们所处的地位和担负的职务，认为职工的本性是懒惰消极的，不愿接受约束，并害怕承担责任，因此，不能予以信任，必须严加管理。基

于以上认识，领导者将权力定位于个人手中，集各种权力于一体，大权独揽，独断专行，仅依靠个人经验、能力和意志领导企业活动，同时采用强制方式下达各种指令，强调下级的绝对服从，缺乏对职工的关心和尊重。

2. 民主型领导 这类领导者强调领导的权力由企业职工群体赋予，认为被领导者是勤奋的、勇于负责的，在受到激励后，能够主动协调个人行为与工作的关系，具有自我控制能力。他主张将权力定位于职工群体手中，使之享有充分的民主权利，鼓励职工自行决策，实现自主管理。领导者仅以劝告说服的形式，提出各项意见和建议。民主型领导能够充分调动企业职工的积极性和主动性，这是一种最受欢迎的领导。

3. 任务型领导 这种类型的领导把完成工作任务作为一切活动的中心，注重建立严密的劳动组织和严格的劳动纪律，强调指标和效率，欣赏紧张有序、快节奏的工作气氛，并将全部精力和注意力集中于工作任务本身，一定程度上忽视对职工利益、要求和工作情绪等方面的关心。

4. 关系型领导 这类领导强调人是企业各项工作的中心，高度重视对职工的关心、体谅和支持，注重满足职工的各种物质和精神需要，强调维持良好的群体关系的重要性；注意建立多方位的沟通渠道，利用各种机会与下级保持密切接触；同时在经营管理中主张宽松，以形成融洽、友善的群体气氛。

5. 兼备型领导 这类领导兼有以上各种领导类型的特点，既强调权力的适当集中，以保证指挥的统一和企业组织的整体性，又注重必要的分权，使职工的主动性、创造性得到发挥。同时，把完成工作任务与满足职工需要放在同等重要的地位，既注重工作效率，又重视对人的关心；既有严格的管理，又维持良好的人际关系。值得指出的是，以上几种类型的领导，在现实活动中企业领导者往往并不单纯是某种典型方式，由于个人风格不同、性格不同，部分由于先天的原因，部分由于选择的结果，具体的领导方式通常是几种方式配比组合形成的个性化领导，由此在集权和民主、关心任务与关心人等极端方式之间，形成一系列中间化、混合型的领导类型。

10.2.2 领导者的素质

1. 思想素质 领导者应有强烈的事业心、责任感和创业精神；有良好的思想作风和工作作风，能一心为公，不谋私利，谦虚谨慎，戒骄戒躁，不文过饰非，严于解剖自己，深入基层，善于调查研究，工作扎实细致，有布置、有检查，实事求是，不图虚名；艰苦朴素，与群众同甘共苦，不搞特殊化，品行端正，模范遵守规章制度和道德规范；有较高的情商，具有影响他人的魅力，平等待人，和蔼可亲，不计较个人恩怨，密切联系群众，关心群众疾苦，多为群众办好事，不拉帮结派。

2. 科学文化素质 科学文化素质是领导者的力量源泉，是增添领导才能和领导魅力的基础性个体特质，也是开展领导工作的基础性条件。具备良好的科学文化素质是从事现代领导工作的基本要求，是领导者适应复杂多变的环境所应具备的主要条件。领导工作本身就是一项以脑力工作为主的工作，全球化、信息化和知识经济时代对领导者的科学文化素质提出了更高的要求。

3. 组织管理素质 组织管理素质包括：高瞻远瞩、描绘远景；科学决策、制定战略；统筹组织、用人授权；有效沟通、善于协作；自我激励、激励下属；有效交往、建立团队；统驭有术、指挥有方；刚柔相济、控制得当；双赢导向、谈判有术；勇于变革、创新发展。

10.2.3 领导集体的构成

领导集体的结构一般包括：年龄结构、知识结构、能力结构、专业结构等。

1. 年龄结构 不同年龄的人具有不同的智力、不同的经验。因此，寻求领导班子成员的最佳年龄结构是非常重要的。领导班子应该是老、中、青相结合，向年轻化的趋势发展。现代社会处于高度发展之中，知识更新的速度越来越快。尽管随着年龄的增长，也会增加知识数量的积累，但吸收新知识的优势无疑属于中青年人。现代生理科学和心理科学研究表明，一个人的年龄与智力有一定的定量关系，在智力等诸因素中，中青年占有明显优势。人的经验与年龄一般呈正向关系，年老的人经验往往比较丰富。因此，领导班子中，老、中、青结合有利于发挥各自的优势。领导班子的年轻化，是现代社会的客观要求，是组织现代化大生产的需要。但年轻化绝不是青年化，不是说领导班了中成员的年龄越小越好，而是指一个领导集体中应有一个合理的老、中、青比例，有一个与管理层次相适应的平均年龄界限。在不同管理阶层中，对年龄的要求，年轻化的程度，应有所不同。

2. 知识结构 知识结构是指领导班子中不同成员的知识水平构成。领导班子成员都应具有较高的知识水平。没有较高的文化知识素养，就胜任不了管理现代化企业的任务。在现代化企业中，大量的先进科学技术被采用，在复杂多变的经营环境中，为了使企业获得生存，求得发展，企业领导人员必须具备广博的知识。随着我国社会经济的发展，员工的文化水准在不断提高，各类组织的各级领导者都在向知识型转变。领导的效能不仅与领导者的知识有关，而且与他运用知识的能力有密切的关系。这种运用知识的能力对于管理好一个企业是非常重要的。

3. 能力结构 能力是一个内容十分广泛的概念，它包括决策能力、判断能力、分析能力、指挥能力、组织能力、协调能力等。每个人的能力是不相同的。有的人善于思考分析问题，提出好的建议与意见，但不善于组织工作；有的人善于组织工作，但分析问题的能力较差。因此，企业领导班子中应包括不同能力类型的人物，既要有思想家，又要有组织家，还要有实干家，这样才能形成最优的

能力结构，在企业管理中充分发挥作用。

4. 专业结构 专业结构是指在领导班子中各位成员的配备应由各种专门的人才组成，形成一个合理的专业结构，从总体上强化这个班子的专业力量。在现代企业里，科学技术是提高生产经营水平的主要手段。因此，领导干部的专业化是搞好现代企业经营的客观要求。

以上所述的领导班子的结构仅是主要方面的。此外，还有其他一些结构，如性格结构等也是需要注意的。按照这些要求形成的领导集体将是一个结构优化、富有效率的集体。

自我测试

一、单项选择题

1. 下列不属于领导的是（ ）。

A. 业务经理 B. 厂长 C. 省长 D. 市长

2. 在领导影响力中，非权力影响力主要是指（ ）。

A. 个人影响力 B. 职务权力 C. 正式权力 D. 资历权力

3. 职位权力是由职位产生的一种法定权力，下列（ ）不属于职位权力。

A. 关系权力 B. 法定权力 C. 奖赏权力 D. 惩罚权力

4.（ ）强调领导的权力由企业职工群体赋予，认为被领导者是勤奋的、勇于负责的，在受到激励后，能够主动协调个人行为与工作的关系，具有自我控制能力。

A. 集权型领导 B. 民主型领导 C. 任务型领导 D. 关系型领导

5. 领导者应有强烈的事业心、责任感和创业精神；有良好的思想作风和工作作风。这说明领导者应具备（ ）。

A. 思想素质 B. 科学文化素质

C. 身体心理素质 D. 组织管理素质

二、多项选择题

1. 领导的有效性主要取决于两个基本要素（ ）。

A. 领导者的决策质量 B. 领导者的权力

C. 领导者的素质 D. 被领导者

2. 根据领导方式的不同，可以将领导划分为以下几种（ ）。

A. 集权型领导 B. 民主型领导 C. 任务型领导 D. 关系型领导

3. 领导班子的结构一般包括（ ）。

A. 年龄结构 B. 知识结构 C. 能力结构 D. 专业结构

三、判断题

1. 领导的实质是领导者为实现组织的管理目标，凭借其职务权力和个人权力对他人产生影响。(   )

2. 领导者的责任首先表现为运用自己所拥有的职权，保证组织目标的实现。(   )

3. 组织内领导者拥有奖励或提供报酬的正式权力。这表现在下属为组织作出贡献后，领导者给予奖金、鼓励、表扬、升职等奖赏。(   )

4. 一个领导者要实现其领导的使命，就必须站得高、看得远，有全球视野，有历史眼光，洞察国内外政治、经济、科技等发展趋势，看到别人看不到的东西。(   )

四、案例分析

三菱公司的铜材买卖

1973年3月的一天早晨，日本东京三菱公司信息部主管松山起床后，一边洗漱，一边听着早间电视新闻。突然一条简讯吸引了他，他赶忙走到屏幕前，但简讯已经播完了。于是他赶紧吃完早餐，一边嘀咕着“扎伊尔发生了叛乱”，一边急匆匆驾车直奔公司。

一到公司，松山拿着刚在路上买的一份早报径直奔公司总裁办公室。总裁说：“扎伊尔与我们相隔万里，它发生叛乱与公司能有什么关系？”松山喘吁吁地说：“不！有关系！同扎伊尔相邻的是赞比亚，那是世界上最重要的产铜基地。如果扎伊尔的叛军一旦向赞比亚移动，进而切断交通，就必然影响世界市场上铜的数量和价格……”总裁没等松山把话讲完，激动地站了起来说：“有道理！”总裁立即拨通了三菱公司驻赞比亚首都卢萨卡分公司的长途电话，命令他们密切注视扎伊尔叛军的动向。

不久，叛军果然向赞比亚铜矿地区移动，而这时世界各新闻机构和商界都还没有反应，市场上铜价也没有波动，于是三菱公司趁此机会买进大批铜材。随着扎伊尔局势的变化，世界市场上铜价猛涨。当每吨铜价涨了60多英镑时，三菱公司将所购铜材抛出，轻易地赚了一大笔钱。

案例思考题：

1. 结合案例谈一谈领导的含义和作用。
2. 案例中表现出了松山和总裁的哪些素质？
3. 哪些地方是总裁能力的体现？哪些地方是群体能力的体现？

【实践练习】

印象管理技术

一、目标

培养学生自我控制能力和表现能力。

二、内容与要求

试图控制他人形成对自己印象的过程被称为印象管理。在组织中，得到他人的积极评价会对自己大有裨益。作为领导者要善于观察环境，并能及时调整自己的行为和形象，以适应环境的需要。

下面所列出的是一些最常用的印象管理技术，并且就每一个技巧举了一个实例。请你根据所列举的内容选择一项进行自我训练，然后上台表演请同学评价。

1. 借口：解释造成困境的原因，以降低他人对事态严重性程度的估计。

例：销售经理对上司说："我们未能及时登出那些广告，但是没人对那些广告作出什么反应。"

2. 道歉：主动承担不良事件的责任，及时请求谅解。

例：雇员对上司说："对不起，我在报告中犯了一个错误，请原谅。"

3. 宣扬：对有利的事件进行解释，以扩大对自己的有利影响。

例：销售员对他的同事说："自从我来了以后，我们部门的销售量已翻了三番。"

4. 吹捧：赞扬他人的优点，使别人觉得自己有眼力，惹人喜欢。

例：一个新来的销售员对他的同事说："你对那个客户的抱怨处理得真是太高明了，我永远也做不了那么好。"

三、成果与检测

由教师与学生根据表演情况进行评估打分。

第11章 领导理论与领导艺术

【学习目标】

- ●了解几种常见的领导理论的基本内涵。
- ●理解领导特质理论、行为理论和权变理论的基本要点。
- ●理解领导艺术的含义及特征。
- ●掌握领导艺术的内容。
- ●了解领导艺术的一些准则。
- ●掌握提高领导艺术的有效途径。

11.1 领导理论

11.1.1 领导理论的含义

领导理论是研究领导本质及其行为规律的科学。西方领导理论的研究主要集中在领导行为模式的研究上。领导理论的实质就是关于领导的有效性理论，它是管理学理论研究的热点之一。影响领导有效性的因素以及如何提高领导的有效性是领导理论研究的核心。

11.1.2 主要的领导理论

1. 领导特质理论 领导特质理论着重于研究领导者本身的素质、品质或个性特征对领导工作效能的影响。其基本方法是：

1）先根据实际生活中不同领导者领导效果的好坏，来归纳成功的领导者和

失败的领导者在个人品质或特质上的差异性，进一步总结成功领导者的个人品质，并把这些归纳结果作为一种理论标准，用以考察某个组织中的领导者是否具备这些品质，由此推断该领导者是否是一个成功的领导者。

2）传统的领导特质理论研究者认为，领袖人物是天生的，而不是后天造成的。那些被称为“伟大领袖”的领导者具有某些使他们必然成为伟人的特质，如智慧、果断、热情、有力量、勇敢、正直、自信等。许多西方管理学家长期以来一直把领导者个人的性格和特征作为描述和预测其领导效能的指标。这种理论研究的前提条件是领导者的个人特质是决定领导才能的关键因素。

3）传统的领导特质理论受到了许多人的批评，现代领导特质理论认为先天的素质只是人心理发展的生理条件，素质是可以在社会实践中得以培养与提高的。因此，他们主要是从满足实际工作需要和胜任领导工作所需的要求方面来研究领导者应具备的能力、修养和个性。巴斯（Bass）通过研究认为，有效的领导者特性是“在完成任务中具有强烈的责任心，能精力充沛地执着追求目标，在解决问题中具有冒险性和创造性，在社会环境中能运用首创精神，富于自信和特有辨别力，愿意承受决策和行为结果，愿意承受人与人之间的压力，愿意忍受挫折和耽搁，具有影响他人行为的能力。”

2. 领导行为理论 领导特质理论注重的是领导者的个性特点对领导有效性的影响，领导行为理论则把重点放在研究领导者的行为风格对领导有效性的影响上，其中，较典型的理论有：勒温的三种领导方式理论、利克特的四种领导方式理论、四分图理论和管理方格理论。

（1）勒温的三种领导方式理论　在管理实践中，不同的领导者或同一领导者在不同的工作情况下倾向于采取某种特定的领导风格，这往往是与他们对权力的运用方式不同有关。在引导和影响组织成员的过程中，领导者对所拥有权力的使用方式反映了领导方式或领导风格的差异。心理学家勒温在实验研究基础上，将领导者的行为方式划分为专制式、民主式、放任式三种。

1）专制式。专制式也称为独裁式或专权式。这类领导者是由个人独自作出决策，然后命令下属予以执行，并要求下属不容置疑地遵从其命令。该领导行为的主要特点是：个人独断专行，从不考虑别人的意见，组织的各种决策完全由领导者本人独自作出；除了工作命令外，从不把更多的消息告诉下级，下属没有任何参与决策的机会，只能奉命行事；领导者预先安排一切工作内容、程序和方法，下属只能服从；主要靠行政命令、纪律约束、训斥惩罚来维护领导者的权威，很少有或偶尔有奖励；领导者与下属保持相当的心理距离。

2）民主式。在民主式领导风格下，领导者在采取行动方案或作出决策之前会主动听取下级的意见，或者吸收下属参与决策制定。比如，民主式的销售经理往往允许并要求销售人员参与制订销售目标，而专制式的销售经理则仅仅向各销

售人员分配指标。民主式领导行为的主要特征是：领导者在作出决策之前通常都要同下属磋商，得不到下属的一致同意不会擅自采取行动；分配工作时，会照顾到组织每个成员的能力、兴趣和爱好；对下属工作的安排并不具体，个人有相当大的工作自由，有较多的选择性与灵活性；主要是运用个人的权力和威信，而不是靠职位权力和命令使人服从；领导者积极参加团体活动，与下属无任何心理距离。

3）放任式。放任式领导的主要特点是：极少运用其权力影响下属，而给下级以高度的独立性，以致达到放任自流的程度。

勒温根据实验还得出，以上三种领导方式中，放任式领导方式的工作效率最低，只能达到组织成员的社交目标，但完不成工作目标；专制式领导方式虽然通过严格管理能够达到既定的任务目标，但组织成员没在责任感，情绪消极，士气低落；民主式领导方式的工作效率最高，不但能完成工作目标，而且组织成员之间关系融洽，工作积极主动，富有创造性。

（2）利克特的四种领导方式理论　密西根大学社会研究所的利克特认为：一个有效的管理者应该面向下属开展工作，及时与下属沟通信息，从而使组织中的全体成员建立一种团结一致、互相支持的关系。这是一种有效的管理方式。为此，利克特假设了4种管理方式：

1）专制——命令式领导方式。这种方式的特征是，领导者发布指示，下属执行且不参与决策；领导者很少用奖励方法激励下属，而较多地采用处罚的方式；领导者习惯于自上而下发布指示和命令，而不注意自下而上的信息反馈。

2）温和——命令式领导方式。这种方式的特征是，领导者兼用奖励和处罚的方法管理下属；自上而下和自下而上地双向沟通信息，适当地听取下属对决策的意见；适当地授权给下属，但加以严格的政策控制。

3）协商——参与式领导方式。这种方式的特征是，领导者在决策前，充分地听取下属的意见，并且适当地加以采纳；兼用奖励和处罚的方式管理下属，注意信息的双向沟通，调动下属管理者进行具体的决策等。

4）群体参与式领导方式。这种方式的特征是，领导者提出挑战性目标，由下属根据目标自行决策并制订实施规划，主要采用奖励的方法，而较少采用处罚的方法来管理下属；保持上下级之间、同级之间信息渠道的畅通，使整个组织形成一种良好的氛围。

研究表明：利用第四种方式从事管理工作的人是极有成就的领导人。因为用这种方式管理的组织在制定目标和实现目标等方面是十分有效的。在这类组织中，全体成员在实现价值，满足需要和愿望，达到目标和期望方面有共同的利益。个人目标和组织目标融为一体，工作的积极性和创造性能充分发挥出来，而这些都归功于员工参与管理的程度较深。

(3) 四分图理论　四分图理论是由美国俄亥俄州立大学企业研究所的多基尔和沙特尔为核心的研究小组提出来的。这种理论把领导行为归纳为组织和体谅两个因素：组织即是组织设计、规章制度、责权关系等；体谅即是组织气氛、尊重下级、信息交流等。这两类因素的具体组合就形成四种领导行为，如图 11-1 所示。

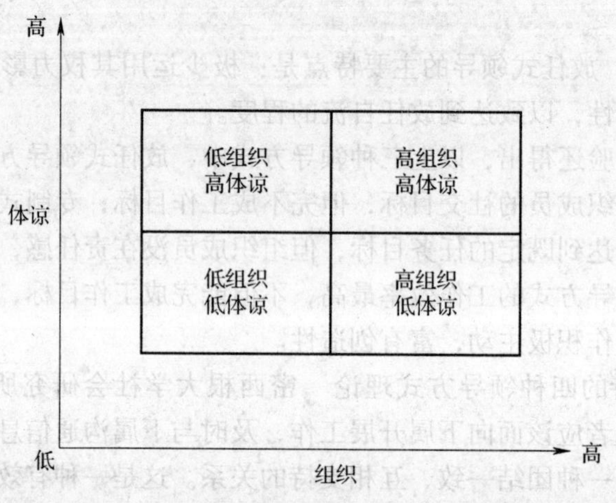

图 11-1　四分图

图中有四个领导行为：低组织高体谅、高组织低体谅、高组织高体谅和低组织低体谅。通过四分图可以确定不同的领导类型。

采取低组织高体谅的领导者注意关心爱护下属，经常与下属交换思想，交换信息，与下属感情融洽，但是组织内规章制度不严，工作秩序不佳，这是一类较仁慈的领导者。

采取高组织低体谅的领导者注意严格执行规章制度，建立良好的工作秩序和责任制，但是不注意关心爱护下属，不与下属交流信息，与下属关系不融洽。这是一类较为严厉的领导者。

采取高组织高体谅的领导者注意严格执行规章制度，建立良好的工作秩序和责任制，同时关心爱护下属交流信息，沟通思想，想方设法调动组织成员的积极性，在下属心目中可敬、可亲。这是一类高效成功的领导者。

采取低组织低体谅的领导者不注意关心爱护下属，不与下属交换思想和交流信息，与下属关系不太融洽，不注意执行规章制度，工作无序，效率低下。这是一类无能、不合格的领导者。

以上四种方式其实就是以人为中心还是以工作为中心，一般高组织高体谅的领导方式最佳。

(4) 管理方格理论　美国得克萨斯大学的布莱克和穆顿提出了关于培养领

导方式的管理方格理论。这一研究充分概括了前述两项研究关于员工导向和生产导向维度，将领导者按他们的绩效导向行为（称为对生产的关心）和维护导向行为（称为对人员的关心）进行评估，给出等级分值，然后把分值标注在两个维度的坐标界面上，并划分成9个等级，从而在整个界面上生成81种不同的领导类型，如图11-2所示。

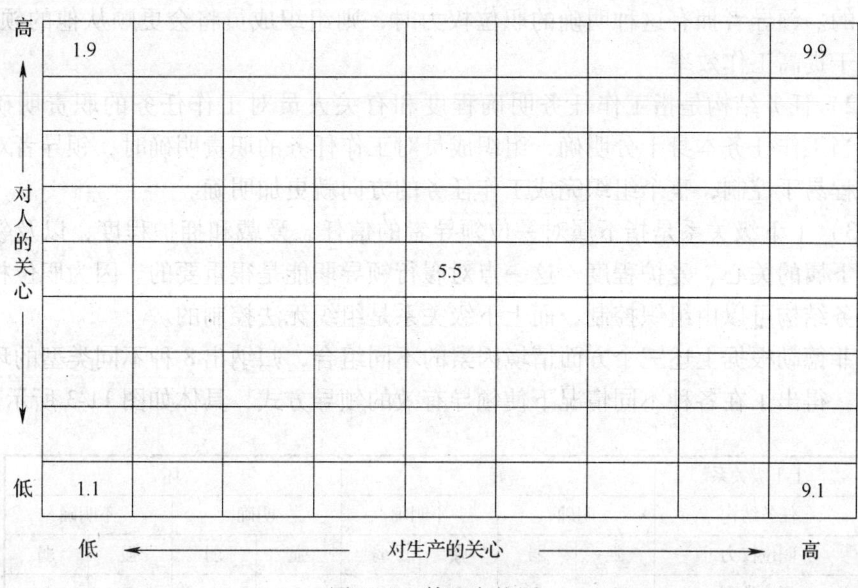

图11-2　管理方格图

1.9型领导方式：特别关心员工，持这种方式的领导者认为，只要员工精神愉快，生产自然会好。这种管理的结果可能很脆弱，一旦和谐的人际关系受到破坏，生产业绩会随之下降。该方式也称乡村俱乐部型管理。

9.1型领导方式：只注重任务的完成，是一种专权式的领导，下属只能奉命行事，可能会失去创造性或进取精神，也称任务型管理。

5.5型领导方式：既不过分重视人的因素，也不过分重视任务因素，努力保持和谐与妥协，也称中庸之道型管理。

1.1型领导方式：表示领导者付出最少的努力完成工作，也称贫乏型管理。

9.9型领导方式：表示领导者协调和综合工作相关活动提高效率与士气，也称团队型管理。

3. 领导权变理论　管理者的领导行为不仅取决于个的品质、才能，还取决于环境，因此领导行为应随环境因素变化，研究成果中以菲德勒权变理论、领导生命周期理论和路径—目标理论最为典型。

（1）菲德勒权变理论　伊利诺大学的菲德勒从1951年开始，首先从组织绩效和领导态度之间的关系着手进行研究，经过长达15年的调查试验，提出了

“有效领导的权变模式”，即菲德勒模型。他认为，任何领导形态均可能有效，其有效性完全取决于是否与所处的环境相适应。他把影响领导者领导风格的环境因素归纳为三个方面：职位权力、任务结构和上下级关系。

1）职位权力指的是与领导者职位相关联的正式职权和从上级和整个组织各个方面所得到的支持程度，这一职位权力是由领导者对下属所拥有的实有权力所决定的。领导者拥有这种明确的职位权力时，则组织成员将会更顺从他的领导，有利于提高工作效率。

2）任务结构是指工作任务明确程度和有关人员对工作任务的职责明确程度。当工作任务本身十分明确，组织成员对工作任务的职责明确时，领导者对工作过程易于控制，整个组织完成工作任务的方向就更加明确。

3）上下级关系是指下属对一位领导者的信任、爱戴和拥护程度，以及领导者对下属的关心、爱护程度。这一点对履行领导职能是很重要的。因为职位权力和任务结构可以由组织控制，而上下级关系是组织无法控制的。

菲德勒根据上述三个方面情境因素的不同组合，归纳出 8 种不同类型的环境条件，得出了在各种不同情况下使领导有效的领导方式，具体如图 11-3 所示。

上下级关系	好				坏			
任务结构	明确		不明确		明确		不明确	
职位权力	强	弱	强	弱	强	弱	强	弱
环境类型	1	2	3	4	5	6	7	8
环境有利性	有利			一般				不利
高LPC型领导方式								
低LPC型领导方式								
领导首要目标	任务导向型			员工导向型			任务导向型	

图 11-3　菲德勒权变领导模型

（2）领导生命周期理论　该理论由赫塞和布兰查德提出，他们认为下属的“成熟度”对领导者的领导方式起重要作用。所以，对不同“成熟度”的员工采取的领导方式有所不同。

“成熟度”是指人们对自己的行为承担责任的能力和愿望的大小。它取决于两个要素：工作成熟度和心理成熟度。工作成熟度包括一个人的知识和技能，工作成熟度高的人拥有足够的知识、能力和经验完成他们的工作任务而不需要他人的指导。心理成熟度指的是一个人做某事的意愿和动机。心理成熟度高的个体不

需要太多的外部激励，他们靠内部动机激励。在管理方格图的基础上，根据员工的成熟度不同，将领导方式分为四种：命令式、说服式、参与式和授权式，如图11-4所示。

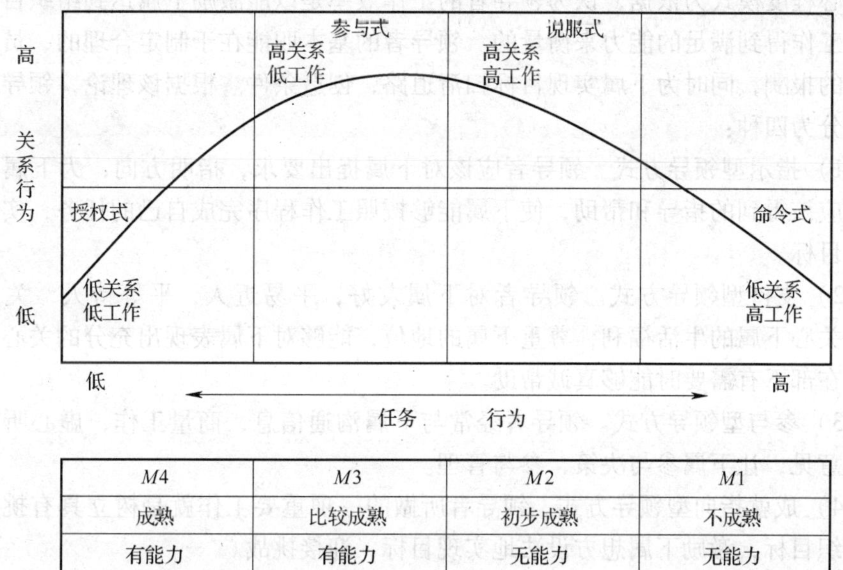

M4	M3	M2	M1
成熟	比较成熟	初步成熟	不成熟
有能力	有能力	无能力	无能力
有愿望	无愿望	有愿望	无愿望

下属的成熟度

图 11-4 领导生命周期理论

1）命令式。命令式表现为高工作低关系型领导方式，领导者对下属进行分工并具体指点下属应当做什么、如何做、何时做，它强调直接指挥。因为在这一阶段，下属缺乏接受和承担任务的能力和愿望，既不能胜任又缺乏自觉性。

2）说服式。说服式表现为高工作高关系型领导方式。领导者既给下属以一定的指导，又注意保护和鼓励下属的积极性。因为在这一阶段，下属愿意承担任务，但缺乏足够的能力，有积极性但没有完成任务所需的技能。

3）参与式。参与式表现为低工作高关系型领导方式。领导者与下属共同参与决策，领导者着重给下属以支持及其内部的协调沟通。因为在这一阶段，下属具有完成领导者所交付任务的能力，但没有足够的积极性。

4）授权式。授权式表现为低工作低关系型领导方式。领导者几乎不加指点，由下属自己独立地开展工作，完成任务。因为在这一阶段，下属能够而且愿意去做领导者要他们做的事。根据下属成熟度和组织所面临的环境，领导生命周期理论认为随着下属从不成熟走向成熟，领导者不仅要减少对活动的控制，而且也要减少对下属的帮助。当下属成熟度不高时，领导者要给予明确的指导和严格

的控制，当下属成熟度较高时，领导者只要给出明确的目标和工作要求，下属就可以自我控制和完成。

（3）路径—目标理论　路径—目标理论是以期望概率模式和对工作、对人的关心程度模式为依据，认为领导者的工作效率是以能激励下属达到组织目标并且在工作得到满足的能力来衡量的。领导者的基本职能在于制定合理的、员工所期待的报酬，同时为下属实现目标扫清道路，创造条件。根据该理论，领导方式可以分为四种：

1）指示型领导方式。领导者应该对下属提出要求，指明方向，为下属提供他们应该得到的指导和帮助，使下属能够按照工作程序完成自己的任务，实现自己的目标。

2）支持型领导方式。领导者对下属友好，平易近人，平等待人，关系融洽，关心下属的生活福利，尊重下属的地位，能够对下属表现出充分的关心和理解，在部下有需要时能够真诚帮助。

3）参与型领导方式。领导者经常与下属沟通信息，商量工作，虚心听取下属的意见，让下属参与决策，参与管理。

4）成就指向型领导方式。领导者所做的一项重要工作就是树立具有挑战性的组织目标，激励下属想方设法地实现目标，迎接挑战。

通过路径—目标理论，领导者可以而且应该根据不同的环境特点来调整领导方式和作风，当领导者面临一个新的工作环境时，他可以采用指示型领导方式，指导下属建立明确的任务结构和明确每个人的工作任务；接着可以采用支持型领导方式，有利于与下属形成一种协调和谐的工作气氛。当领导者对组织的情况进一步熟悉后，可以采用参与型领导方式，积极主动地与下属沟通信息，商讨工作，让下属能够参与决策和管理。在此基础上，就可以采用成就指向型领导方式，领导者与下属一起制订具有挑战性的组织目标，然后为实现组织目标而努力工作，并且运用各种有效的方法激励下属实现目标。

11.2　领导艺术

11.2.1　领导艺术的含义

领导艺术是指为达到某一领导目标，在一定知识和实践基础上，在领导过程中表现出的一种非模式化，富有创造性的、给人以美感的领导才能与技巧。其实质是根据事物的复杂性和可变性，从实际出发、具体情况具体分析，是富有创造性的领导方法的体现，是建立在一定经验和科学基础上的、高超的领导技能，是领导方法熟练而卓越的应用。领导艺术是在领导的方式方法上表现出的创造性和

有效性。一方面是创造，是真善美在领导活动中的自由创造性。“真”是把握规律，在规律中创造升华，升华到艺术境界；“善”就是要符合政治理念；“美”是指领导使人愉悦、舒畅。另一方面是有效性，领导实践活动是检验领导艺术的唯一标准。

11.2.2　领导艺术的特征

（1）原则性和灵活性　领导活动作为人类社会的一项基本活动，同样要遵循一些基本原则，如一切从实际出发、具体问题具体分析等。但在实际领导活动中，仅仅教条式地照搬、照抄这些原理、原则，不可能成为一个成功的领导者。《孙子兵法》云：“圮地无舍”，“绝地无留”，因而背水列阵、山上扎营历来是兵家大忌，但韩信“背水列阵”、项羽“破釜沉舟”却出奇制胜。反观马谡照搬兵书，山上扎营，却导致全军覆灭。《孙子兵法》确实有“投之亡地然后存，陷之死地然后生”的军事原则，但运用起来变化无穷，结果也大不相同。《孙子兵法》又云：“归师勿遏”、“穷寇勿迫”。而毛泽东则提出，“宜将剩勇追穷寇，不可沽名学霸王”，取得了天翻地覆慨而慷的胜利。岳飞指出：“阵而后战，兵法之常，运用之妙，存乎一心。”这里的“常”，就是原则、准则，而“妙”，毛泽东称之为“灵活性”，这种灵活性，按《孙子兵法》的说法就是“微乎，微乎，至于无形；神乎，神乎，至于无声。”灵活性体现着领导者处理复杂问题的能力和技巧，体现着不同领导者对具体问题的不同处理方法。

（2）科学性和创造性　领导艺术是建立在领导科学的一般原理、原则和方法的基础之上的，因而具有科学性，但是，领导艺术并不是对领导科学知识机械地、简单地和一般化地运用，也不是墨守成规、照章办事的产物，而是对领导科学的一般原理、原则和方法的综合地、灵活地运用，是领导者创造性思维的产物。这是因为社会发展日新月异，实际情况错综复杂，面对的矛盾也层出不穷，领导者要及时不断地解决工作中出现的新问题，开拓前进，就必须打破常规，突破传统方法，作出新的创造。领导者运用领导艺术的过程，实质上就是一个不断突破、不断创造的过程。领导者的创新性和创造性如何，是衡量其领导艺术水平的一个重要标志。

（3）经验性和实践性　领导艺术不是按照逻辑顺序从理性的东西中推论得来的，恰恰相反，它是由领导者的阅历、知识和经验所提炼、升华而成的，是领导实践经验的描述、总结和积累。领导可以使用的经验，不仅包括自己的直接经验，也包括别人的间接经验；不仅包括成功的经验，也包括失败的教训。领导经验的积累，不仅靠学习书本上抽象的理性经验，更要依靠学习实践中生动的感性经验。缺乏丰富经验的领导，在复杂问题面前，是难以作出正确决策的。作为一个领导者，不管其领导艺术如何高超、如何巧妙，总是不可避免地带有经验的痕

迹，而且它往往具有一定程度的个人感情色彩，有着难以言传的感染人、吸引人的魅力。从这个意义上说，领导艺术就是领导者在经验的基础上形成并表现出来的综合运用领导方法的技巧。

领导艺术具有很强的实践性，这不仅是由于它来源于领导实践，并在领导实践中表现出来，不断地得到检验和发展，而且还因为领导艺术的许多内容，尚处于“只可身教，不可言传”的经验形态。领导艺术只有来源于生活，通过实践的检验，才能形成一种经得起时间考验的艺术。然而，只有在实践过程中才能对领导活动对象了如指掌，从模糊到清晰，最后熟能生巧，灵活自如，这又离不开领导经验。

（4）多样性和综合性　领导艺术是一种生动活泼、丰富多彩的技艺。首先，不同的领导人在办理相同的事情时，往往会采用不同的办事技巧，甚至同一个领导人在处理类似的问题时也会有不同的处理办法。其次，领导工作要处理人与人的问题、人与事的问题、事与事的问题，其工作范围涉及思维领域、自然领域和社会领域多个方面。最后，领导艺术还贯穿于领导过程的各个阶段和领导活动的各个方面，从纵向看，具有多个层次，如有宏观领导艺术和微观领导艺术；有全局领导艺术和局部领导艺术；有战略领导艺术和战术领导艺术。就领导过程看，每一个过程的不同阶段也有不同的艺术，如决策艺术、执行艺术、反馈艺术等。从横向看，具有多个侧面，如待人艺术、处事艺术、沟通艺术、指挥艺术、监督艺术、考评艺术等。

11.2.3　领导艺术的内容

（1）履行职能的艺术　履行职能的艺术主要包括沟通联络、激励和指导的艺术。如沟通联络要把握好沟通联络的方法，了解沟通联络的类型，针对完成任务的性质及实现目标的要求，运用不同的沟通联络方法进行沟通联络。同时，要特别注意非正式沟通对企业领导成效的影响。在领导活动中，信息的沟通要明确完整，力求表达得清楚准确，努力消除下级人员的思想顾虑，积极地解决各种形式的问题，这对有效的领导是十分重要的。

（2）决策的艺术　决策是从两个或两个以上可供选择的方案中选择其中最佳方案的过程。而在非程序化决策过程中，主管人员的决策技能起了重要的作用。人们在一定经验的基础上，对未来事件的判断具有远视力和洞察力，主要反映在及早察觉组织发展的有利条件和不利条件，依靠周密思考，集中群众的正确意见，作出既有事实根据又先于别人想到的不寻常的战略决策。

（3）组织的艺术　这主要体现为整合资源（人、财、物、信息、关系等）的能力。管理者应根据行业特点及企业规模，遵照系统原理，依据专业分工、协作高效、制度规范的原则建立管理系统。同时，针对现有资源，围绕设定目标，应以最低成本投入，在保质服务的基础上，进行资源整合。

（4）指挥的艺术　这主要体现为对下级行为支配的能力。管理者应熟悉下级的工作环境，清楚下级的工作能力和性格特点，并应根据实现目标的要求，依靠计划进行工作部署与资源调配。

（5）授权的艺术　对下属指派职责，授予下级相应职权，激发下级尽职尽责的义务感就是授权。除了因事择人、视能授权，按照预期成果授权，按职责与职权相适应原则授权，授权必须彻底等原则外，授权时要把握好授权的艺术。

（6）协调人际关系的艺术　领导的最终效果取决于领导者和被领导者对指示、命令的理解和执行情况。良好的人际关系对加强这种理解是毋庸置疑的。通过领导活动，处理好企业中的正式组织关系，如各层次、各部门、各环节的关系，是领导活动的目的。领导者应以公平、公正的态度平衡公众的需要和利益，善于双向沟通，及时解决公众争议和矛盾纠纷。同时，应通过推行民主管理，增加管理透明度，增强企业凝聚力，积极营造和谐的人文氛围。

（7）培训的艺术　这主要体现为提高员工素质的能力。管理者应根据企业发展要求，结合现有人才素质结构，分清主次，制订、推行系统的培训计划，定期测评、总结培训效果，确保员工的素质及时满足企业的发展需要。授课时，应认真备好讲义，讲解的知识内容力求系统、严谨、生动，要求有新思想、新观点。

（8）公关的艺术　这主要体现为对外部资源的挖掘能力。管理者应注重外部公共关系的建立、维护，针对不同价值和利益的公众，制订有针对性的公关计划，依靠谦虚、诚信、互利互惠的交往原则，加强情感交流，使公共关系深厚、久远。

（9）运筹时间的艺术　领导者的工作时间可分为两部分，一部分为可控时间，另一部分为不可控时间。有效地利用可控时间，变不可控时间为可控时间，缩小不可控时间的比重，对领导者意义重大。制定企业合理定额，完善企业的各项规章制度，运用先进的管理方法和手段对企业进行管理，都可以提高领导者的时间利用率。

11.2.4　提高领导艺术的途径

领导者的素质对于企业的成功与发展，具有十分重要的意义。而领导者发挥领导才能则是一门艺术，需要管理者反复研习方能掌握。

首先，要勤于学习理论与专业知识。领导者要坚持搞好理论与专业知识的学习，搞企业管理就要钻研经济理论，搞人事调动要精通用人科学。还要学习领导科学知识及与领导科学相关的其他知识。在学习过程中应制订切实可行的学习计划，坚持做好读书笔记，坚持向他人学习。

其次，要善于打破常规，勇于实践。领导者提高自身领导艺术离不开参加领导工作实践。实践中，领导者要把理论与实践相结合，并且在实践中要对理论、经验进行检验。领导者要善于打破思维定式，在实践中不断创新，这是提高领导艺术的关键。学习他人的领导经验，总结自己的领导经验，最重要的是要根据自身的特点，大胆改革创新，形成具有自己特色的领导艺术。

再次，要经常自我检查。提高领导艺术主要靠领导者自身起作用。领导者应对自身的领导艺术作自我检查和总结。常用的方法有：

1）自我评价法。自我评价是领导者对自己的领导艺术进行自我分析、评定的办法。这种办法应把定性分析和定量分析结合起来。通过分析，找出领导工作中的优缺点，从而自觉地、有针对性地扬长避短，不断改进工作质量。

2）反躬自问法。一个领导者如果能对自己的工作经常想想怎么办、为什么要这样办、这样办的好处与坏处等，久而久之，就可以使自己逐步成熟起来，做到心中有数、遇事不慌，及时拿出解决问题的方法。

3）自我校正法。自我校正就是加强自我检查，时刻警惕和避免自己不良行为的产生。领导者如经常检查自己工作中的失误，时刻对不良意识、不良行为保持警惕，就能充分发挥领导艺术。

4）比较提高法。“以人为鉴，可明得失”。领导者如果能经常拿自己的领导艺术和他人比较，就会不断发现别人的长处和自己的不足，促使自己克服弱点，赢得进步，不断提高领导水平。

自我测试

一、单项选择题

1. 布莱克的管理方格理论中最为有效的领导方式是（　）。

A. 中庸型管理　　B. 任务型管理

C. 团队型管理　　D. 乡村俱乐部型管理

2. 勒温的实验证明，在专制式、民主式和放任式这三种领导方式中，（　　）的领导方式工作效率最高。

A. 专制式　　B. 民主式

C. 放任式　　D. 其他方式

3. 领导生命周期理论由（　）提出

A. 赫塞和布兰查德　　B. 勒温

C. 马斯洛　　D. 吉赛利

4. 领导艺术就是富有（　　）的领导方法的体现。

A. 综合性　　B. 科学性　　C. 多样性　　D. 创造性

5. 领导者要在实践中不断（　　），这是提高领导艺术的关键。

A. 学习　　B. 创新　　C. 模仿　　D. 探索

二、多项选择题

1. 领导行为理论主要包括（　　）。

A. 勒温的三种领导方式理论　　B. 路径—目标理论

C. 利克特的四种领导方式理论　　D. 四分图理论

E. 管理方格理论

2. 权变领导理论主要包括（　　）。

A. 菲德勒的权变理论　　B. 赫塞—布兰德的情境理论

C. 领导生命周期理论　　D. 路径—目标理论

E. 管理方格理论

3. 领导艺术是在领导的方式方法上表现出的是（　　）。

A. 重要性　　B. 创造性　　C. 复杂性

D. 科学性　　E. 有效性

三、判断题

1. 领导的有效性取决于领导者、被领导者和环境的影响，这属于领导权变理论。(　　)

2. 在利克特的4种领导方式理论中，利用专制—命令式领导方式从事管理工作的人是极有成就的领导人。(　　)

3. 上级不应姑息迁就受权者的“反授权”行为。(　　)

4. 领导艺术是原则性和灵活性的统一。(　　)

5. 领导者在查处下属的错误并采取某些措施之前，不应听取犯错误人的解释。(　　)

四、简答题

1. 什么是领导理论？三种主要的领导理论是什么？

2. 什么是领导艺术？领导艺术的内容主要包括哪些方面？

3. 提高领导艺术的途径一般有哪些？

【实践练习】

调查与访问某企业领导人

实践练习目标

通过实践练习，主要培养学生学习与掌握领导艺术的能力。具体包括：

1. 使学生结合实际，加深对企业领导岗位及领导者的感性认识与理解。

2. 初步培养认知与自觉提高现代领导者素质与领导艺术的能力。

实践内容与要求

1. 由学生自愿组成小组，每组 6 ~ 8 人。利用课余时间，选择 1 ~ 2 个中小企业进行调查访问。

2. 在调查访问之前，每组根据课程所学知识经过讨论制订调查访问提纲，包括调研的主要问题与具体安排，具体可参考下列问题：

（1）该企业领导班子的构成状况。

（2）领导者的分类，并重点访问一位企业领导，了解他的职位、工作职能、胜任该职务所必需的管理技能，以及所采用的领导方法等情况。

（3）对其领导对象的调查与分析。

（4）该企业中有哪些你感兴趣的领导机制与领导艺术？并作简要分析。

成果与检测

1. 每人写出一份简要的调查访问报告。

2. 调查访问结束后，组织一次课堂交流与讨论。

3. 以小组为单位，分别由组长和每个成员根据各成员在调研与讨论中的表现进行评估打分。

4. 再由教师根据各成员的调研报告与在讨论中的表现分别评估打分。

5. 将上述诸项评估得分综合为本实践练习成绩。

第12章 沟 通

【学习目标】

●了解沟通的概念。
●理解沟通的过程与沟通的类型。
●明晰沟通的功能并体会沟通的意义。
●掌握有效沟通的障碍及其克服方法。
●知晓组织冲突产生的原因及其管理对策。

12.1 沟通的含义

12.1.1 沟通的概念

沟通是指两个或两个以上的人交流并理解信息的过程，其目的是为了激励或者影响他人的行为。

沟通包括三个层次含义：

首先，沟通包含了信息的传递。如果信息或想法没有传达到接受者，则意味着沟通没有发生。比如，说话没有听众，或者作品没有读者，就不能达成沟通。

其次，沟通包括对信息的理解。要使沟通成功，信息不仅要传递出去，还需要被理解。沟通并不是一个人单向地传递信息，让其余人接受，而是信息的传达者和接受者充分互动、交流想法，并且达成共识。一个不重视沟通或者没有熟练掌握沟通技能的管理者往往会非常沮丧，因为他会发现下属根本没有听懂他的意思，也不理解他的想法。

再次，良好的沟通应是准确理解信息的意义。很多人认为，良好的沟通是使别人接受自己的观点。但是，我们可以非常明白对方的意思却不同意对方的看法。事实上，沟通双方能否达成一致协议，别人是否接受自己的观点，往往并不是由沟通良好与否这一个因素决定的，它还涉及双方根本利益是否一致，价值观念是否等同等其他关键因素。例如，在谈判过程中，如果双方存在着根本利益的冲突，即使沟通过程中不存在任何噪声干扰，谈判双方沟通技巧十分娴熟，往往也不能达成一致协议，但沟通双方每个人都已充分理解了对方的观点和意见。

12.1.2 沟通的过程

由图 12-1 可以看出，完整的沟通过程包括 7 个环节：

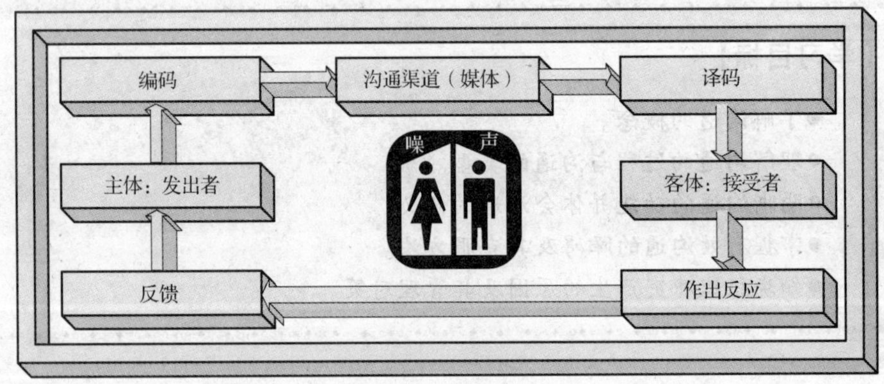

图 12-1 沟通过程

1）沟通的主体，即信息的发出者或来源。

2）编码是指主体采取某种形式来传递信息的内容。

3）沟通渠道，或称媒体。

4）沟通的客体，即信息的接受者。

5）译码是指客体对接收到的信息所作出的解释、理解。

6）作出反应，即体现出沟通效果。

7）反馈，即对信息的传送是否成功以及传递的信息是否符合原本意图进行核实，它可以确定信息是否被理解。

12.1.3 沟通的功能

1. 信息传递功能 沟通的信息传递功能是指为组织或团队领导者提供其决策所需要的信息，使其能够确定并评估各种备选方案。

2. 激励功能 沟通是通过明确告诉员工做什么、如何做，以及没有达到目标时应如何改进来激励员工，进行绩效反馈，还包括各种奖赏、强化等，这样沟通的过程自然就形成了激励过程。

3. 控制功能 通过沟通，可以对员工的行为进行控制。正式沟通可以使员工遵从组织中的领导管理行为，遵守公司的规章制度，完成工作任务，实现组织的控制功能。同时，在团队中，非正式的沟通也对员工的行为有控制作用，如某个人工作不够努力，影响了整个团队的工作进度，团队的其他成员会通过非正式沟通方式来帮助或敦促其完成任务。

4. 情绪表达功能 对很多员工来说，工作团队是其主要的社交场所，员工通过团队内的沟通来表达自己的快乐感或挫折感，由此，沟通就为员工提供了一种释放情感的情绪表达机制，并满足了员工的社交需要。

12.1.4 沟通的意义

1. 从管理者的工作职能来看，有效的沟通技能是必要条件 20世纪70年代，明茨伯格提出了管理者的10个方面作用，认为管理者的工作内容涉及头领、领导者、联合者、监督者、扩散者、传播者、企业家、矛盾处理者、资源协调者和谈判者。有人把这10个方面功能综合为愿景设计者、激励者和推动者三个方面的角色。明茨伯格还认为，有效的沟通，无论是处理危机、或为服务于长期计划，都必须以听众的激励作为成功的开端。

2. 从管理者的时间分配来看，沟通工作占据了成功管理者的大量时间 有研究得出结论，管理者在各项工作的时间分配，如图12-2所示。

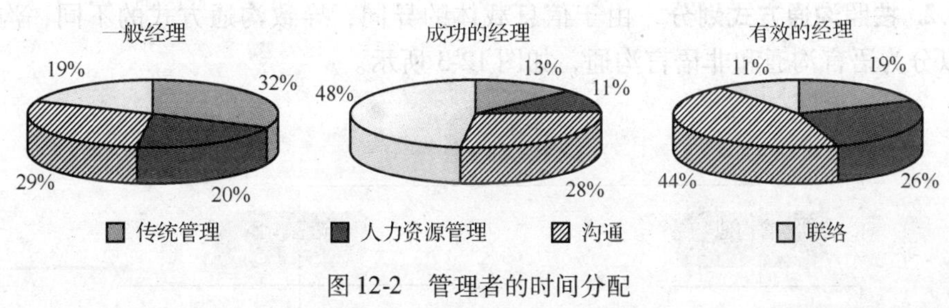

图12-2 管理者的时间分配

从图12-2中可以看出，沟通对于成功的经理和有效的经理都具有重要的意义。

3. 从个人的职业发展来看，沟通能力在一定程度上对个人的职业发展有很大影响 有效沟通的能力往往是决定某人能否得到提升的一个最关键的性格特征。尽管每项活动的能力都很重要，但是对于大多数管理者来说，面对面、一对一的沟通在成功管理中起着决定性作用。

4. 从变革绩效看，管理沟通对变革提供了根本性的支持 管理的根本目的在于变革，而变革过程必然会遇到各种阻力和障碍，管理沟通的目的就在于消除这些障碍，实现变革。管理变革和愿景设计是两个紧密相关的概念，所设计愿景的实现就是一个管理变革的过程，对于变革过程出现的各种矛盾和阻碍，管理者就应该运用沟通的方式消除这些障碍，或者消除阻碍力量，或者中立阻碍力量，甚至把不利因素转化为有利因素，从而实现变革。

12.2 沟通的类型

12.2.1 沟通的分类

1. 按照功能划分 按照功能不同，可以将沟通分为工具式沟通和感情式沟通。

（1）工具式沟通 一般来说，工具式沟通是指发送者将信息传达给接受者，其目的是影响和改变接受者的行为，最终达到组织的目标。工具式沟通能够有效地降低管理的模糊性，让下属清晰地知道自己的工作方向和目标，从而提高整个组织的运营绩效。

（2）感情式沟通 感情式沟通是指沟通双方表达感情，获得对方精神上的同情和谅解，最终改善相互间的关系。感情式沟通是组织的调和剂，通过感情式沟通，员工和领导者之间能够产生情感上的共鸣，容易让员工产生归属感，从而激发员工的士气，增强组织的凝聚力。

2. 按照沟通方式划分 由于信息载体的异同，导致沟通方式的不同，沟通可以分为语言沟通和非语言沟通，如图 12-3 所示。

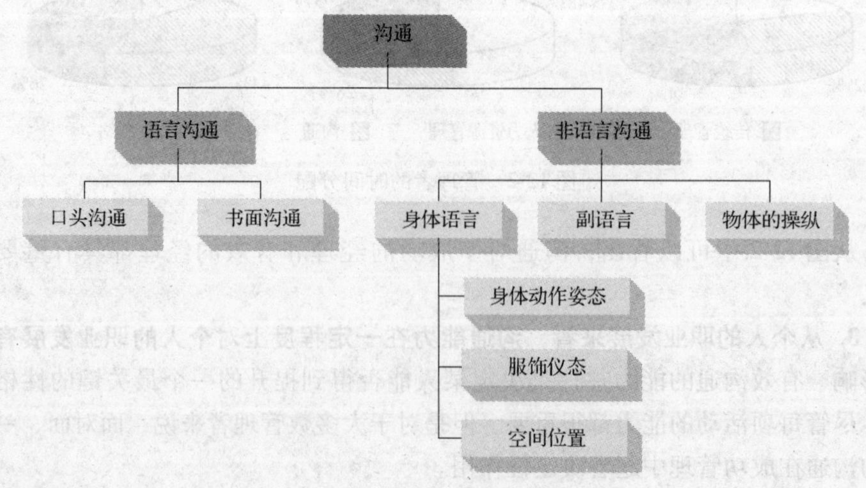

图 12-3 沟通分类

(1) 语言沟通 语言沟通建立在语言文字的基础上，又可细分为口头沟通和书面沟通两种形式。

1）口头沟通也就是交谈，是人们之间最常见的交流方式。常见的口头沟通包括演说、正式的一对一讨论或小组讨论、非正式的讨论以及传闻或小道消息传播。

口头沟通是所有沟通形式中最直接的方式，其优缺点体现为：①口头沟通的优点是快速传递和即时反馈。在这种方式下，信息可以在最短时间内被传送，并在最短时间内得到对方回复。如果接收者对信息有疑问，迅速反馈可使发送者及时检查其中不够明确的地方，并进行改正。②口头沟通的缺点在于信息传递过程中存在着巨大失真的可能性。每个人都以自己的偏好来增删信息，以自己的方式诠释信息，当信息到达接收者时，其内容往往与最初的含义存在重大偏差。

2）书面沟通包括备忘录、信件、组织内发行的期刊、布告栏以及其他任何传递书面文字或符号的手段。

书面沟通的优点。①书面沟通具备有形展示、长期保存、法律防护依据等优点。一般情况下，发送者和接收者双方都拥有沟通记录，沟通的信息可以长期保存下去。如果对信息的内容有疑问，过后的查询是完全可能的。对于复杂或长期的沟通来说，这就显得尤为重要。一个新产品的市场推广计划可能需要好几个月的大量工作，以书面方式记录下来，可以使计划的构思者在整个计划的实施过程中有充分的依据可循。②书面沟通更加周密，逻辑性强、条理清楚。书面语言在正式发表之前能够反复修改，直至作者满意。作者所要表达的信息能被充分、完整地表达出来，减少了情绪、他人观点等因素对信息传达的影响。③书面沟通的内容易于复制、传播。

书面沟通的缺点。①相对口头沟通而言，书面沟通耗费时间较长。同等时间的交流，口头沟通比书面沟通所传达的信息要多得多。事实上，花费一个小时写出的内容，通常只需十五分钟左右就能够完成口述。②书面沟通不能及时提供信息反馈。

(2) 非语言沟通 然而，一些极有意义的沟通既非口头形式也非书面形式，而是非语言沟通。非语言沟通是指通过某些媒介而不是讲话或文字来传递信息。

据有关资料表明，在面对面的沟通过程中，来自语言文字的社交意义不会超过35%，而有65%是以非语言信息传达的。抬起眉毛表示不相信，揉揉鼻子表示有疑问，双手抱肩以隔离自己或保护自己，耸耸肩膀表示无所谓，眨眨眼睛表示亲密感，敲击指头表示不耐烦，拍拍脑门表示忘记了做某事。身体语言是语言沟通的补充，并常常使语言沟通复杂化。某种身体姿态或动作本身并不具有明确固定的含义，但当它和语言结合起来时，就使得发送者的信息更为全面了。非语

言沟通内涵十分丰富，包括身体语言、副语言、物体的操纵，甚至于空间距离等多种形式。

1）身体语言沟通是指通过动态无声性的目光、表情、手势语言等身体运动或者是静态无声的身体姿势、空间距离及衣着打扮等形式来实现沟通。

2）副语言沟通是通过非语词的声音，如重音、声调的变化、哭笑、停顿来实现的。心理学家称非语词的声音信号为副语言。

3）人们能够通过物体的操纵，环境布置等手段进行非语言沟通。

3. 按照沟通方向划分

（1）下行沟通　下行沟通是指上级将信息传达给下级，是自上而下的沟通。下行沟通是最熟悉、最常见的正式沟通方式。管理层经常需要利用下行沟通方法与下属沟通信息。例如，某学院院长对学院教师的工作非常关心，他通过多种途径了解教师的教学情况，并及时与教师进行沟通，其中一个非常有效的方法是，使用充满人情味的便条进行沟通，他有时会写这样的话：“李老师，我从学生那里了解到，你讲课充满激情，生动活泼，能给学生带来很深的启迪，能有你这样一位同事，我非常骄傲。如果我能为你做点什么，我会非常高兴。”这种沟通方式能达到良好的沟通效果。

（2）上行沟通　上行沟通是指下级将信息传递给上级，是自下而上的沟通。上行沟通在组织中不如下行沟通那么普遍，但却是组织发展所必需的沟通方式。很多组织花大力气建设上行沟通渠道，是因为员工们需要机会表达、陈述，对管理活动提供反馈意见。上行沟通经常采用建议箱、员工调查、管理信息系统、员工与管理层开座谈会等形式展开。将上行沟通与下行沟通有机结合在一起，能保证员工与管理者之间的沟通形成完美的循环。

（3）平行沟通　平行沟通是指同级之间的信息传递，这种沟通也称为横向沟通。平行沟通既可以在部门内部产生，也可以在部门之间产生。平行沟通的目的在于获得对方的配合或帮助以及寻求积极的反馈意见。

12.2.2　沟通网络

1. 正式沟通网络　正式沟通是按照组织明文规定的原则、方式进行信息传递与交流。如组织内的文件传达、定期召开的会议、上下级之间的定期汇报以及组织间的公函往来等。

正式沟通通常是在组织的层次系统内进行，约束力强，能保证有关人员或部门按时、按量得到规定的信息，严肃且有利于保密。正式沟通的主要路径是信息在沟通链条上层层传递，可能造成信息失真，同时不利于横向沟通。

正式沟通一般是垂直的，遵循权力系统，并且只进行与工作相关的信息沟通。图 12-4 描述了 3 种主要的小群体网络类型：链式、轮式和全通道式。

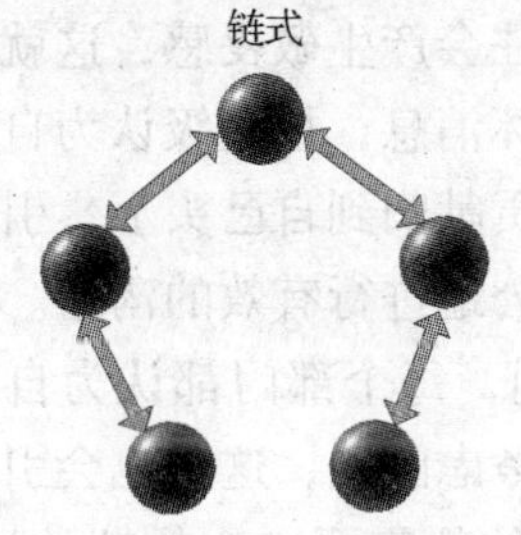

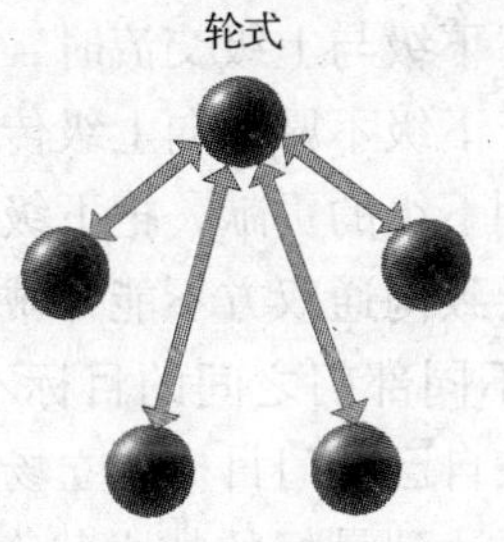

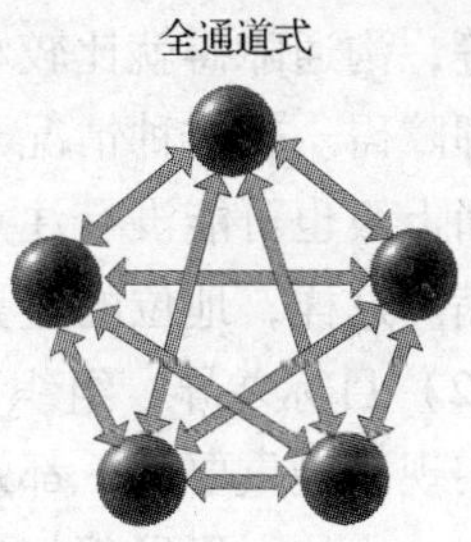

图 12-4 3 种主要的小群体网络

链式沟通严格遵循正式的命令系统。轮式沟通把领导者作为所有群体沟通的核心。全通道式沟通允许所有群体成员相互之间进行积极的沟通。

表 12-1 表明，每一种网络的有效性取决于使用者所关注的因变量是什么。比如，轮式结构促进了领导者的出现；如果注重成员的满意度，则采用全通道结构最佳；如果认为精确度最重要，则采用链式结构最佳。因此，没有一种网络在所有的情况下都是最好的。

表 12-1 小群体网络及有效性指标

指 标	链式网络	轮式网络	全通道式网络
速度	中	快	快
精确性	高	高	中
领导者的出现	中	高	无
成员的满意度	中	低	高

2. 非正式沟通网络 非正式沟通网络常常被称为小道消息的传播网络，它可以自由地向任何方向运动，并跳过权力等级，在促进任务完成的同时，非正式沟通满足群体成员的社会需要。在非正式网络系统，信息通过小道消息的方式传播，通常会导致流言的滋生。

小道消息具有 3 个特点：①它不受管理层控制。②大多数员工认为它比高级管理层通过正式沟通渠道解决问题更可信、更可靠。③它在很大程度上有利于人们的自身利益。

12.3 有效沟通的原则

12.3.1 沟通障碍

1. 组织障碍

(1) 地位差异 沟通双方的地位不平等，会造成沟通的障碍。沟通双方身

份平等，沟通障碍就比较小。下级与上级交流时，往往会产生敬畏感，这就是一种心理障碍。在这种情况下，下级不愿意向上级传递坏消息，怕上级认为自己无能；而上级也可能没有注意到下级的贡献，把下级的贡献归到自己头上，引起下级不满。这样，地位的差异导致沟通双方不能开诚布公地进行有效的沟通。

（2）目标差异　组织中不同部门之间的目标不同，每个部门都认为自己目标的实现是最重要的，都站在自己部门目标的立场上考虑问题，这样也会引起沟通障碍。比如，研发部门想要达到最好的技术状态，往往需要一个长期的过程；而市场部门想要尽快把产品推向市场，需要赶时间。双方在沟通时就容易出现争执。

（3）缺乏正式沟通渠道　组织如果没有建立起正式的沟通渠道，如员工调查、实时通信、备忘录、定期的沟通会议等，就会极大地影响组织的沟通效率。

（4）协调不够　如果组织的高层领导很少向下属阐释组织的战略、计划和任务，不同部门之间也很少交流彼此的业务及其他情况，也会导致组织出现沟通障碍。

2. 个体障碍

（1）选择性知觉　选择性知觉是指人们根据自身的兴趣、背景、经验及态度有选择地评价他人或解释事项。它与个人的知识、经验、禀赋、才能以及愿望紧密相关。选择性知觉包括选择性注意、选择性扭曲和选择性记忆。也就是说，人们只是记忆经过自己的选择，愿意记忆的信息，这种认知过程容易产生沟通障碍。

（2）信息操控　在信息沟通过程中，如果沟通的一方故意操纵信息，使其对自己有利或显得对对方有利，比如，下属告诉上级想听到的消息，上级就很容易相信信息是真实的，导致信息失真，从而影响沟通的真实性和有效性。

（3）情绪　情绪会影响人们的沟通效果。如果信息发送者处于极度欢喜或极度悲伤的状态，他所发送的信息会严重失真，而且在两种状态下沟通效果会截然不同。

例如，某医院的领导处于非常高兴的状态，而他这时要向医院员工传达效益不佳的效益，他可能觉得这种情况还不是太坏，并且会给员工适当的鼓励。如果这时医院领导正处于焦虑的状态，医院效益不佳的消息在他眼里就是不可容忍的。对于信息接受者也一样，如果他处于极端的情绪之中，或者难过，或者喜悦，他对信息的理解会完全不同。这些都会引起沟通障碍。

（4）语言表达能力　任何良好的沟通都要求沟通双方有良好的语言表达能力。如果信息发送者不能清晰地发出自己所要求表达的信息，接受者不能准确地把自己所接受的信息解释出来，那么沟通就无法有效地进行。

一次模棱两可的交流，一份逻辑混乱的报告，都会使沟通陷入僵局。同时，因为语言的多变性，同样的一个词汇可能有若干种不同的解释，这样也很容易引起沟通的混乱。另外，不同国家的语言和语境差异也直接影响着沟通效果。

（5）非语言提示　前面指出非语言沟通是信息传递的一种重要方法。非语言沟通几乎总是与语言沟通相伴，如果两者协调一致，则会彼此强化。

例如，沟通对方的语言表达显示非常愤怒，那么他的语调和身体姿态表明他确实很生气，我们就可推断出他非常恼火，这个判断基本是正确的。但是，如果沟通对方语言表达显示非常愤怒，但是他的语调柔和，身体姿态也无特别的表现，我们就会困惑不解，无法得出肯定的判断。

（6）信息发送者的信誉　人们对信息发送者的信任程度会影响沟通的效果。如果下级信任领导，那么双方在沟通时就轻松很多，沟通也会顺畅很多。一项研究表明，日本的总经理每天要比美国的同行们多享受75分钟的睡眠。专家们认为，这一差别部分要归功于日本人在经商、解决问题时所衍生出的一种强烈的互信感。如果沟通者的人品差、能力弱，就很可能导致别人对其产生不信赖感，并且会在情感上加以拒绝。例如，管理者平时言而无信，下级就会对其言语持怀疑态度，沟通根本无法进行。

（7）沟通渠道选择不当　选择了错误的沟通渠道或媒介发送信息也会使得沟通产生困难。如果某种信息是情感性的，面对面沟通的效果就要比书面沟通的效果好。例如，公司想向员工发布解聘消息，这样的消息对员工打击较大，这时选择面对面谈话就比直接发一份邮件给员工效果好。如果是常规性信息，选择书面沟通的效果最好。例如，公司想要告诉员工今年的销售收入和明年的工作任务，用书面沟通的方式就比较好。

12.3.2　沟通障碍的克服

沟通者可以通过改进组织行动以鼓励积极而有效的沟通，也可以通过改进个人技能来克服沟通障碍。

（1）组织行动　对于管理者来说，要克服沟通障碍，需要从以下几个方面着手：

1）营造一种坦诚和信任的组织气氛　这种气氛可以鼓励人们开诚布公地和他人沟通。下属可以像告诉好消息一样告诉上级坏消息，以求得积极的改善方案。不同部门的员工可以积极地交流思想，有助于员工换位思考，达成共识。

2）全方位的开发并使用正式的沟通渠道　全方位的开发并使用正式的共同渠道能够引导组织的沟通，极大地提高组织沟通的效果。例如，通用汽车公司的一家工厂与员工分享包括财务、未来发展计划、质量以及绩效在内的所有相关信息。另一家公司开发激励员工创新的项目，比如，“思想专栏”，专门收集员工的想法和反馈意见。其他渠道包括直接信件、公告牌和员工调查等。

3）鼓励使用多元渠道　要鼓励使用多元沟通渠道，包括正式渠道和非正式渠道。例如，组织的刊物、网站、BBS论坛等。这些渠道既能让组织领导者及时了解下属的所思所想，为领导者沟通提供必要的背景资料，也能让组织不同部门的员工畅意交流，增进了解，而且还可以让领导者有表白和解释的机会，这些都能增加组织改善的效果。

（2）个人技能

1）做好充分的沟通准备。在进行沟通之前，沟通者需要做好充分的准备。

2）调整心态。沟通最重要的原则是知道组织中其他人“需要了解什么”，并对此作出反应，其他原则都是次要的。所以，在进行沟通时，沟通者要调整心态，不要以自我为中心，而是要仔细考虑信息接受者需要什么，自己所要传递的信息怎样才能转化为他人所需要的信息，以及通过什么方式让他人接受，这种心态的转变对于成功沟通至关重要。

3）使用反馈技巧。很多沟通障碍是因为表达有误或者理解不准确造成的。如果沟通者在沟通过程中使用反馈技巧，就能使误解降到最低。这里的反馈可以是语言的，也可以是非语言的。

4）积极倾听。在口头沟通中，尤其是面对面的沟通中，积极倾听对沟通效果非常重要。在听对方讲话时，有倾听和被动倾听两种。倾听就是凝神聆听，边听边搜索信息，不仅用耳听，还要用脑听。而单纯地听就是被动地听。倾听之所以重要，是因为倾听时双方都在思考，促进了信息的理解和接受。

5）控制情绪。情绪异常会影响人们的沟通，使信息的传递严重受阻。所以，当沟通某一方或者双方的情绪波动比较大时，最明智的做法是停止沟通。如果事出紧急，必须当机决断，应该找相应的人员协同沟通，再做结论。

6）简化语言。由于语言会成为沟通的障碍，我们在进行沟通时，要选择好语言。首先，要尽量选择简单的、明确的、无歧义的语言，这样的语言容易为信息接受者所接受。不要故意使用一些新鲜名词，或者讲一些讳莫如深的话，这样沟通效果会比较差。其次，我们所选择的语言应该符合沟通情境，为下级所熟悉。例如，如果管理者是在和教师沟通，就应该选取一些教师熟悉的词汇；如果是在和医生沟通，就应该选取一些医生所熟悉的词汇。

7）注意非语言提示。在进行信息沟通时，沟通者还需要注意语气、表情、动作等非语言信息，这些信息对那些期望接受信息的人会产生巨大的影响。信息沟通的这些微妙之处常常被人忽视，但它们常常比一项信息的基本内容更能影响信息接受者的反应。同样，我们所选择的语言，特别是我们所用的词语在感情上的微妙意义，常常在很大程度上预先决定了信息接受者的反应。

8）要保证行动支持沟通。对于沟通者来说，归根结底，最有说服力的沟通不是言辞，而是行动。对于管理人员而言，工作中要做到言行一致，明确分配的责任和权力，公正地给付员工报酬，明智稳妥地执行政策等。这些比所有动听的言辞更有利于信息交流。

12.3.3 组织冲突产生的原因

1. 组织冲突产生的基本原因

（1）组织中个体差异的客观存在　组织是人的组织，人在组织中占有非常重要的地位。但是，组织中每一个人的家庭环境、教育背景、经历、禀赋等都各不相同，导致其个性特征、知识水平、价值倾向也有所不同。而人认识事物、处理事物时难免采用选择性知觉来处理，这就使得人们只认可与自己接近的价值观念以及于自己类似的处事风格，给冲突的产生埋下了伏笔。

（2）组织中的个体观念不成熟　组织中的个体差异是存在的，但是导致冲突产生的真正原因是个体观念的不成熟。这些观念主要表现在：

1）自以为是。在组织生活中，人们往往过高看待自己的价值、贡献，认为自己在组织的正常运作中功不可没。看高自己的同时，人们又不能正确认识他人的价值，认为他人的工作没有自己重要，他人的贡献没有自己的多。这样，组织中的个体就无法公正地评价他人，在设计利益分配、权力分配等问题时就会有冲突产生。

2）假设相似。假设相似是指人们在看待问题时，没有自觉地认识到自己和别人存在诸多不同，不能设身处地的从别人的角度来考虑问题，而是觉得自己的做法或者看法是绝对正确的。这种观念的后果就是过分强调自己的观点和做法，并且想要别人也同意自己的观点和做法。每个人都这么去做、去想，就会导致冲突的产生。

3）利己动机。在经济学中，有对人的行为的基本假设，其中有两条是经济人追求自身利益最大化和经济人具有机会主义倾向。在经济人追求自身利益最大化的假设下，组织中的个体虽然认识到别人的贡献，但是出于利己动机，还是可能要求超过其“应该”的分配。经济人具有机会主义倾向的假设强调了人追求自身利益的动机是强烈而复杂的，且会随机应变、投机取巧，包括有目的、有策略地利用信息，按照个人目标对信息加以筛选和扭曲，如说谎、欺骗等；违背对未来行动的承诺。具有机会主义倾向的个体在组织中也并不少见，这样的行为缺乏正义，势必会引发组织的冲突。

2. 组织冲突产生的具体原因

（1）目标不一致引起冲突　目标不一致往往会引发冲突。理论上，个人、组织和社会目标是统一的，组织在目标实现过程中应该兼顾个人和社会的要求，在承担社会责任和义务的同时，帮助个人实现目标。社会在规范组织行为的同时，应充分保障和尊重组织的独立自主权益，提供配套服务，以实现组织与社会

目标的统一。但在实际操作过程中，个人、组织和社会目标又存在对立和矛盾的一面，整个组织有共同的目标，群体和个人又有分解后的小目标，这些目标是不同的，甚至有时是相互冲突的。各目标主体都在自觉或不自觉地过分追求自己目标的顺利实现，突出自我目标而忽略其他目标，从而因目标不一致会引起相关的组织冲突。

（2）利益分配引起冲突　利益分配引起的冲突是人类最古老、最根本的冲突之一。原因主要有三方面：①可分配资源的稀缺性和人类欲望的无穷性决定了利益分配冲突的客观存在。②现实中组织利益分配的不合理。③个人或群体对组织利益分配的不信任。

（3）执行方法不同引起冲突　即使每个人都同意某种目标，达成共识，也有可能在执行过程中因采取的方法、执行的流程不同而引起冲突。

（4）角色不同引起冲突　在一个组织中，决策层、管理层和执行层等各群体有着不同的职能，其职能间有一致的方面，也有不一致或矛盾的方面。同时，在某一群体或组织中，又有领导者、参谋、随从、执行者等不同角色，这些角色的任务不同，完成任务的方法不同，也容易造成冲突。

（5）管理强势引起冲突　在管理实践中，经常有冲突双方中的一方凭借自己的绝对优势对另一方进行强行压制，引起后者的不满甚至反抗。这种状况是管理者应该尽量避免的。

（6）沟通不畅引起冲突　有效的信息沟通是组织赖以生存和发展的基础，通过沟通可以改变组织中个人或群体的行为，从而对组织绩效产生良好的影响。在实际工作中，由于不同个体或群体对同一信息的感知、推断不同，会造成信息沟通过程中的误解或传递失效，致使其行为效果与最初原始信息的真正含义和要求相去甚远，甚至有意思相反的事件发生，因而产生不可避免的冲突。

此外，冲突的产生还与不同组织的具体情况有关。例如，有的组织存在文化体系不完善、制度建设不健全、机构设置不合理等问题，这些问题都可能激发冲突。

自我测试

一、单项选择题

1. 从信息的沟通过程可以看出，每一次信息沟通至少包括三个基本要素：信息源、信息接受者和（　　）。

A. 编码　　B. 解码　　C. 沟通通道　　D. 要传递的信息

2. 在每一次的信息沟通过程中，编码、解码和（　　）是沟通过程取得成效的关键。

A. 信息源　B. 沟通渠道　C. 信息接受者　D. 要传递的信息

3. 从管理者的时间分配来看，有研究得出结论，管理者在各项工作的时间分配上，对于沟通所投入的力度最大的是（　）。

A. 有效的经理　B. 一般的经理　C. 成功的经理　D. 无特殊差别

4. 按照功能不同，可以将沟通分为工具式沟通和（　）。

A. 语言沟通　B. 口头沟通　C. 感情式沟通　D. 非语言沟通

5. （　）是通过非语词的声音，如重音、声调的变化、哭笑、停顿来实现的。

A. 书面沟通　B. 非语言沟通　C. 身体语言沟通　D. 副语言沟通

6. 如果组织注重的是成员的满意度，则应选择（　）。

A. 轮式结构　B. 链式结构　C. 全通道结构　D. 小道消息传遍

二、多项选择题

1. 在组织或团队中，沟通具有以下（　）等主要功能。

A. 控制功能　B. 激励功能

C. 信息传递功能　D. 情绪表达功能

2. 由于信息载体的异同，导致沟通方式的不同，沟通可以分为（　）。

A. 语言沟通　B. 工具式沟通　C. 非语言沟通　D. 感情式沟通

3. 在管理实践中，经常有各种各样的障碍阻碍沟通的有效进行。沟通障碍主要包括（　）。

A. 地位差异　B. 组织障碍　C. 协调不够　D. 个体障碍

4. 按照沟通方向不同，可以将沟通分为（　）。

A. 上行沟通　B. 下行沟通　C. 平行沟通　D. 交叉沟通

5. 管理者可以通过改进组织行动以鼓励积极而有效的沟通，主要包括（　）。

A. 调整心态　B. 启用多元渠道

C. 正规沟通渠道　D. 诚信的组织氛围

6. 组织中的个体差异是存在的，但是导致冲突产生的真正原因是个体观念的不成熟。这些观念主要表现在（　）。

A. 自以为是　B. 假设相似　C. 利己动机　D. 利益分配不均

三、判断题

1. 沟通，并非现代管理活动和管理行为中最重要的组成部分，在一个有共同目标的群体或组织中，要协调全体成员、为实现目标而努力工作，须要按照命令执行并完成相关的工作任务即可。（　）

2. 沟通是指两个或两个以上的人交流信息的过程，其目的是为了影响他人的行为并达到一定的沟通目标。（　）

3. 良好的沟通应是理解信息的意义。（　　）

4. 沟通是一门管理科学，需要严肃认真对待，无任何艺术性可言。（　　）

5. 在正式沟通网络中，轮式结构促进了领导者的出现。（　　）

6. 利益分配引起的冲突是人类最古老、最根本的冲突之一。（　　）

【实践练习】

沟通能力判断测试

在团队中，每个成员的沟通能力直接影响着团队的整体沟通能力，进而影响着团队的绩效。此测试可以判断你的沟通能力。

测试说明：

1. 本测试有一系列陈述句组成，请根据你的实际情况，选择最符合自己特征的描述。

2. 在选择时，请根据自己的第一印象回答，不要做更多的思考。

3. 从每道题目中选择一项符合你情况的选项，在符合答案前画“√”。

测试内容：

1. 你上司的上司邀请你共进午餐，回到办公室，你发现你的上司颇为好奇，此时你会（　　）。

A. 告诉他详细内容

B. 不透露任何蛛丝马迹

C. 粗略描述，淡化内容的重要性

2. 当你主持会议时，有一位下属一直以不相干的问题干扰会议，此时你会（　　）。

A. 告诉所有的下属先别提出问题，直到你把正题讲完

B. 纵容下去

C. 告诉该下属在预定的议程之前先别提出其他问题

3. 当你跟上司正在讨论问题时，有人打长途来找你，此时你会（　　）。

A. 告诉上司的秘书说不在

B. 接电话，而且该说多久说多久

C. 告诉对方你在开会，待会儿再回电话

4. 有位员工连续四次在周末向你要求他想提早下班，此时你会（　　）。

A. 我不能允许你早退，你要顾及他人的想法

B. 今天不行，下午 4 点我要开个会

C. 你对我们相当重要，我需要你的帮助，特别是在周末

5. 你刚被聘任为某部门的主管，你知道还有几个人关注着这个职位，上班的第一天，你会（　　）。

A. 找人个别谈话以确认哪几个有意竞争此职位

B. 忽略这个问题，并认为情绪波动很快会过去

C. 把问题记在心上，但立即投入工作，并开始认识每一个人

6. 有位下属对你说："有件事我本不该告诉你的，但你有没有听到……"，你会说（　　）。

A. 我不想听办公室的流言

B. 跟公司有关的事情我才有兴趣听

C. 谢谢你告诉我怎么回事，让我知道详情

打分方法：

1. 选择A的得1分，选择B的得0分，选择C的得0分。
2. 选择A的得1分，选择B的得0分，选择C的得0分。
3. 选择A的得0分，选择B的得0分，选择C的得1分。
4. 选择A的得0分，选择B的得0分，选择C的得1分。
5. 选择A的得0分，选择B的得0分，选择C的得1分。
6. 选择A的得0分，选择B的得1分，选择C的得0分。

结果分析：

本测试选择了一些在工作中经常会遇到的两难困境或较难应付的情境，测查你是否能够正确地处理这些问题，从而反映你是否了解正确的沟通知识、概念和技能。这些工作中的小事和细节往往决定了别人对你的看法和态度。

0~2分较低，3~4分为中等，5~6分为较高。分数越高，表明你的沟通技能越好。

如果你的分数偏低，应当仔细检查一下你所选择的处理方式会给对方带来什么样的感受，或会使自己处于什么样的境地。

第13章 激 励

【学习目标】

●掌握激励的含义，了解激励的类型，理解激励的作用。

●掌握马斯洛的需要层次理论，了解其他关于人的需要理论，了解人性假设理论。

●了解激励理论的发展历程，掌握期望理论、公平理论的主要内容。

●理解激励的原则，掌握常用的激励方法。

在一个组织中，员工加入组织的个人目标往往与组织目标不尽一致；工作的努力程度也经常与组织所期望的有差距，这些都会影响组织目标的实现。因此，组织管理所面临的首要任务就是设法使员工的个人目标与组织目标保持一致，提高员工的努力程度，而这恰恰是激励所要解决的问题。

13.1 激励概述

13.1.1 激励的含义

激励即激发鼓励，《辞海》中是这样定义激励的：“激励是激发人的动机的心理过程。”

管理激励，即管理理论中的激励，可以这样定义：“创设满足员工各种需要的条件，激发员工的动机，使之产生实现组织目标的特定行为的过程。”需要、动机与行为的关系如图13-1所示。

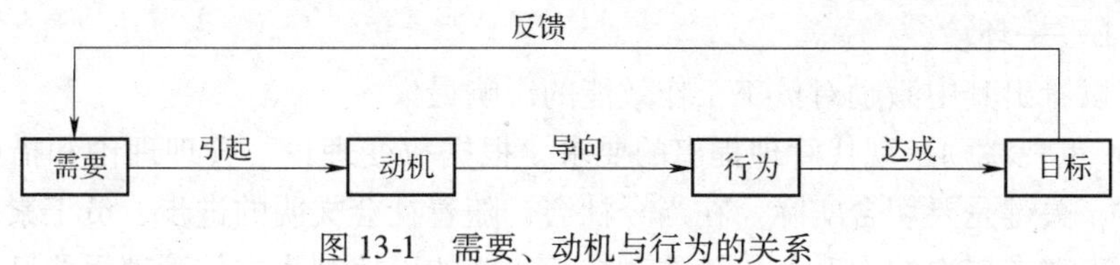

图 13-1 需要、动机与行为的关系

13.1.2 激励的类型

1. 物质激励与精神激励 物质激励的形式主要是颁发奖金和实物，精神激励则有授予称号、颁发奖状奖章、记功、开会表扬、宣传事迹等多种形式。

2. 正激励与负激励 正激励就是当一个人的行为符合组织的需要时，通过奖赏的方式来鼓励这种行为，以达到持续和发扬这种行为的目的。负激励就是当一个人的行为不符合组织的需要时，通过制裁的方式来抑制这种行为，以达到减少或消除这种行为的目的。

3. 内激励与外激励 内激励是指由内酬引发的、源自于工作人员内心的激励；外激励是指由外酬引发的、与工作任务本身无直接关系的激励。

13.1.3 激励的作用

1）有助于将员工的个人目标与组织目标统一起来。个人目标及个人利益是员工行为的基本动力。它们与组织的目标有时是一致的，有时是不一致的。当两者发生背离时，个人目标往往会干扰组织目标的实现。激励的功能在于以个人利益和需要的满足为前提，诱导员工把个人目标统一于组织的整体目标，激发和推动员工为完成工作任务作出贡献，从而促使个人目标与组织整体目标的共同实现。

2）是企业可持续发展的重要保证。企业实现可持续发展需要一个相对稳定的人力资源环境，既要减少熟练工人的“跳槽”现象，更要留住企业自己培养出来的技术骨干，而只有对员工实施有效的激励才能够实现这一点。

3）可以使在职员工充分发挥能力，保持积极的心态和高昂的士气，最大限度地提高其工作效率。美国哈佛大学的心理学家威廉·詹姆士在对职工的激励研究中发现，按时计酬的职工仅能发挥其能力的20%～30%，而受到充分激励的员工其能力则可发挥至80%～90%。员工的工作效能取决于激励、能力、环境三个方面，可以表示为：

$$P=f(3\mathrm{M}\times 2\mathrm{A}\times \mathrm{E})$$

式中 P——员工的效能即工作水平；

M——激励；

A——能力；

E——环境。

可以看出其中激励对员工工作效能的影响最大。

4）重视激励是现代管理提出的要求。根据权变理论，管理理论和措施无所谓优劣，关键是要切合实际。在当今社会，随着社会文明的进步、员工素质的提高、员工需求层次的上升，传统的对员工实施的以控制为主的管理手段已经显得越来越不合时宜，正如《激励为王》中所说：现代管理最大的特点是从传统的控制、管理转变为现在的学习和激励。

5）世界范围内竞争的日趋加剧，技术、资金等资源因素的日益同化，使得企业领导者开始由对财力、物力的重视，转移到对人的关注，对人的管理中，又以如何对人实施有效激励最为重要。

13.2　激励的前提：认识人的需要和人性

13.2.1　关于人的需要的理论

1. 马斯洛的需要层次理论　需要层次理论是由美国心理学家和行为学家马斯洛（A. H. Maslow）提出来的。该理论是研究组织激励时应用最广泛的理论之一。该理论的主要内容如图13-2所示。

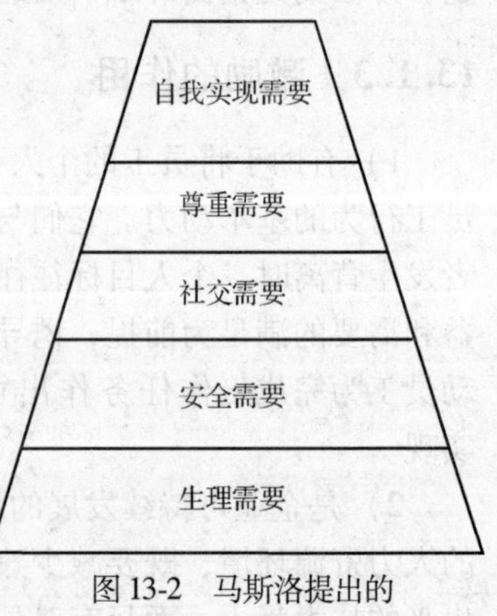

图13-2　马斯洛提出的需要层次理论

1）人生来固有五个层次的需要，这些需要由低到高分别是：生理需要，即人类维持自身生存和发展而产生的需要，是人最原始、最基本的物质性需要，包括对吃、穿、住、行等方面的需要；安全需要，包括安全的社会环境，安全的住所，稳定的职业，较好的福利，劳动保护，社会保险等人身、职业安全的需要；社交需要，又称为归属与爱的需要，是指人们希望归属于一定的群体，成为其中的一员，相互关心，相互支持，并希望通过自己付出情感得到别人的友谊和爱；尊重需要，包括自我尊重和希望受到他人尊重的需要；自我实现需要，指人有充分发挥自己的潜在能力，越来越成为自己所期望的人物，完成与自己能力相称的工作的需要，这是在前面四层次需要获得不同程度满足之后，产生的最高层次需要。

由于每个人各种需要的重要程度不同，因此形成了不同的需要层次结构。

2）五种需要从低到高排列，需要的发展逐层递进。当较低层次的需要基本得到满足后，就会产生更高一级的需要。

3）未满足的需要才具有激励作用。

4）高层次需要和主导需要具有更重要的激励意义。

2. 赫茨伯格的双因素理论 赫茨伯格认为，使员工感到满意的往往是属于工作本身或工作内容方面的，包括工作本身、对工作的认可、成就和责任、上级的赏识、提拔等，赫茨伯格称之为激励因素，可以直接产生激励员工的效果。而导致不满意的因素往往可以归结为工作环境或工作关系方面的，如公司的政策与管理、工作条件、人际关系、报酬、工作监督等，被称之为保健因素。保健因素不能起到直接激励员工的作用，但可以消除员工的不满情绪。

赫茨伯格理论反驳了传统的满意和不满意观点，认为满意和不满意并不是共存于单一的连续体中，而是截然分开的，同时说明报酬和人际关系等保健因素并不能影响人们对工作的满意程度，只有与工作直接相关的激励因素才能使人们真正达到满意，如图13-3所示。按照赫茨伯格的观点，改善保健因素只能起到安抚职工的作用，带来的是“没有不满意”而不一定能起到激励作用。因此，要想真正激励员工努力工作，就必须采用与工作直接相关的激励因素，增加员工的工作满意感。

传统观点

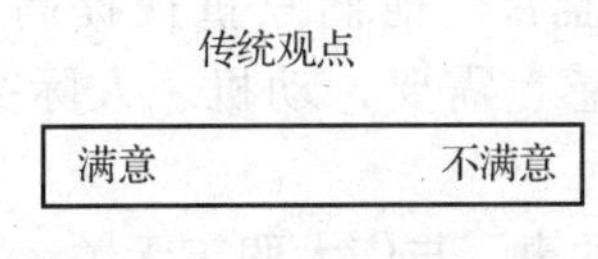

赫茨伯格的观点

激励因素	
满意	没有满意

保健因素	
没有不满意	不满意

图13-3　关于“满意—不满意”的观点

3. 阿尔德弗的ERG理论 ERC理论是阿尔德弗（C. P. Alderfer）于1969年提出的一种与马斯洛需要层次理论密切相关但有些不同的理论。他把人的需要分为三类，即生存需要、关系需要和成长需要。

ERG理论的特点有：①ERG理论并不强调需要层次的顺序，认为某种需要在一定时间内对行为起作用，而当这种需要得到满足后，可能去追求更高层次的需要，也可能没有这种上升趋势。②ERG理论认为，当较高级需要受到挫折时，可能会降而求其次。③ERG理论还认为，某种需要在得到基本满足后，其强烈程度不仅不会减弱，还可能会增强，这就与马斯洛的观点不一致。

4. 麦克利兰的成就激励理论 美国心理学家及行为学家戴维·麦克利兰

(David McClelland) 经过大量调研和实验，尤其是对企业家们的成就激励进行了广泛的研究之后，提出了在组织背景下为了激励必须了解以下三种需要：成就需要、权力需要、友爱需要。

13.2.2 人性假设理论

人性假设理论是管理科学学者根据自己对人性问题探索研究的结果，对管理活动中的"人"的本质特征所作的理论假定。这些理论假定是进一步决定人们的管理思想、管理制度、管理方式和管理方法的根据和前提。

1. 经济人假设"经济人"也被称为"唯利人"或"实利人"。这种人性观产生于早期管理学阶段，当时，管理学者开始从经济的角度寻求人的工作的最主要的动机，不再把人看做完全被动的"工具人"。X 理论是一种建立在"经济人"的人性理论假设基础上的管理理论，是麦格雷戈 1965 年对"经济人"人性假设指导下的管理工作进行理论概括后提出来的。

在"经济人"的人性理论与 X 理论影响下出现的管理模式有以下几个特点：

1）实行的是任务管理。实行任务管理的管理者认为，管理就是计划、组织、经营、指导、控制、监督。他们只重视提高生产效率，完成任务指标，从根本上忽视了人的情感、需要，动机、人际交往等心理因素在管理中的作用。

2）管理只是少数管理者的事，与广大职工无关，不允许工人参加管理，强调工人只是服从命令，听从指挥，接受管理，拼命工作。

3）在管理方法上主张用金钱来刺激工人的生产积极性，用惩罚来对付工人的消极怠工行为。通俗地说，就是采取"胡萝卜加大棒"的政策。泰勒制就是"经济人"观点的典型代表。泰勒所提倡的"时间—动作"分析，虽有其科学性的一面，但他的出发点是考虑如何提高劳动生产率，而对工人的思想感情则关注甚少。

2. 社会人假设　"社会人"的人性假设理论认为，工人不是机械的、被动的动物，对工人的劳动积极性产生影响的也绝不只是"工资"、"奖金"等经济报酬，工人还有一系列社会的心理需求。如工人对尊重、对良好的人际关系的需求等。因而，满足工人的社会性需求，往往更能激励工人的劳动积极性。这个理论的代表人物梅约教授还认为，人们在工作中得到的物质利益只是次要的，更重要的是人际关系。良好的人际关系是调动人的积极性的决定性因素。因此，梅约教授等人认为，管理中的人不是"经济人"，而是"社会人"。

社会人假设的主要内容包括以下 4 点：

1）从根本上说，人是由社会需求而引起工作动机的，并且通过与同事的关系而获得认同感。

2）工业革命与工作合理化的结果，使工作本身失去了意义，因此只能从工作上的社会关系去寻求意义。

3）员工对同事们的社会影响力要比管理者所给予的经济诱因及控制更为重视。

4）员工的工作效率随着上司能满足他们的社会需求的程度而改变。

在“社会人”的人性假设理论影响下产生的管理思想及其管理措施主要有以下 4 个特点：

1）管理人员不能只关注完成生产任务，而应把关注的重点放在关心人、满足人的需要上。

2）管理人员不能只关注指挥、监督、计划、控制和组织，而更应该重视职工之间的关系，培养和形成职工的归属感和整体感。

3）实行奖励时，提倡集体的奖励制度，而不主张个人奖励制度。

4）管理人员的职能也应有所改变，他们不应只限于制订计划、组织工序、检验产品等，而应在职工与上级之间起联络人的作用。一方面，要倾听职工的需求并了解职工的思想感情，另一方面，要向上级反映职工的呼声。

3. 自我实现人假设 自我实现人是马斯洛提出的。自我实现指的是人都需要发挥自己的潜力，表现自己的才能，只有人的潜力充分发挥出来，人的才能充分表现出来，人才会感到最大的满足。麦格雷戈总结借用了这个名词，总结并归纳了马斯洛与其他类似的观点，提出了 Y 理论。

4. 复杂人假设 约翰·莫尔斯和杰伊·洛希在 1970 年发表《超 Y 理论》对上述三种假设的总结，提出了复杂人的假设。虽然上述三种假设各有一定的合理性，但是不能适用于一切人。因为人是复杂的，不仅因人而异，而且一个人本身在不同的年龄、地点、时期也会有不同的表现。人的需求随各种变化而改变，人与人之间的关系也会改变。复杂人假设认为：

1）人的需要是多种多样的，而且这些需要随着人的发展和生活条件的变化而发生改变。每个人的需要都各不相同，需要的层次也因人而异。

2）人在同一时间内有各种需求和动机，它们会发生相互作用并结合成为统一的整体，形成错综复杂的动机模式。

3）人在组织中的工作和生活条件是不断变化的，因而会产生新的需要和动机。

4）一个人在不同的组织或同一个组织的不同部门工作，会产生不同的需要。

5）由于人的需要不同，能力各异，对不同的管理方式会有不同的反应，因此，没有适合于任何组织、任何时间、任何个人的统一的管理方式。

13.3 激励理论的发展

最早的管理激励理论可以上溯至泰勒的科学管理理论，其后又经历了人际关系理论、行为科学理论、企业文化理论等不同时期。事实上，人们对于激励理论有专门的界定，通常将其分为三大类，即内容型激励理论、过程型激励理论和行为改造型激励理论。

13.3.1 科学管理理论中关于员工激励的观点

泰勒的科学管理理论既是一门较早运用科学的研究方法研究劳动生产率的管理理论，也是一门较早研究企业员工激励问题的学问。在《科学管理原理》一书中，泰勒提出了差别计件工资制、工时研究和动作研究、标准化、计划与执行分离等著名的科学管理观点。

泰勒十分注重科学的劳动报酬制度（即差别计件工资制）在激励员工劳动积极性中的作用，强调报酬必须体现个人的实际贡献。这足以说明泰勒是一个工人激励方面的专家。他对工人的心态和老板心理的把握，对企业实际状况和工作特征的熟悉，使他的理论具有很强的实用价值。总的来看，泰勒并不像后来有的学者所说的只是单纯地重视经济利益的刺激，他对工厂工人的精神需要同样给予了重视。

泰勒的科学管理理论存在的主要问题在于：他建立的一套标准化的管理体系、过于精细的分工在实际执行过程中对工人的身心产生了摧残，他所倡导的精神管理（即强调管理双方要相互信任，直至达到劳资双赢）因得不到老板与工人的理解而使他的激励学说成了金钱激励理论。

13.3.2 人际关系学说

人际关系学说是第一个研究员工满足感与工作效率关系的管理理论。人际关系学说否认了工作条件和工资报酬是影响劳动效率的关键性影响因素的观点，提出员工的态度与士气才是劳动效率的关键性影响因素，并且认为员工的士气与员工的满足度成正比。因此该理论主张：通过提高员工的满足度来提高员工的士气，进而达到提高劳动效率的目的。

概括地讲，人际关系学说有如下特点：①激励的目的主要是提高劳动效率。②激励的主要措施是搞好企业内部的人际关系，满足员工的社会性需要。③领导者在员工激励中具有重要的影响，他首先必须改变自己，使自己适应员工。

人际关系学说开辟了系统研究企业人的问题以及员工激励的先河，对企业人事管理理论与员工激励理论的形成与发展产生了重要作用。无论哪个时代的员工，都会不同程度地希望与领导和同事搞好关系，渴望被关心和尊重，人际关系学说对于知识经济时代的企业来说仍然具有重要的借鉴意义。

13.3.3 行为科学理论

行为科学理论是继人际关系理论之后，专门以人为中心，研究人的心理和行为以及行为产生原因的管理理论。它通过分析人们在工作中的行为及其原因，探寻调动员工劳动积极性的奥秘以及提高企业劳动效率的途径。下面介绍几种与激励过程有关的理论。

1. 期望理论 期望理论是美国心理学家弗洛姆（V. H. Vroom）提出来的。其基本观点是：人们在预期他们的行动将会有助于达到某个目标的情况下，才会被激励起来去做某些事情以达到这个目标。弗洛姆认为，“任何时候，一个人发生某一行动的动力，将取决于他行动的全部结果的预期价值，乘以他预期这种结果将会达到所要求目标的程度”。见图13-4。用公式表示就是：

图13-4 期望理论

激励力=效价×期望值

其中，激励力是一个人所受激励的程度。效价是一个人对某一行动结果的评价，也就是对某一结果的偏好程度。期望值是指某一行为导致一个预期结果的概率，它是一个人根据个人经验对某一行动导致某一结果的可能性的判断。

期望理论对管理者的启示：①管理者必须使结果简单、明了，易于测量和考核，并且结果的最高标准是员工尽力所能达到的。②管理者必须清楚，员工受激励的水平是与组织提供的奖酬的大小成正比的。

2. 公平理论 公平理论是由美国的亚当斯（J. Stacy Adams）提出的，旨在研究人们对其劳动付出和得到的回报之间平衡关系的认识以及报酬分配的公平性对员工的激励作用。

在管理实践中，管理者经常会听到下属对某种不公平情况的抱怨；而且发现这种抱怨能大大影响下属的工作积极性。因此，了解公平理论的内容，能有效地预防和消除下属的抱怨，更好地激励员工。

在组织中，一个人不仅关心自己收入的绝对值，也会关心自己收入的相对值，即自己收入与他人收入的比较。每个人都会不自觉地把自己付出的劳动和所得的报酬同他人付出的劳动和得到的报酬进行横向的社会比较，也会把自己现在付出的劳动和所得的报酬同自己过去付出的劳动和所得的报酬进行纵向的历史比较。没有比较，就不会有是否公平的感受。在这种比较中，当发现自己

的收支比例与他人的收支比例相等，或者现在的收支比例与过去的收支比例相等时他便认为是应该的、正常的，产生一种公平感，因而心情舒畅，继续努力工作。如果发现自己的收支比例低于他人的，或者现在的收支比例比过去差时，他就会产生不公平感，从而会有满腔怨气，影响工作的积极性。这就是公平理论的基本含义。

公平理论可以用公平关系式来表示，当当事人感觉到公平时有下式成立：

$$O_p/I_p = O_c/I_c$$

式中 O_p——自己对个人所获报酬的感觉；

O_c——自己对他人所获报酬的感觉；

I_p——自己对个人所作投入的感觉；

I_c——自己对他人所作投入的感觉。

当上式为不等式时，可能出现以下两种情况：

（1）$O_p / I_p < O_c / I_c$ 在这种情况下，他可能要求增加自己的收入或减小自己今后的努力程度，以便使左方增大，趋于相等；第二种办法是他可能要求组织减少比较对象的收入或者让其今后增大努力程度以便使右方减小，趋于相等。此外，他还可能另外找人作为比较对象，以便达到心理上的平衡。

（2）$O_p / I_p > O_c / I_c$ 在这种情况下，他可能要求减少自己的报酬或在开始时自动多做些工作，但久而久之，他会重新估计自己的技术和工作情况，终于觉得他确实应当得到那么高的待遇，于是产量便又会回到过去的水平了。

除了横向比较之外，人们也经常做纵向比较，即把自己目前投入的努力与目前所获得报酬的比值，同自己过去投入的努力与过去所获报酬的比值进行比较。只有相等时他才认为公平，如下式所示：

$$O_p / I_p = O_h / I_h$$

式中 O_p——自己对现在所获报酬的感觉；

O_h——自己对过去所获报酬的感觉；

I_p——自己对个人现在投入的感觉；

I_h——自己对个人过去投入的感觉。

当上式为不等式时，也可能出现以下两种情况：

（1）$O_p / I_p < O_h / I_h$ 当出现这种情况时，人也会有不公平的感觉，这可能导致工作积极性下降。

（2）$O_p / I_p > O_h / I_h$ 当出现这种情况时，人不会因此产生不公平的感觉，但也不会觉得自己多拿了报酬，从而主动多做些工作。

调查和试验的结果表明，不公平感的产生，绝大多数是由于经过比较认为自己目前的报酬过低而产生的；但在少数情况下，也会由于经过比较认为自己的报酬过高而产生。

公平理论的重要启示：首先，影响激励效果的不仅有报酬的绝对值，还有报酬相对值。其次，激励时应力求公平，使等式在客观上成立，尽管有主观判断的误差，但也不致造成严重的不公平感。再次，在激励过程中应注意对被激励者公平心理的引导，使其树立正确的公平观，一是要认识到绝对的公平是不存在的，二是不要盲目攀比，三是不要按酬付劳，按酬付劳是在公平问题上造成恶性循环的主要杀手。

为了避免职工产生不公平的感觉，企业往往采取各种手段，在企业中造成一种公平、合理的气氛，使职工产生一种主观上的公平感。如有的企业采用保密工资的办法，使职工相互不了解彼此的收支比率，以免职工互相比较而产生不公平感。

3. 目标设置理论 20世纪60年代末，爱德温·洛克（Edwin Locke）提出目标设置理论。该理论认为对员工的激励离不开工作目标的设置，目标具有引导员工工作方向及努力程度的作用，具有一定目标的工作意向是工作激励的重要来源。

4. 强化理论 强化理论是由美国行为心理学家斯金纳（B. F. Skinner）提出的。他认为，无论人还是动物，为了达到某种目标，都会采取一定的行为，这种行为将作用于环境。当行为的结果对他有利时，这种行为就会重复出现，当行为的结果不利时，这种行为就会减弱或消失。这就是环境对行为强化的结果。

斯金纳认为，对人的行为进行改变可以有四种类型和方法，即积极强化、消极强化、惩罚和忽视。

1）积极强化。当一种反应伴随着愉快的事情时，称之为积极强化或正强化。

2）消极强化。当一种反应伴随着终止或逃离不愉快事件时，称之为消极强化或负强化。

3）惩罚。为了减少不良行为所给予的不愉快事件或情境，称之为惩罚。

4）忽视。消除任何能够维持行为的强化物则称之为忽视。

积极强化和消极强化都导致了行为的改变，它们强化了反应，增加了其重复的可能性；惩罚和忽视虽然也导致了行为的改变，但它们削弱了行为，并减少了其发生的频率。

强化理论较多地强调外部因素或环境刺激对行为的影响，忽略了人的内在因素和主观能动性对环境的反作用，带有机械论的色彩。

5. 归因理论 归因理论最初是在研究社会知觉的实验中提出来的，但以后随着归因问题研究的不断深入，它逐渐被应用到管理领域中。

目前，在管理领域归因理论主要研究两个方面的问题：①对引发人们某一行

为的因素作分析，看其应归结为内部原因还是外部原因。②研究人们获得成功或遭受失败的归因倾向。

心理学家威纳认为，人们把自己的成功和失败主要归结为四个方面的因素：即努力程度、能力、任务难度和机遇。这四个方面的因素可以按三个方面来划分：①内部原因和外部原因。努力程度和能力属于内部原因；而任务难度和机遇属于外部原因。②稳定性。能力和任务难度属于稳定因素；努力程度和机遇则属于不稳定因素。③可控性。努力程度是可控的，而任务难度和机遇则是不可控的；能力在一定条件下是不可控的，但人们可以提高自己的能力，在这个意义上能力是可控的。

归因理论认为，人们把成功和失败归于何种因素，对以后的工作态度和积极性，进而对人们的行为和工作绩效有很大的影响。例如，把成功归于内部原因会使人感到满意和自豪，归于外部原因会使人感到幸运和感激。把失败归于稳定因素会降低以后工作的积极性，归于不稳定因素可以提高工作的积极性等。

总之，利用归因理论可以很好地了解下属的归因倾向，以便正确地指导和训练员工的归因倾向，调动和提高下属的积极性。

6. 综合激励模式 美国心理学家和管理学家波特（L. W. Porter）和劳勒（E. E. Lawler）在期望值理论和公平理论的基础上发展了一个更全面的综合激励模型。综合激励模式是基于激励并不等于满足或绩效这一假定，以“工作绩效”为核心，以“激励—努力—绩效—满意”为轴线建立起来的。

如图 13-5 所示，一个人的努力程度即激励所发挥的力量，取决于奖励的价值和觉察的努力和获得奖励的概率；而工作业绩主要取决于个人努力程度，但同时又要受此人完成该工作所需的特定能力以及他对该工作的认识了解程度的影响；工作业绩实现后会带来各种奖励和报酬，包括内在奖励和外在奖励；工作业绩的取得与否或难易程度又会影响以后个人对该类工作期望值的认识；个人最终的满意程度取决于所得到的报酬以及个人对公平程度的认识，而这个满意程度又会影响到下轮工作中对效价的认识。这个模式是对激励系统比较全面和恰当的描述，激励和绩效之间并不是简单的因果关系，要使激励能产生预期的效果，就必须考虑到奖励内容、奖励制度、组织分工、目标设置、公平考核等一系列综合因素，并注意个人满意程度在努力中的反馈。

这个模型的特点是：

1）“激励”导致一个人是否努力及其努力的程度。

2）工作的实际绩效取决于能力的大小、努力程度以及对所需完成任务理解的深度。

3）奖励要以绩效为前提，不是先有奖励后有绩效，而是完成组织任务导致精神上的、物质上的奖励。当职工看到奖励与成绩的关联性很差时，奖励将不能

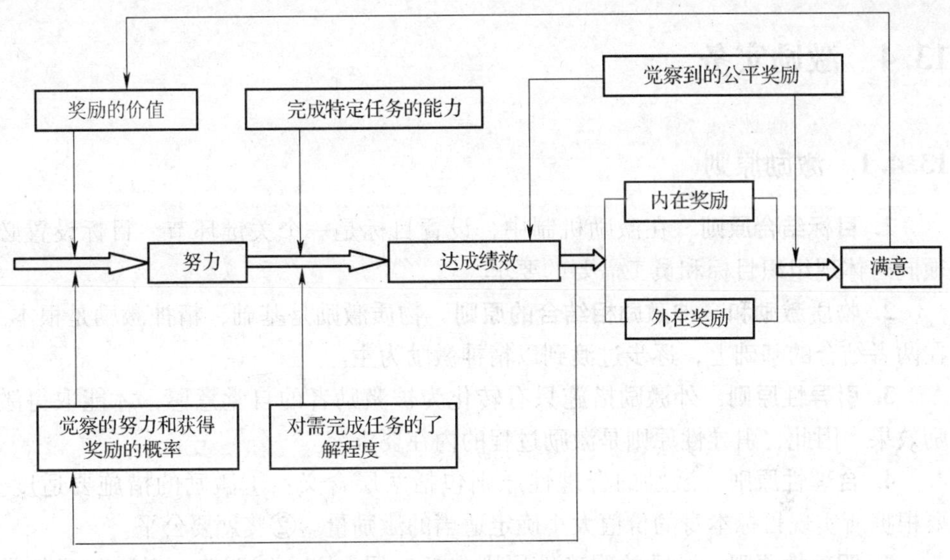

图 13-5　波特—劳勒激励模型

成为提高绩效的刺激物。

4）奖惩措施是否会产生满意，取决于被激励者认为获得的报偿是否公正。如果他认为符合公平原则，当然会感到满意，否则就会感到不满。众所周知的事实是，满意将导致进一步的努力。

波特—劳勒激励模型为管理者如何改进对下级的激励，提供了一个清晰的、系统的、逻辑严密的思考路线。但是，此模型分析的是一个“单向激励”过程，它忽视了一个有效的激励系统对管理人员（激励主体）自身的要求，韦伯（Ross Web）曾指出，要使激励制度有效，管理人员一定要信守诺言。

13.3.4　企业文化理论

20 世纪 80 年代初，西方的管理学家提出了企业文化理论，强调企业应通过建立优秀的企业文化来增强在国际市场中的竞争力。企业文化理论也是一门现代企业员工激励理论，它与前面所介绍的激励理论最大的不同在于：它十分注重企业共同价值观和企业精神对员工的激励作用。它强调通过在员工中培育共同的价值观，把员工的行为引导到企业的整体目标上；强调通过树立先进典型和组织各种文化活动来推广企业的共同价值观和企业精神。

企业文化由三个层次内容组成。第一层次是文化层次的外显部分，指企业组织中的厂房、设备、装备、产品、服务、厂容厂貌等外显的物质形态的东西。第二层次为制度文化，指组织的规章制度、公约、纪律等制度形态的东西。第三层次为精神文化，指组织的价值观念、信念、理想等精神形态的东西。

13.4　激励实务

13.4.1　激励原则

1. 目标结合原则　在激励机制中，设置目标是一个关键环节。目标设置必须同时体现组织目标和员工需要的要求。

2. 物质激励和精神激励相结合的原则　物质激励是基础，精神激励是根本。在两者结合的基础上，逐步过渡到以精神激励为主。

3. 引导性原则　外激励措施只有转化为被激励者的自觉意愿，才能取得激励效果。因此，引导性原则是激励过程的内在要求。

4. 合理性原则　激励的合理性原则包括两层含义：①激励的措施要适度。要根据所实现目标本身的价值大小确定适当的激励量。②奖惩要公平。

5. 明确性原则　激励的明确性原则包括三层含义：①明确。激励的目的是需要做什么和必须怎么做。②公开。特别是分配奖金等大量员工关注的问题时，更为重要。③直观。实施物质奖励和精神奖励时都需要直观地表达它们的指标，明确奖励和惩罚的方式。直观性与激励影响的心理效应成正比。

6. 时效性原则　要把握激励的时机，激励越及时，越有利于将人们的激情推向高潮，使其创造力连续、有效地发挥出来。

7. 正激励与负激励相结合的原则　正激励就是对员工的符合组织目标的期望行为进行奖励。负激励就是对员工违背组织目的的非期望行为进行惩罚。正负激励都是必要而有效的，不仅作用于当事人，而且会间接地影响周围其他人。

8. 外激励与内激励相结合的原则　工资、奖金、福利、人际关系，均属于工作环境方面，称做外激励；工作本身带来的激励因素属于内激励。内激产生的工作动力远比外激要深刻和持久。在实施激励时，领导者应善于将外激励与内激励相结合。

9. 按需激励原则　激励的起点是满足员工的需要，但员工的需要因人而异、因时而异，并且只有满足最迫切需要（主导需要）的措施，其效价才高，其激励强度才大。因此，领导者必须深入地进行调查研究，不断了解员工需要层次和需要结构的变化趋势，有针对性地采取激励措施，才能收到实效。

13.4.2　激励方法

1. 物质激励的方法　物质激励是指用于满足人的物质需要的各种激励方式，包括直接报酬和非直接报酬。直接报酬包括工资、奖金等，非直接报酬包括各种福利和保险等，如养老保险、失业保险、医疗保险、通信、交通补贴。

在物质激励中，最突出的就是金钱，其形式有：工资、奖金、优先认股权、红利等。金钱往往具有比金钱本身更大的价值，它可能意味着地位和权力。金钱的经济价值使其成为能满足人们的生理需要和安全需要的一种重要手段；金钱的心理价值对许多人来讲，又是满足较高的社会需要和尊重需要的一种手段，它往往象征着成功、成就、地位和权力。

对不同的人来讲，物质激励的激励作用是有区别的。对那些抚养一个家庭的人来说，物质激励是非常重要的；而对那些已经功成名就的、在物质激励的需要方面已不那么迫切的人来说，物质激励则不那么重要。物质激励是获得最低生活标准的主要手段，这种标准随着人们生活水平的提高而日渐提高。

2. 精神激励的方法

（1）目标激励　企业目标是一面号召和指引千军万马的旗帜，是企业凝聚力的源泉和核心。它体现了员工工作的意义，预示着企业光明的未来，能够在理想和信念的层次上激励全体员工。

（2）荣誉激励　荣誉是众人或组织对个人和群体的积极评价，是满足人们自尊需要、激发人们奋力进取的重要手段。中国自古以来就有重视名节、珍视荣誉的传统，这种激励方法就尤为重要而有效。荣誉激励的对象既包括个人，也包括集体。

（3）参与激励　员工在不同层次、不同深度上参与企业的决策，不仅可以提高决策的质量，还可以培养员工对企业的归属感、认同感。参与激励的形式通常有：班级民主管理、“诸葛亮会”、合理化建议活动、一日厂长制等。

（4）榜样激励　模仿和学习是人们的一种普遍需要，其实质是完善自我的需要，对于青年人，这种需要尤为强烈。榜样激励就是通过树立英雄模范人物来满足员工模仿和学习的需要，把员工的行为引导到企业所希望的方向。在这方面，领导者本人身先士卒、率先垂范是最重要的榜样激励形式。

（5）感情激励　人是有思想、有感情的，感情因素对人的工作积极性有重大影响。感情激励就是加强与员工的感情沟通，尊重员工、关心员工，与员工之间建立平等和亲切的感情，让员工体会到领导的关心、企业的温暖，从而激发出主人翁责任感和爱厂如家的精神。感情激励的精髓在于“真诚”，常见的形式有“三必访”或“五必访”制度、生日祝贺、为员工排忧解难等。

（6）内在激励　内在激励是指增加工作的创造性、挑战性，使工作内容丰富多彩，从而让员工从工作中获得乐趣、感受到工作的意义，并获得自尊，实现自我价值。内在激励是靠工作本身来激励员工，具体形式有工作轮换、工作内容丰富化和扩大化等。

（7）兴趣激励　“兴趣是最好的老师”，所以在工作分配时要考虑员工的兴趣，此外，还可以组织各种兴趣小组、针对员工的兴趣开展业余文化活动等。

自我测试

一、单项选择题

1. 2002 年 8 月，北京大学五名登山爱好者在攀登西藏夏邦马峰时，遇到雪崩不幸遇难，人们在赞扬他们精神的同时，也在思考如下问题：是什么力量鼓舞他们不畏艰险，努力攀登，你认为最主要的因素是：（ ）。

A. 外在激励，如领导的鼓励、支持、表扬以及物质利益的满足

B. 内在激励，如目标任务的巨大吸引力

C. 内在激励，如完成任务的自豪感、自尊感

D. B 和 C

2. 需要层次论认为，人的最低层需要是（ ）。

A. 生理需要　　B. 安全需要

C. 尊重需要　　D. 社交需要

3. 对待马斯洛提出的需要层次理论，人们有着不同的理解和评价，请指出以下哪一项不属于需要层次理论的基本看法与观点（ ）？

A. 人有 5 种基本需要，它们之间是一个由低级向高级发展的过程

B. 人在不同的时期和不同发展阶段，一般总有一种需要发挥主导作用

C. 人的需要对人的行为具有驱动作用

D. 当较高层次的需要无法得到满足时，人们会出现需求倒退现象

4. 赫茨伯格提出的双因素理论认为（ ）不能直接起到激励的作用，但能防止人们产生不满情绪。

A. 保健因素　B. 激励因素　C. 成就因素　D. 需要因素

5. 某美发厅经理在连续几年超额完成计划指标后，为职工在劳保福利方面做了这样 4 件事：①投保 20 万元企业财产保险。②为每个职工投 2000 元家庭财产保险。③多名职工投了 10 年人身意外事故安全保险。④投保职工失业救济保险，假使企业倒闭，保险公司还要发给职工 6 个月的生活费。这些措施分别是针对职工哪方面的需要采取的（ ）。

A. ①、②生理需要，③、④安全需要

B. ①、②、④生理需要，③安全需要

C. 均为生理需要

D. 均为安全需要

6. 小张毕业后，到一家计算机软件公司工作。3 年来，他工作积极，取得了

一定的成绩。最近他作为某项目小组的成员，与组内其他人一同奋战了3个月，成功地开发了一个系统，公司领导对此十分满意。这天小张领到领导亲手交给他的红包，较丰厚的奖金令小张十分高兴，但当他随后在项目小组奖金表上签字时，目光在表上注视了一会儿后，脸便很快阴沉了下来。对于这种情况，下列哪种理论可以比较恰当地予以解释（　　）？

A. 双因素理论　B. 期望理论　C. 公平理论　D. 强化理论

7. 某建筑工地的包工头王某对其手下的民工采用一种“胡萝卜加大棒”的管理方式，他常说的口头禅就是“不好好干的回家去，干好了下个月多发奖金”。可以认为王某把他手下的民工看做（　　）。

A. 社会人　B. 经济人　C. 复杂人　D. 自我实现人

8. 某跨国公司始终坚持人是第一位的，关心员工，培养员工的归属感。请问他们采用了哪种人性假设（　　）？

A. 经济人假设　B. 自我实现人假设
C. 社会人假设　D. 复杂人假设

二、多项选择题

1. 马斯洛把人的需要分为（　　）。

A. 生理需要　B. 安全需要　C. 归属需要　D. 尊重需要
E. 自我实现需要

2. ERG 理论把人的核心需要可归纳为（　　）。

A. 生存需要　B. 关系需要　C. 安全需要　D. 成长需要
E. 自我实现需要

3. P、C 两人都是同一个企业的职工，两人横向比较结果是 $O_p / I_p > O_c / I_c$，则C可能的表现有哪些？（　　）

A. 要求增加报酬　B. 自动减少投入以达到心理上的平衡
C. 离职　D. 没有任何改变
E. 更加努力

4. 过程型激励理论主要包括（　　）。

A. 公平理论　B. 期望理论　C. 波特—劳勒模型
D. 目标设置理论　E. 需要层次理论

5. 斯金纳认为，对人的行为进行改变可以有四种类型和方法，即（　　）。

A. 积极强化　B. 消极强化　C. 惩罚　D. 忽视

6. 精神激励通常也可以实现对员工的激励，它的具体形式包括（　　）。

A. 目标激励　B. 荣誉激励
C. 特别福利激励　D. 榜样激励
E. 参与激励

三、判断题

1. 需要层次理论是美国的心理学家和行为学家马斯洛提出来的一种激励理论。(　)

2. 不公平感是由于客观分配的不公平引起的。(　)

3. 表彰和奖励能起到激励作用，批评和惩罚不能起到激励作用。(　)

4. 根据 Y 理论，企业应让员工参与管理和决策。(　)

5. 梅奥认为，在共同的工作过程中，人们必然发生相互之间的联系，产生感情，自然形成一种行为准则或惯例，要求个人服从，这就形成了正式组织。(　)

【实践练习】

工作丰富化设计

1. 把全班分解为由 5 ~7 人组成的若干小组。各小组通过讨论，选择一项职务作为工作丰富化练习的对象。该职务最好是曾由一名组员亲自担任过的，无论是曾长期专职还是短期临时担任都可以；若无人有此经历，也可选出一个大家曾观察过、了解过的职务。总之，选择的职务应是同学们相对熟悉其工作内容的，如秘书、餐厅服务生等。

2. 分析此职务的工作特性。可按照哈克曼模型列出的 5 个“核心的工作特征”去分析、考虑，即：①技能多样性。②任务完整性。③任务重要性。④工作的自主性。⑤工作反馈。

3. 沿着这 5 个维度，每位同学可尽量想出使这一职务丰富化的措施。小组内可以进行讨论并把讨论过程和结果记录下来。

4. 开会进行讨论结果的汇报，全体同学参加，由教师主持。各小组轮流介绍所选择的职务及经思考和讨论得到的工作丰富化建议。每一小组介绍完后，由全班同学进行讨论。讨论时可参照以下思路：

（1）这个小组提出的丰富化措施，真的能提高担任该职务的人的积极性和工作绩效么？为什么能或为什么不能？

（2）这些工作丰富化措施会带来什么问题吗？

（3）还有哪些措施能提高该职务的工作丰富化程度？

第14章 控制职能概述

【学习目标】

- 了解控制的概念、特点、作用。
- 理解控制与计划、组织间的关系。
- 掌握控制的过程。
- 掌握控制的类型。

14.1 控制的含义、特点及作用

14.1.1 控制的含义

1. 控制的概念 控制与我们的工作、学习甚至生活息息相关。例如，我们在去上班或上课的路上、赴朋友约会的途中，经常会抬起手腕看看手表；医生给患者量完血压后，会告知血压正常或血压偏高，或血压偏低；汽车、飞机、轮船的驾驶和机器的操作等都是“控制”原理起着作用；生产的调度、战争的指挥也是一种控制；党纪国法的约束、良心的谴责，目的在于调节人们的社会行为，是一种内容更复杂的控制。

控制工作包括纠正偏差和修改标准这两方面内容。这是因为积极、有效的控制工作不能仅局限于针对计划执行中的问题采取“纠偏”措施，它还应该能促使管理者在适当的时候对原定的控制标准和目标作适当的修改，以便把不符合客观需要的活动调整到正确的轨道上来。

2. 现代控制产生的原因

（1）组织环境的不确定性　为了使目标计划与变化的环境相适应，需监控环境的变化和发展。

（2）组织活动的复杂性　为了避免本位主义，保证各项活动的顺利进行，要监控各部门及其各岗位的工作情况。

（3）管理失误的不可避免　为及时发现失误，明确问题的症结所在，必须进行经常性的监督检查。

14.1.2　控制与其他职能的关系

（1）控制与计划的关系　计划是控制的前提，没有计划的控制是毫无实际意义的；控制是计划目标实现的保证，贯穿在计划执行的每个阶段、每个部门。计划为控制工作提供标准，没有计划，控制也就没有依据。

（2）控制与组织的关系　管理者在设计组织结构时面临的首要问题是建立职位结构和报告关系，以使组织成员有效地配置资源。但是，单单依靠组织结构并不能激励员工按照有利于达成组织目标的方式行事。控制的目的是给管理者提供一个能够激励下属向着实现组织目标方向努力的手段，并给管理者提供有关组织及其成员如何适当完成任务的具体反馈。

（3）控制与领导的关系　管理者通过他人完成任务并负有最终责任，为此，必须建立控制系统，以便使自己可以自始至终地掌握他人完成任务的情况和进度，了解实际工作的进展是否符合原定目标，是否需要作出相应的调整和改变。离开控制，领导就可能流于形式，收不到实效。

14.1.3　控制的特点

（1）控制具有整体性　控制具有整体性包含两方面的含义：①控制是组织全体成员的职责，完成计划是组织全体成员的共同责任，参与控制是全体成员的共同任务。②控制的对象是组织的各个方面。为此，需要了解掌握各部门和各单位的工作情况并予以控制。

（2）控制具有动态性　组织不是静态的，其外部环境及内部条件随时都在发生着变化，从而决定了控制标准和方法不可能固定不变。控制具有动态特征，这样可以提高控制的适应性和有效性。

（3）控制是对人的控制并由人执行控制　控制是保证工作按计划进行并实现组织目标的管理活动，而组织中的各项工作要靠人来完成，各项控制活动也要靠人去执行。

（4）控制是提高员工工作能力的重要手段　通过控制工作，管理者可以帮助员工分析偏差产生的原因，端正员工的工作态度，指导他们采取纠正措施。这样，既能达到控制的目的，又能提高员工的工作能力和自我控制能力。

14.1.4　控制的作用

组织的各项活动都离不开控制，控制工作是组织顺利开展活动，实现组织目标的基本保证。

（1）更好地适应环境变化　现代组织所面对的环境具有复杂多变的特点，再完善的计划也难以将未出现的变化考虑得十分周全。为了保证组织目标和计划的顺利实施，就必须有控制工作，以有效地控制降低环境的各种变化对组织活动的影响。

（2）限制偏差的累积　组织所处环境的不确定性，以及组织活动的复杂性，会不可避免地导致管理失误。控制工作通过对管理全过程的检查和监督，可以及时发现组织中的问题，并采取纠偏措施，限制偏差的累积，以避免或减少工作中的失误，为执行和完成计划提供必要的保障。

（3）保证组织活动协调一致　由于组织是一个庞杂的系统，组织的活动日趋复杂化，要使组织内众多的部门和人员在分工的基础上能够协调一致地工作，完善的计划是必备的基础，但计划的实施还要以控制为保证手段。

14.2　控制的类型及原则

14.2.1　控制的类型

控制工作按不同标准有不同的分类，例如，按业务范围可以分为生产控制、质量控制、成本控制和资金控制；按控制对象可分为全面控制和局部控制；按照管理人员与控制对象的关系，可以分为直接控制和间接控制；按管理者的控制方式，可以分为集中控制、分散控制和分层控制；比较常用的分类方式是按照控制的时间不同，可以分为前馈控制、现场控制和反馈控制；按照控制力量来源不同，又可以分为外在控制与内在控制。

1. 按照控制的时间不同　控制分为前馈控制、现场控制和反馈控制，如图14-1所示。

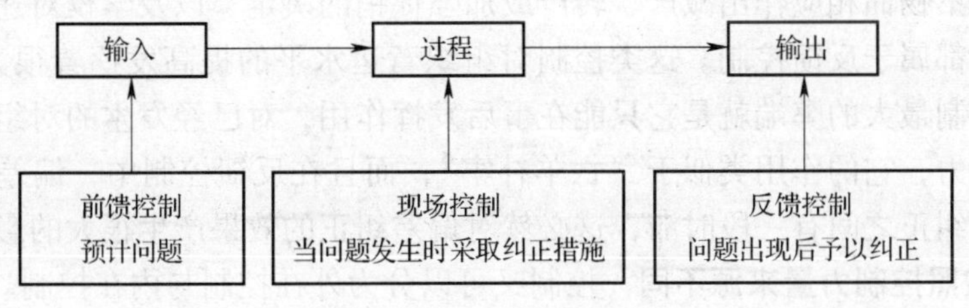

图 14-1　控制的类型示意图

（1）前馈控制　前馈控制也称为事前控制，是指在工作正式开始前对工作中可能产生的偏差进行预测和估计，并采取防范措施，将潜在的偏差消除在产生之前。它反映的是防患于未然、未雨绸缪的控制。这类控制建立在预测的基础上，尽可能在偏差发生之前将其觉察出来，并及时采取防范措施，使人们在工作之前就已经知道如何做。前馈控制的重点是预先对组织的人、财、物、信息等合理地配置，使它们符合预期的标准，从而保证计划的实现，如成本控制中的标准成本法、预算控制，管理部门制定的规章制度、政策和程序等，都属于前馈控制。

（2）现场控制　现场控制也称为同步控制，是指计划执行过程中所实施的控制，即通过对计划执行过程的直接检查和监督，随时检查和纠正实际与计划的偏差。其目的就是要保证本次活动尽可能少发生偏差，改进本次而非下一次活动的质量。这是一种主要为基层主管人员所采用的控制方法，主管人员通过深入现场亲自监督、检查、指导和控制下属人员的活动。其特点是在行动过程中现场控制，能及时发现偏差，及时纠正偏差，立竿见影，将损失控制在较低程度。现场控制通常包括两项职能：①技术性指导职能，管理者针对工作中出现的问题，根据自己的经验指导下属改进工作，或与下属共同商讨矫正偏差的措施，以便使工作人员能正确地完成所规定的任务。②监督职能，按照预定的标准检查正在进行的工作活动，以保证目标的实现。在进行实时控制时，主管人员要避免单凭主观意志开展工作，要“亲自去观察”，因为有效的管理者都知道亲自观察所得的信息是唯一可靠的反馈信息，只听汇报是不够的。

（3）反馈控制　反馈控制是一种最主要也是最传统的控制方式，也称为事后控制，是指从已经执行的计划或已经发生的事件中获得信息，运用这些信息来评价、指导和纠正今后的活动，反馈控制的目的并非要改进本次行动，而是力求能“吃一堑，长一智”，提高下一次的行动质量。其特点是把注意力集中在行动的结果上，并以此作为改进下次行动的依据。反馈控制的对象可以是行动的最终结果，如企业的产量、销售额、利润等；也可以是行动过程的中间结果，如新产品样机、工序质量、产品库存等。在组织中使用反馈控制的例子很多，如企业发现不合格产品后追究当事人的责任且制定防范再次出现质量事故的新规章，发现产品销路不畅而相应作出减产、转产或加强促销的决定，以及学校对违纪学生进行处罚等都属于反馈控制。这类控制对组织营运水平的提高发挥着很大的作用。但反馈控制最大的弊端就是它只能在事后发挥作用，对已经发生的对组织的危害却无能为力，它的作用类似于“亡羊补牢”；而且在反馈控制中，偏差发生和发现并得到纠正之间有一段时滞，这必然对偏差纠正的效果产生很大的影响。

2. 按照控制力量来源不同　控制又可以分为外在控制与内在控制。

（1）外在控制　外在控制是指一个单位或个人的工作目标和标准的制定，

以及为了保证目标和标准的实现而开展的控制工作，是由其他单位或个人来承担，自己只负责检测、发现问题和报告偏差。例如，上级的行政命令监督（“人治”）、组织程序规则的制约（“法治”）等，都属于外在控制。

（2）内在控制　内在控制不是“他人”控制，它既不是来自上级主管的“人治”，也不是来自程序规则的“法治”，而是一种自我控制（称之为自治）。自我控制的单位或个人，不仅能自我检测、发现问题，还能自己订立标准并采取措施纠正偏差。例如，目标管理就是一种上下协商确定目标，并在工作中实行自主安排、自我控制（自己检查评价工作结果，发现偏差，主动采取处理措施）的一种管理制度和方法。目标管理将“要我做”变为“我要做”，使人们更加主动、努力地去实现自己参与制订的工作目标。

14.2.2　有效控制原则

1. 客观性　控制必须客观公正，这是对控制工作的基本要求。控制的标准应当是客观的，为了保证控制工作能客观、公正地进行，参与控制的组织和人员应当具有相对的独立性。在整个控制过程中最易引起主观因素介入的是绩效衡量阶段，对人的绩效衡量更是如此。这可能来自两种心理方面的效应——晕轮效应和优先效应。晕轮效应是一种以点代面的效应，人们往往习惯于把人的行为中的某一点覆盖于人的全部行为之上。这种效应容易引起判断上的主观性，造成评价上的偏差。优先效应就是人们往往把第一印象看得更加重要，以至于影响今后对人的评价，这也是心理作用。管理者要特别注意自己的评价工作，防止上述两种心理效应在评价工作中出现，使评价工作客观、真实。

2. 目的性　同其他管理工作一样，控制工作也具有明确的目的性特征。良好的控制必须具有明确的目的，必须反映出管理业务的性质和需要，不能为控制而控制，搞形式主义。无论什么性质的工作都能列举出许多目标，但总有一个或几个目标是最关键的。达到了这些关键的目标，其他目标可能随之达到，即使有些次要目标达不到也不妨碍大局。管理者的任务之一就是要在众多的甚至相互矛盾的目标中选择出关键的、反映工作本质和需要的目标，并加以控制。它们可能是时间和数量方面的，也可能是质量和成本方面的。对于组织中的不同层次来说，还可以是物理的、消耗的、资金使用的、程序和方法的、有形的和无形的等。

3. 整体性　整体性主要体现在，从控制的主体来看，完成计划和实现目标是组织全体成员共同的责任，管理控制应该成为组织全体成员的职责，而不仅是管理人员的职责。让全体成员参与到管理控制工作中来，这是现代组织中推行民主化管理思想的重要方面。从控制的对象来看，管理控制覆盖组织活动的各个方面，人、财、物、时间、信息等资源；组织中各层次、各部门、各单位的工作，

以及企业生产经营的各个不同阶段等，都是管理控制的对象。不仅如此，管理控制的主体需要把整个组织的活动作为一个整体来看待，使各方面的控制能协调一致，达到整体的优化。

4. 动态性 动态性原则体现在，影响组织发展的外部环境和内部条件随时都在发生着变化，可见组织运行中不是一种静态，从而决定了控制标准和方法不可能固定不变。管理控制应具有一定的动态性特征，这样可以保证和提高控制工作的有效性与灵活性。

5. 时效性 时效性是现代控制必须高度重视的一个问题。现代科学技术的发展，特别是各种先进的通信手段和信息传递手段的运用，为控制实现的时效性提供了技术上的充分保证。良好的控制必须及时发现偏差，迅速报告上级，使上级能及时采取措施加以更正。如果信息滞后，往往会造成不可弥补的损失，也就失去了控制的价值。当然，时滞现象是管理控制中一个难以克服的困难。在管理实践中，找出偏差可能不会花费很长时间，但是分析偏差产生的原因，并提出纠正偏差的具体方法也许旷日持久，但当真正采取这些办法纠正偏差时，实际情况可能发生了很大的变化。要解决这方面的问题，如前所述，可以采取前馈控制方法，使实施的最初阶段就能严格地按照标准方向前进。一旦发现偏差，就要对以后的实施情况进行预测，使控制措施针对将来，这样即使出现时滞也能有效地加以更正。

6. 经济性 控制活动与其他管理活动一样，总是需要付出一定的人力、物力、财力，控制活动的进行需要一定的费用。是否有必要进行控制，控制到什么程度，都要考虑费用问题。要把控制所需的费用与控制所产出的结果进行经济方面的比较，只有在对组织有利的情况下才能实施控制。生产中的质量控制很好地说明了这一问题。并非一切质量问题都必须进行控制，有些质量问题的解决，对企业来说，要投入巨大的资源，在目前企业还不具备这种经济投人实力的情况下，就只能放弃，等到条件成熟时，再来解决这些问题。控制的经济性原则：①要求实行有选择的控制。②要求努力降低控制的各种耗费而提高控制效果，改进控制方法和手段，以最低的成本找出偏离计划的现有或潜在的原因。无论是控制系统的设计，还是控制系统的运转，都要遵循这一原则。

7. 灵活性 控制系统应该具有足够的灵活性能适应主、客观环境的变化。控制的灵活性原则要求在发生某些未能预测到的事件的情况下，要有弹性和替代方案。控制应当从实现目标出发，要采用一些能随机应变的控制方式和方法。控制应当具有弹性，现代管理所面临的情况是复杂多变的，控制必须保证在发生了一些未能预测的事件的情况下，如环境的突变、计划疏忽、计划变更、计划失败等，控制工作仍然有效。为此控制必须有一定的弹性，必须有替代方案和应急方案。只有具备多套方案，才能保证控制系统顺利地运行。

8. 人本性 管理控制本质上是由人来执行的，而且主要是对人的行为的一种控制。与物理、机械、生物及其他方面的控制不同，管理控制不可忽视人性方面的因素。一方面，控制不仅仅是监督，更重要的是指导和帮助。通过控制工作，管理者可以帮助员工分析偏差产生的原因，端正员工的工作态度，指导他们采取纠正的措施。这样，既能达到控制的目的，又能提高员工的工作和自我控制能力。另一方面，管理者制订的偏差纠正计划，也要靠员工去实施，只有当员工认识到纠正偏差的必要性并具备纠正能力时，偏差才会真正地被纠正。可见，在管理控制工作中必须以人为本。

14.3 控制的过程及条件

14.3.1 有效控制的基本过程

控制是一个过程，它贯穿于整个管理活动的始末。控制过程是由三个步骤或三个交叉重叠的要素构成的，一般应包括确定控制标准、衡量实际绩效和纠正偏差等基本的环节，见图 14-2。

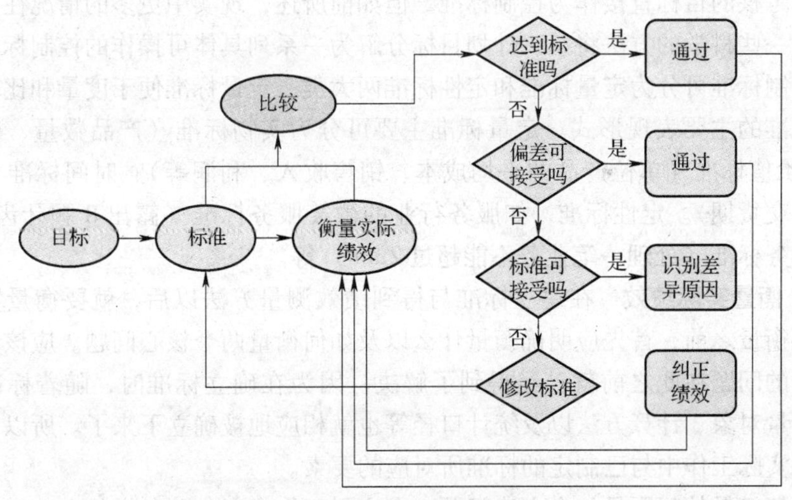

图 14-2　控制的基本过程

1. 确定控制标准　从逻辑关系上说，制订计划本身实际上构成了控制过程的第一步。但由于计划相对来说都比较概要，不可能对组织运行的各方面都制定出非常具体的工作标准。一般来说，计划目标并不可能直接地用做控制的标准。此外，组织中的计划是各种各样的，而各种计划在详尽程度和复杂程度上又各不相同，同时主管人员往往不能注意到计划的每一个细节，如果直接用计划作为控制标准并对全部计划内容进行控制，就会因这种标准的实际无效而导致控制工作的随意性和盲

目性。为此，有必要将制定专门的控制标准作为管理控制过程的开始。

（1）确立控制对象　进行控制首先遇到的问题是“控制什么”，这是在决定控制标准之前首先需要妥善解决的问题。一般地讲，管理人员应该对影响组织工作成效的全部因素实施控制，但由于控制对象的明细度和复杂性不一样，加上管理人员的精力和能力有限，往往只能对影响组织目标实现的关键因素进行控制。这样，为了确保管理控制取得预期的成效，管理者在选择控制对象时就必须对影响组织目标成果实现的各种要素进行科学的分析研究，然后从中选出重点要素作为控制对象。

（2）选择关键控制点　重点控制对象确定后，针对该对象制定控制标准前还必须具体选定控制的关键点。比如，啤酒酿造企业中，啤酒质量是控制的一个重点对象。尽管影响啤酒质量的因素很多，但只要抓住了水的质量、酿造温度和酿造时间，就能保证啤酒的质量。基于此，企业就要对这些关键控制点制定出明确的控制标准。俗话说，“牵牛要牵牛鼻子”，企业控制住了关键点，实际上也就控制了全局。

（3）制定控制标准　控制标准制定中最为简单的情况是，以计划过程中形成的可考核的目标直接作为控制标准。但如前所述，现实中更多的情况往往是需要通过一些科学的方法将某一计划目标分解为一系列具体可操作的控制标准。

控制标准可分为定量标准和定性标准两大类。定量标准便于度量和比较，是控制标准的主要表现形式。定量标准主要可分为实物标准（产品数量、废品数量）、价值标准（单位产品的平均成本、销售收入、利润等）、时间标准（工时定额、交货期）。定性标准，如服务行业的微笑服务标准（露出 8 颗牙齿）、工行的服务标准（处理一笔业务不能超过 2min）等。

2. 衡量实际绩效　在建立标准与得到绩效测量方法以后，就要衡量实际绩效。在衡量之前，首先应明确衡量什么以及如何衡量两个核心问题。应该说，衡量什么的问题在此之前就已经得到了解决。因为在确立标准时，随着标准的制定，计量对象、计算方法以及统计口径等也就相应地被确立下来了。所以，要衡量的是实际工作中与已制定的标准所对应的要素。

如何衡量的问题是一个方法问题，在实际工作中有各种各样的方法，常用的有以下几种。

（1）个人观察　最普通的衡量是通过个人观察，直接观察受控对象的工作完成情况，特别是在对基层工作人员工作业绩控制时，以及衡量因素比较简单时，这是一种非常有效的、无可替代的衡量方法。通过直接观察得到的是第一手资料，避免了间接信息在传递过程中可能出现的遗漏、疏忽和信息的失真。但是个人观察的方法也有其局限性：①这种方法工作量大，需要花费管理者大量的劳动，也不可能全程跟踪。②仅凭简单的观察往往不能考察更深层次的工作内容。

③由于直接观察时间占整个工作时间的比例有限，往往不能全面了解到各个方面的工作情况。④工作表现在被观察时和未被观察时往往不一样，管理者所看到的有可能只是假象。

（2）统计报告　统计报告是根据衡量标准，采集相关的数据并按一定的统计方法进行加工处理而形成的报告。采用统计报告时特别要注意两个问题：①所采集的原始数据要真实、准确。②所使用的统计方法要恰当。否则，统计报告就没有实际意义。此外，统计报告要求全面，要求包括涉及衡量工作的各个重要方面，特别是其关键点不能遗漏。随着计算机应用越来越广，统计报告的地位会越来越高，作用越来越重要。

（3）口头报告和书面报告　口头报告的优点是快捷方便，而且能够得到立即反馈。其缺点是：报告内容容易受报告人一时的主观意识所左右，也不便于存档查找和重复使用。两者相比，书面报告要比口头报告更加精确全面，也更加易于分类存档和查找，报告的质量也更容易控制。

（4）抽样检查　在全面检查工作量比较大，而且个人工作质量比较平均的情况下，通过抽样检查来衡量工作业绩，不失是一个好办法。抽样检查就是随机抽取一部分工作作为样本，进行深入、细致的检查、测量，再统计分析样本数据，从而推测全部工作的情况。这是一种科学、有效方法，例如，在大批量生产的企业，产品的质量检查通常就采用这种方法。

无论采取哪一种方法来衡量工作业绩，都要注意所获取信息的质量问题，信息质量主要体现在以下4个方面：①真实性，即所获取的信息应能客观地反映现实，这是最基本的要求。②完整性，即不要遗漏重要的信息，以防影响工作的全面性和可靠性。③及时性，就是信息的采集、加工、检索、传递要及时，以反映即时动态。过时的信息就会失去其作用，使控制工作无效，甚至导致错误的结果。④适用性，即应根据不同部门的不同要求，采集不同种类、范围、内容、详细程度、精确度的信息。

获得了实际工作的真实、可靠的信息，就是获得了衡量结果。分析衡量结果，就是要将实际结果与控制标准进行对照，找出差距，为进一步采取管理行动做好准备。具体操作时，首先应确认存在的偏差。事实上，实际结果与标准完全相同是不可能的，如果实际结果与标准只是稍有出入，并无大碍。对此，人们往往规定了一个可以浮动的范围，只要实际结果在这个范围之内就可以认为不存在偏差，而一旦实际结果在允许范围之外，就可以认为存在偏差。存在偏差时又可以分为两种情况：一种是结果比标准完成得还好，将它称为正偏差；与此相反，另一种是实际结果没有达到标准的要求，则称为负偏差。出现负偏差当然是不理想的事情，但出现正偏差时也不一定就没有问题，也必须作一些必要的分析。一些偶然因素的作用或是目标定得过低等原因而出现的正偏差，在控制要求比较高的情况下，也不能放过，否则会给今后的工作带来不利的影响。其次分析出现偏差的原因。如上所述，一种实际结果是受到多方面因素影响的，也就是说，出现偏差的原因也可能是多种多样的。问题的关键在哪？主要原因是什么？这些都必须通过进一步分析来确定。一般来讲，主要有以下3种原因：①计划或标准本身就存在偏差。②组织内部因素的变化，如组织松懈、控制不力、工作人员不努力等。③组织外部环境的影响，如宏观经济的调整、市场环境的变化等。

有了衡量结果，确定了偏差，作出了具体的、理智的分析，就可以决定下一步所应采取的管理行动。如果认为偏差是在所允许的范围内或是只存在健康的正偏差，那么本阶段的控制工作就可结束。但也不要忘记为下一阶段的管理循环提出合理的建议，以期待进一步提高控制水平。

3. 纠正偏差 在深入分析产生差异的原因的基础上，管理者要根据不同的原因采取不同的措施。

（1）改进工作方法 达不到原定的控制标准，工作方法不当是重要原因之一。如以生产为中心的企业，生产技术是生产过程中的重要一环，在很多情况下偏差来自于技术，为此就要采取技术措施，及时处理生产中出现的技术问题。

（2）改进组织和领导工作 控制职能与组织职能、领导职能是相互影响的。组织方面的问题主要有两种：①计划制订好之后，组织实施方面的工作没有做好。②控制工作本身的组织体系不完善，不能对已产生的偏差及时地进行跟踪与分析。在这两种情况下，都应改进组织工作，如调整组织机构，调整责、权、利关系，改进分工协作体系等。偏差也可能是由于执行人员能力不足或积极性不高而导致的，那么，就需要通过改进领导方式和提高领导艺术来纠正偏差。

（3）调整或修正原有计划或标准 偏差较大，有可能是由于原有计划安排不当而导致的，如学生考试，如果有90%的学生不及格，那就说明试题太难。也可能是由于内外环境的变化，使原有计划与现实状况之间产生了较大的偏差。不论哪一种情况，都要对原有计划加以适当的调整。需要注意的是，调整计划不是任意地变动计划，这种调整不能偏离组织总的发展目标，调整计划归根到底还是为了实现组织目标。

14.3.2 有效控制的基本条件

从控制过程的步骤分析中可以看出，有效的管理控制必须满足以下条件：

1. 具有明确的控制目的 控制工作的目的性，要能表现为使实施情况与控制标准、目标相吻合，或者使控制标准、目标获得适时的调整。

2. 具有及时、可靠、适用的信息 信息是控制的基础。只有掌握了有关执行偏差或环境条件变化的足够信息，管理者才有可能作出有针对性的决策。

3. 具有行之有效的行动措施 管理者应能够通过落实所拟订的措施，使执行中的偏差得到尽快矫正，或者形成新的控制标准和目标。

总而言之，控制系统是由控制的标准和目标、偏差或变化的信息，以及纠正偏差或调整标准和目标的行动措施这三部分要素构成的。这三个构成要素共同决定了控制系统的效率和效能，因此，它们也就是有效控制的基本条件。

自我测试

一、单项选择题

1. 最适用于过程不可观察，结果可观察的控制方式是（　　）。

A. 前馈控制　　B. 同步控制

C. 反馈控制　　D. 前三种都有可能

2. “亡羊补牢，犹未为晚”可以理解成为一种反馈控制行为。以下各种情况中，哪一组更为贴近这里表述的“羊”与“牢”的对应关系（　　）？

A. 企业规模与企业利润　　B. 产品合格率与质量保证体系

C. 降雨量与洪水造成的损失　　D. 医疗保障与死亡率

3. 人们常说，人的身体是“三分治七分养”，对于这件事（　　）。

A. 反馈控制比前馈控制重要　　B. 同步控制比反馈控制重要

C. 反馈控制比同步控制重要　　D. 前馈控制比反馈控制重要

4. 即时控制通常又被称为（　　）。

A. 前馈控制　　B. 反馈控制　　C. 作业控制　　D. 现场控制

5. “治病不如防病，防病不如讲究卫生”。根据这一说法，以下几种控制方式中，哪种方式最重要？（　　）

A. 前馈控制　　B. 现场控制　　C. 反馈控制　　D. 直接控制

6. 某公司给其部分的财务权利是：每月不超过100元的工资增长审批权、每笔日常支出不超过5000元，年度总支出不超过50万元，超出上述范围必须向上级请示。这体现了控制的什么原则？（　　）

A. 标准合理化原则　　B. 例外原则

C. 灵活性原则　　D. 传统预算

二、多项选择题

1. 组织的控制体系通常包括（　　）要素。

A. 控制主体　　B. 控制对象

C. 控制方法和手段体系　　D. 控制目标体系

2. 按控制信息的性质划分，控制可分为（　　）。

A. 反馈控制　　B. 前馈控制　　C. 集中控制　　D. 分散控制

3. 管理控制的三个基本类型是（　　）。

A. 前馈控制　B. 同步控制　C. 反馈控制　D. 纠正控制

4. 有效控制的标准应该满足（　　）。

A. 可行性　B. 前瞻性　C. 不可更改性　D. 一致性

E. 定量化

5. 在控制的基本过程中，衡量实际工作主要解决的问题是（　　）。

A. 衡量什么　B. 制定标准　C. 如何衡量　D. 有谁衡量

E. 衡量时间长度

6. 控制的类型按控制主体分为（　　）。

A. 前馈控制　B. 直接控制　C. 现场控制　D. 间接控制

E. 事后控制

7. 控制的基本过程包括（　　）。

A. 制订计划　B. 确定标准　C. 衡量绩效　D. 诊断原因

E. 纠正偏差

8. 控制的目标有（　　）。

A. 作业　B. 技术　C. 信息　D. 组织绩效　E. 管理

三、判断题

1. 前馈控制是一种管理者与被管理者面对面进行的控制活动。（　　）
2. 控制过程就是管理人员对下属行为进行评价考核的过程。（　　）
3. 管理控制最重要的是对人的控制。（　　）
4. 控制职能贯穿于管理的全过程。（　　）
5. 最佳的控制是防止问题的发生。（　　）
6. 控制越详细、越严格，控制效果就越好。（　　）

【实践练习】

制订一套管理控制方案

实训目的

1. 增加对管理控制过程的感性认识。
2. 掌握控制的基本原理。

实训内容

1. 分小组制订一个短期管理目标。
2. 在目标的实现过程中进行预先控制、同步控制、反馈控制。
3. 为便于追踪和交流，管理目标选择要短期达到，目标明确。

实训考核

1. 每人起草一份管理控制方案。
2. 每组的组长整理控制方案，与老师和全班同学交流并打分。

第15章 控制方法

【学习目标】

- 了解非预算控制的方法种类。
- 理解预算控制的内涵和作用。
- 掌握预算控制的方法、操作过程及注意事项。
- 了解组织绩效综合控制方法。
- 理解财务控制的各种方法。
- 掌握内部控制、标杆管理的运用。

15.1 预算控制与非预算控制

15.1.1 预算控制的内涵

预算控制的前提条件是通过把组织计划逐层分解，变为各种具体的业务计划，并把计划进行量化，以财务报表的形式呈现。预算控制是通过制订各项业务活动的预算，以事先编制好的预算作为标准，通过比较收支状况与预算标准的差异，分析产生差异的原因，采取有效措施对差异进行处理，从而达到控制组织各项活动的目的。

15.1.2 预算的种类

1. 业务预算 业务预算是指组织日常发生的具有实质性活动的各项业务的预算。如对于生产性企业而言它一般包括销售预算、生产预算、直接材料预算、直接人工费用的预算、单位生产成本的预算等。

（1）生产预算　生产预算是根据销售预算所确定的销售数量，按照产品的种类、数量、规格等不同制定不同的预计产量。预计的产量一定要考虑合理的库存量。预计产量 = 基期的期末商品库存量 + 预期销售量 − 期初商品库存量；一般为了减少库存的风险，大多时候是通过制订生产进度日程表，来进行控制生产进度和库存量。

（2）销售预算　销售预算是通过制订全面预算的基础。企业根据市场需求量预测和生产能力等情况确定产品销售目标，制订年度、季度及月度的销售数量，销售单价、销售金额及销售货品收入等。

（3）直接材料预算　直接材料预算是根据实现销售收入所需的产品种类和数量，详细分析为了生产这些产品企业必须利用的原材料的种类数量。为了使节约成本，应该考虑合理的材料存货量。

（4）直接人工预算　直接人工预算需要预计企业为了生产一定数量的产品，需要哪些种类的工人，每种类型的工人在什么时候需要多少数量，以及利用这些人员劳动的直接成本是多少。

2. 财务预算　财务预算是组织在计划期内反映现金收支、经营成果及财务状况的预算。它主要包括现金预算、资产负债预算、资金支出预算。

（1）现金预算　现金预算是对组织在计划期内的现金的流入与流出进行预算，一般由组织的财务部门进行编制。现金预算只包括那些实际包含在现金流程中的项目，现金预算不需要反映企业的资产负债情况，而是反映企业在未来活动中的实际现金流量和流程。企业的销售收入很大，利润即使很可观，但大部分尚未收回，或收回后被大量的库存材料或在制品所占用，那么它也不可能在目前给企业带来现金上的方便。通过现金预算，可以使得组织发现资金的闲置或不足，进而指导企业进行战略或战术的调整。

（2）资产负债预算　资产负债是对企业会计年度末的财务状况进行预测。通过将各部门和各项目的分预算汇总在一起，表明如果企业的各种业务活动达到预先规定的标准，在财务期末企业资产与负债呈现何种状态。一般分析流动资产与流动债务的比率，可能发现企业未来的财务安全性不高，偿债能力不强，可能要求企业在资金的筹措方式、来源及其使用计划上作相应的调整。另外通过将本期预算与上期实际发生的资产负债情况进行对比，还可发现企业财务状况可能会发生哪些不利变化，从而指导事前控制。

（3）资金支出预算　前面提到的现金预算通常情况下只是涉及某个经营阶段，是短期的预算，而资金支出预算则涉及好几个阶段，是长期的预算。如果企业的收支预算能够很好地被贯彻，企业销售的产品收入所得就会大于因销售所带来的支出。资金预算的项目一般包括：用于生产设备、厂房等生产设施的支出，用于研发的支出，用于人力资源开发的支出等。

15.1.3 制定预算的常用方法

1. 变动预算 由于缺乏灵活性的预算会给组织带来危险，所以在制订组织计划和控制工作过程都是要考虑到预算的变动性。预算主要限于企业在费用预算中应用，因为费用通常是随着销售量的变化而变化的。由于当单位可变费用（成本）不变时，可变费用总额是随销售量的变化而变化的，因此，在实际中可变预算主要是用来控制固定费用（成本）的。

2. 零基预算法 零基预算是由美国德州仪器公司的彼得·菲尔提出来的，零基预算法是以零为基础编制的预算，即在每个预算期开始时认为管理活动重新开始。零基预算法的原理是：在每个预算期开始时，就像组织新成立时那样，一切以零为起点，根据组织目标，重新审定每项活动对实现组织目标的意义和效果；对每一项费用的发生，不是以现有的费用水平为基础，而是重新进行费用—效益分析，在此基础上，重新确定各项管理活动及这些活动的轻重主次，依次分配资金和各种资源。

零基预算的步骤主要有以下这些：

1）在制订零基预算之前，组织最高领导人首先提出组织目标。

2）在开始审查预算时，将所有过去的活动都当做重新开始。要求在下一个计划期中继续进行的活动或项目，都要提交计划完成情况的报告，只要在计划期内增加的项目，就必须提交可行性报告，所有申请预算的项目和部门都必须提交下一年度的计划，说明各项开支要是实现的目标和效益。

3）在确定出哪些项目是真正必要的之后，根据已定出的目标体系重新排出活动的先后次序。

4）编制预算。各部门将预算方案上交后，最后进行集中到组织的高层，高层根据各部门的预算，综合进行评价和平衡，确定组织的总预算。

零基预算法更多的是强调预先控制，更加突出组织目标对全部管理活动的指导作用，能够使组织目标的实现收到事半功倍的效果。但任何一种方法都各有其利弊，该方法的优点有以下几个方面：

1）准确、全面地计算出各项业务活动的成本与效益数据，为组织的计划与决策提供精确的资料，减少了盲目性。

2）使计划与控制富有弹性，增强了组织的应变能力。

3）当管理决策出现失误时便于及时纠正。

实施零基预算法时应注意以下几个问题：

1）负责审批预算的主要领导必须对整个活动的每一项都是非常熟悉或者参与到每一项中去，这样才能真正、有效地判断和审定预算方案。

2）每一次预算都需要投入大量的计算工作，而进行这种计算工作又需要事先对有关人员进行大规模的训练，投入的人力、物力和财力较大。根据经验，将零基预算应用于计算间接成本的部门易于取得较好的效果。

3）在编制预算时，资金要按重新排出的优先次序进行分配，应尽可能地优先满足重要的活动。如果资金有限，可暂时放弃那些可进行但不是必须进行的活动和项目。

每一个打算采用零基预算法的企业或组织必须充分估计其中的困难。特别是将正在进行的各种管理活动项目重新安排先后次序，终止那些高成本的活动。

15.1.4 有效控制的措施

预算仅仅是管理的手段，而不是管理的目的。因此，在实施预算控制的过程中，可能会遇到各种各样的阻力，导致预算控制难以收到预期的效果。预算控制中产生阻力的主要原因如下：

1）预算控制标准不尽合理，缺乏弹性。由于在实际工作中环境条件变化较大，使原定的标准无法执行，或者制定的标准不严格，可能造成组织成员对同一标准有不同的理解，引起不必要的纠纷。

2）对实际工作绩效的评价缺乏客观性，致使评价结果不准确，引起执行人员的不满。

3）执行人员对预算控制不理解，把控制看成是一种压力，对预算和评价工作绩效等工作产生抵触情绪，使预算控制不能正常地进行。

要提高预算的质量，真正发挥预算的作用，可以采用这样一些措施。

1. 建立标准成本系统　为了使预算更加客观、合理，为控制系统提供更为可靠的数据资料，管理部门应建立标准成本系统。标准成本系统包括标准成本的制定、成本差异的计算与分析以及成本差异的处理。

标准成本是指根据现有的生产经营条件，在有效经营管理的情况在所应当发生的成本，因而是一种预定的目标成本。标准成本一般分为四类，即基本标准成本、理想标准成本、正常标准成本和实现标准成本。

1）基本标准成本　基本标准成本以实施标准成本的第一执行期或选定的某一基准期的实际成本作为标准成本。它可作为测定各期成本的变动尺度，比较各期成本的变化趋势。

2）理想标准成本　理想标准成本是根据理想条件下的生产能力、生产要素的消耗量、销售量、销售价格和经营收入确定的一种标准成本。

3）正常标准成本　正常标准成本是根据正常生产条件下所制定的标准成本。制定正常标准成本时，可采用本组织或有可比性的组织在过去较长时期的实际数据进行回归分析，并在估计未来变动趋势后确定成本标准，实际工作中，一般根据正常标准成本进行控制。

4）实现标准成本　实现标准成本是指在将来的一个时期内，经过努力可以实现的标准成本。确定实现标准成本时主要根据下期预计的生产能力、生产要素的消耗量、销售价格和经营收入。

通过一种或几种成本标准去衡量实际结果，可以从中发现差异，然后对差异进行细致的分析和研究。查明差异产生的原因，并进行差异处理，以达到有效控制成本的目的。

2. 实行责任制　组织本身内部要按照业务不同将组织分成不同的部门，各个部门具有明确的工作范围和职责范围。责任中心基本与组织内部的各个部门的划分一致。每个责任中心有专门的负责人，根据组织规定的任务，有权获得、使用和处置与本中心有关的资源，同时对本中心的工作绩效全权负责。建立责任制可以使得各部门职责明确，也比较容易衡量各部门的业绩，更有助于各部门进行控制。责任中心制是西方国家普遍使用的一种有效的财务控制方式，体现了现代分权管理的思想，使大公司内部各部门责任明确。具有一定的自主权，同时，可以有效地评价各部门的工作业绩，有助于实现控制成本、提高组织经济效益的目的。

15.1.5　非预算控制

预算控制方法并不是唯一的方法，其他一些非预算控制法也是非常有效的方法。为了把这些方法与预算控制法区别开，一般称其为非预算控制法。例如，实地调查法、程序化控制等。

1. 程序化控制　管理活动程序是指一个组织对某种活动处理流程的一种描述、计划和规定。组织中的许多业务活动都具有重复性和例行性，这些活动一般是由多个环节构成的，管理者将这些活动环节指定一个标准，使得组织中的成员按照这个标准来处理每一具体事件。

制定了处理程序和标准之后，组织的成员在处理每一件事情时就不必要将每一件都向上级请示，作为上级领导来说也不必每一件事情都过问，这样就可以集中精力地解决组织的发展和组织整体效能等问题了。管理程序中一般都明确规定了处理某项具体业务要涉及的部门和人员，按什么路线办理，各自有什么权责，各个管理人员的职责是什么，耽误了事情由谁负责等，这就明确了工作中的权责，减少了内耗，提高了管理效率。另外，制定管理程序还有利于发挥下级管理人员的积极性和主动性。规定了程序也就规定了相关办事人员的权责，在既定的权责范围内，工作人员可以自主处理各项事情。事情办理得好，圆满完成了任务，可以得到奖励，否则，就会受到批评甚至处罚。

2. 管理咨询与评价法　管理咨询与评价法是指组织内外的管理专家或管理

顾问，对组织的发展方向和发展策略、组织机构的设置、管理者的能力以及管理效果等进行客观的分析、诊断和评价，并提出进一步改善管理质量、提高管理效率的建议。进行管理咨询和评价时，要求管理专家和管理顾问要十分熟悉管理原理和组织的战略规划和目标，对组织环境的变化情况具有高度的预见性，并对组织的经营业务、经营政策、发展战略、工作计划和工作程序、职权的使用、管理制度和方法等能够给出全方位的评价和指导。

管理咨询与评价法是一种新颖的管理控制方法，国外有专门的管理咨询机构，称为组织管理的"外脑"。管理专家通过调查研究，对组织的一些重大管理问题进行咨询，能够发现管理者不易发现的问题，对管理计划和政策提出劝告和指导，并提出解决问题的具体办法。要采用这种方法，管理者必须转换传统观念，因为管理者一般不愿意有人在旁边"指手画脚"。管理咨询与评价法对组织管理工作的控制是间接的，组织管理者和咨询者双方要相互沟通、密切合作才能达到预期的目的。

3. 实地调查法 实地调查法是指管理者不但注重程序化、制度化的控制，而且注重通过实地调查获得第一手资料。实地调查法是解决一些重要问题的有效方法，如通过实地考察员工的工作条件、生产进度，或者亲自参加某项具体活动，可以加深对问题的了解和认识。管理者如果仅凭几张统计报表、分析报告和预算，而不亲临现场，对很多问题就没有办法实际了解真实情况，实地调查法获取的信息具有较高的准确性，更能贴近实际，对出现的问题能及时进行处理，有助于提高控制工作的效率，但这种方法受管理者的知识、经验和实际工作能力等的限制。

15.2 组织绩效的综合控制

15.2.1 财务控制

对于组织经营活动中的各项不同度量之间的比率分析，是一项非常有益和必需的控制技术或方法。因为作为经营性组织，企业的财务状况综合地反映着企业的生产经营情况，通过财务状况的分析可以迅速而全面地了解企业的资金来源和资金运用的情况，了解企业资金利用的效果以及企业的支付能力和清偿债务的能力。财务分析是企业管理中的一项重要的工作，是以企业的财务报告等会计资料为基础，对企业的财务状况和经营成果进行分析和评价，揭示企业生产经营活动中存在的问题，总结经验教训，为下一步决策提供重要的依据。

1. 财务比率分析 通常来讲，只从有关组织经营管理工作成效的某一期的绝对数值度量中是很难得出正确结论的。所以在作出有关一个组织的经营活动是否具有成效的结论时，首先必须明确比较的标准；其次，在分析评价变化趋势及其优劣时，单纯的绝对数值是不能够说明什么的，利用各项绝对数值计算各种比率不仅能够反映出彼此间相互影响的关系，而且通过分析前后各期比率的变化趋势能够有助于进一步发现或找出企业经营中存在的问题。一般企业常用的财务分析比率有以下几类：

（1）资本金利润率　这是分析一个企业资本金利用效果的出发点和归宿的重要指标。它是财务绩效的最佳衡量尺度，是一种高度综合的计量比率。

资本金利用率 = 利润总额/资本金总额 ×100%

式中，利润总额是指税前利润；资本金总额是指企业在工商管理部门登记的注册资金。资本金利润率说明的是一定时期企业投入资本的获利水平，它是直接衡量企业经营成果地尺度，具有重要的现实经济意义。企业在人力、财力、物力、供应、生产、销售等各方面的工作好坏都会影响企业的资本金利用率水平的高低。

（2）成本费用利润率　成本费用利润率是指净利润与成本费用总额之间的比率。它是反映企业生产经营过程中发生的耗费与获得收益之间的关系，表明企业在成本降低方面取得的经济效益如何。

成本费用利润率 = 净利润/成本费用总额 ×100%

成本费用主要包括销售成本、销售税金、销售费用、管理费用、财务费用和所得税等。这一比率越高说明企业的获利所付出的代价就越小，企业获利能力越强。也说明企业对成本费用控制能力和企业的管理水平较高。

（3）销售利润率　销售利润率是反映现实的利润在销售利润收入中所占的比重。比重越大，表明企业通过扩大销售获取利润的能力越高，企业的经济效益越好。

销售利润率、成本费用利润率均是收益性指标，受企业机械化、自动化程度的影响，但不受生产规模大小的影响，因而可以用于比较本企业不同时期的经济效益。

除了上述提到的三种指标之外，还有一些其他指标体系，如资产负债率、速动比率、应收账款周转率等。

2. 损益控制法　损益控制法是根据一个组织的损益表，对其经营和管理成效进行综合控制的方法。由于损益表能够反映该企业在一定时期内收入与费用的具体情况，从而有助于从收入与费用方面说明影响企业绩效的直接原因，并有利于从收入与费用方面进一步查明影响利润的原因。所以，损益控制的实质是对利润和直接影响利润的因素进行控制。损益控制法不仅适用于企业整体，而且适用于哪些实行分权制或事业部制组织结构的企业，它将受控制的单位看做利润中心，也就是直接利润负责的单位。实行损益控制意味着充分的授权。作为利润中心的单位或部门，可以按照它们认为对实现利润有利的方式相对独立地开展经营。它们往往有权决定销售价格；有权订货、制造、雇佣员工等。一般组织其所属部门各单位的职能越是完整，就越有利于实行严格的损益控制法。反之，为了充分发挥损益控制法的积极作用，应当使受控制的单位或部门的职责尽可能完整，从而能够最大限度地承担起对利润所负的责任。

3. 投资报酬率控制法 投资报酬率控制法是以投资额和利润额之比，从绝对数和相对数两个方面来衡量整个企业内部某一个部门的绩效。这种方法与损益控制法的主要区别在于，它不会把利润看做一个绝对的数字，而是把它理解为企业运用投资的效果。由于企业的投资最终来源于利润，因此，如果企业的投资报酬率只相当于或者甚至低于银行利率，那么企业的投资来源便会趋于紧缩，从而使企业发展陷于停滞。所以，企业的目标不仅是追求最大化的利润，更应该追求最高的投资报酬率。

$$投资报酬率 = 利润总额/投资总额 \times 100\%$$

投资报酬率不仅适用于对企业整体的分析与控制，而且适用于对企业内部那些实行分权制或事业部制管理部门的控制。在这种体制下，事业部不仅是利润中心，而且是投资中心。也就是说不仅对成本、收入、利润负责，而且要对所占用的全部投资承担责任。这就有助于使事业部的管理者从企业最高主管部门的角度来考虑自己的经营问题，有助于克服为争投资、购买设备、上项目而不顾投资效果的倾向，使得经营行为合理化，使各分权单位的目标与企业目标取得最大限度的一致。

15.2.2 内部控制

1. 内部控制的步骤 内部控制是指一个单位为了实现其经营目标，保护资产的安全完整，保证会计信息资料的正确可靠，确保经营方针的贯彻执行，保证经营活动的经济性、效率性和效果性而在单位内部采取的自我调整、约束、规划、评价和控制的一系列方法、手续与措施的总称。从上述定义可知，内部控制是指经济单位和各个组织在经济活动中建立的一种相互制约的业务组织形式和职责分工制度。内部控制的目的在于改善经营管理、提高经济效益。它是因加强经济管理的需要而产生的，是随着经济的发展而发展完善的。最早的控制主要着眼于保护财产的安全完整，会计信息资料的正确可靠，侧重于从钱物分管、严格手续、加强复核方面进行控制。随着商品经济的发展和生产规模的扩大，经济活动日趋复杂化，才逐步发展成近代的内部控制系统。

一般来说，企业资金的内部控制体系主要可以分为事前防范，事中控制和事后监督三个环节。

（1）事前防范 首先，企业需要建立一套严格的内控规章制度，包括《企业财务管理办法》、《企业预算管理暂行办法》、《资金计划管理办法》、《企业资

金授权审批管理办法》等一些与资金管理相关的制度。在企业的资金管理过程中，要合理设置职能部门，明确各部门的职责，各司其职，建立财务控制和职能分离体系。充分考虑不兼容职务和相互分离的制衡要求。各部门、各岗位形成相互制约、相互监督的格局。另外企业还应当建立严格的审批手续，授权批准制度，以减少某些不必要的开支。明确审批人对资金业务的授权批准方式、权限、程序、责任和相关控制措施，规定经办人办理资金业务的职责范围和工作要求。

（2）事中控制　事中控制主要体现在保障货币资金安全性、完整性、合法性和效益性资金安全性控制。其范围包括现金、银行存款、其他货币资金、应收应付票据的控制。主要方法有：账实盘点控制、库存限额控制、实物隔离控制等。

（3）事后监督　在资金管理过程中，除事前防范，事中控制环节之外，资金的事后监督也是必不可少的环节。

在每个会计期间或每项重大经济活动完成之后，内部审计监督部门都应按照有效的监督程序，审计各项经济业务活动，及时发现内部控制的漏洞和薄弱环节；各职能部门也要将本部门在该会计期间或该项经济活动之后的资金变动状况的信息及时地反馈到资金管理部门，及时发现资金的筹集与需求量是否一致，资金结构、比例是否与计划或预算相符，产品的赊销是否严格遵守信用政策，存货的控制是否与指标一致，人、财、物的使用是否与计划或预算相符，产品的生产是否根据计划或预算合理安排等。

这样既保证了资金管理目标的适当性和科学性，也可根据反馈的实际信息，随时采取调整措施，以保证资金的管理更为科学、合理、有效。同时，将各部门的资金管理状况与部门的业绩指标挂钩，做到资金管理的责、权、利相结合，调动资金管理部门和职工的积极性，更好地进行资金管理。

2. 内部控制的作用　内部控制主要是指内部管理控制和内部会计控制，内部控制系统有助于企业达到自身规定的经营目标。随着社会主义市场经济体制的建立，内部控制的作用会不断扩展。目前，它在经济管理和监督中主要有以下作用：

（1）提高会计信息资料的正确性和可靠性　企业决策层要想在瞬息万变的市场竞争中有效地管理经营企业，就必须及时掌握各种信息，以确保决策的正确性，并可以通过控制手段尽量提高所获信息的准确性和真实性。因此，建立内部控制系统可以提高会计信息的正确性和可靠性。

（2）保证生产和经管活动顺利进行　内部控制系统通过确定职责分工，严格各种手续、制度、工艺流程、审批程序、检查监督手段等，可以有效地控制本单位生产和经营活动顺利进行、防止出现偏差，纠正失误和弊端，保证实现单位的经营目标。

（3）保护企业财产的安全完整　财产物资是企业从事生产经营活动的物质基础。内部控制可以通过适当的方法对货币资金的收入、支出、结余以及各项财产物资的采购、验收、保管、领用、销售等活动进行控制、防止贪污、盗窃、滥用、毁坏等不法行为，保证财产物资的安全完整。

（4）保证企业既定方针的贯彻执行　企业决策层不但要制定管理经营方针、政策、制度，而且要狠抓贯彻执行。内部控制则可以通过袱定办法，审核批准，监督检查等手段促使全体职工贯彻和执行既定的方针、政策和制度，同时，可以促使企业领导和有关人员执行国家的方针、政策，在遵守国家法规纪律的前提下认真贯彻企业的既定方针。

（5）为审计工作提供良好基础　审计监督必须以真实、可靠的会计信息为依据，检查错误，揭露弊端，评价经济责任和经济效益，而只有具备了较全的内部控制制度，才能保证信息的准确，资料的真实，并为审计工作提供良好的基础。总之，良好的内部控制系统可以有效地防止各项资源的浪费和错弊的发生，提高生产、经营和管理效率，降低企业成本费用，提高企业经济效益。

15.2.3　标杆管理

1. 标杆管理的含义　标杆管理起源于20世纪70年代末80年代初。当时，日本的优秀企业成为了世界企业界的学习榜样。在美国学习日本的运动中，美国的施乐公司首先开辟了后来被他们命名为标杆管理的管理方式。经过长期的实践，施乐公司将标杆管理定义为：一个将产品、服务和实践与最强大的竞争对手或是行业领导者相比较的持续流程。其核心就是以行业最高标准或是以最大竞争对手的标准作为目标来改进自己的产品（包括服务）和工艺流程。

2. 标杆管理的特点　虽然标杆管理与常说的“学先进”极为相似，但仔细分析又有明显区别。

1）就控制方式而言，“学先进”属于外控式，往往按权力路线自上而下推动（“先进”通常是由领导发现、领导推荐、领导号召学习的）；而标杆管理则属于自控式，是组织内部为了摆脱困境、提高绩效、增强竞争力而实施的一种管理策略。

2）就对象而言，“先进”是由权威推荐、沿权力路线“下行”的。由于领导希望“先进”能适应各种类型组织的要求，因此所选样板往往比较全面、综合。而“标杆”则是由组织为解决自身的某个具体问题而自主设置的。设置“标杆”可能仅仅是为了使组织的某一程序更合理，也可能是探求解决问题的一种方法。“标杆”可以是一个，但通常会有三五个。所以，“标杆”往往比“先进”更有针对性、可学性。

3）“学先进”还停留在经验阶段，其技术线路比较粗糙，一般程序为：发现典型，总结经验，会议表彰，媒体宣传，上级部门号召，下级单位组织学习。至于怎样学习则是各单位自己的事。标杆管理则通常划分为两个阶段：对“标杆”的识别与引进。识别是组织根据自己的目标寻找适合自己学习的合作伙伴，判别并分析“标杆”的长处；而引进则是在与“标杆”进行比较的基础上，提出一份改进自身实践的方案，并付诸实施以提高绩效的过程。

4）“学先进”的重点放在对学习的推动上；而标杆管理则既重视对“标杆”的识别，又重视引进，其重点放在学习的过程与结果上。

5）“学先进”具有比较浓厚的政治色彩和很强的中国特色；而标杆管理则是纯粹管理学性质上的，比较注重技术性和操作性，讲究程序和方法。

可见，通常所说的“学先进”，更多的是在追求一种轰动效应和时尚，学的推动力来自外界，学的目的仿佛是为了学而学。而标杆管理，则是对拿来主义和挑战自我的完美结合，向标杆学习就是向最佳榜样学习。通过衡量标杆的优势与劣势，来制定自身的策略，学的动力来自内部，学的目的是为了完善自身，追求的是改善绩效。更为重要的是，它通过一整套科学、规范的实施操作程序，使这种学习变为一种常态的管理。

实施标杆管理为企业管理提供了一种有效的策略，它通过瞄准竞争的高目标，不断超越自己，超越标杆，追求卓越，从而使企业持续改善和不断优化。

3. 标杆管理的功能 作为一种管理策略，标杆管理在不到30年的时间里风靡世界，就是因为其在实际运用中取得了明显的成效，对各类组织工作绩效的提高起到了实实在在的作用。从理论上分析，标杆管理在企业管理实践中具有如下功能：

（1）提供绩效评估标准 就企业而言，标杆管理是识别最优秀企业教育与管理实践并予以引进学习的过程。通过对先进企业管理绩效及其具体指标的识别，企业可以认识到与标杆企业的差距，明确自身所处的位置和企业管理运作中需要改进的地方。

（2）有助于企业提高绩效、持续改进 标杆管理通过设定争取达到的目标来提高企业的管理效益。这种目标不仅有明确的含义，而且有实现的途径。这可以使企业坚信有办法使工作绩效达到最佳。此外，由于标杆管理可以为企业建立一套动态测量其投入与产出的现状与目标分类的方法，因此也就可以达到对企业的薄弱环节持续改进的目的。

（3）提供进行战略管理的工具 实施标杆管理迫使企业不能安于现状，必须不断去发现和应用适合企业的新战略，超越竞争者；迫使企业确定一个既有一定超前性、又具有可行性的战略定位，并制订适合企业的战略目标。

（4）促进组织的学习 标杆管理的一个重要功能在于通过树立“标杆”、与“标杆”进行比较来促进组织的学习，克服组织的不足，从而使企业成为学习型

组织。同时，确立“标杆”，也就确立了工作基准，它可以帮助教职工增强信心，确信自己的企业有更好的竞争与发展手段。

（5）挖掘增长潜力　经过一段时间的运作，任何企业都有可能将注意力集中在寻求增长与发展的内部潜力上，形成比较稳定的企业文化。通过与各类“标杆”的比较，不断追踪、把握外部环境的发展变化，更好地满足企业与社会的需求。

（6）有助于推动企业实施全面质量管理　标杆管理是任何全面质量管理活动的主要内容。企业要想知道其他企业为什么或怎样做得比自己更好，就必然要使用标杆管理的方法。标杆管理为企业全体员工尽心尽职提供了榜样与标准，由此使企业的全面质量管理落到实处。

（7）使企业真正实现创新发展　市场竞争的主题是创新，是如何确保自身的创新速度超过竞争对手。标杆管理恰好紧紧围绕创新这一主题，其涉及为获取竞争优势而搜寻、发现和实施创新的全过程。

4. 标杆管理的实施步骤　标杆管理并非是一种有固定程式的管理策略，在实践中，人们实施标杆管理也会有不同的步骤。但是作为一种有效的管理策略，标杆管理至少应包含以下几个基本环节：

（1）确定项目的目标和范围　在选择“标杆”或合作伙伴之前，企业必须确定以下事项的限度或范围：实施标杆管理的时限、能用于项目的经费、打算确定几项业绩标准、合作伙伴的数目、需要重新设定的内部程序的数量、标杆管理小组成员数及监督委员会的成员数。

（2）了解自己，实施标杆管理　这需要建立一个专门的组织机构，这个机构可称之为“标杆管理小组”。标杆管理小组要做的工作是，当项目目标明确后，首先要分析企业的内部程序，以便对目前的实际情况有透彻的了解。由此，标杆管理小组可以去揭示每项绩效评估标准背后的真正动力。这需要进行一系列的活动来实现。如仔细研究文件、与方案制订者交谈、拜访该项目工程主管及相关人员等。标杆管理小组成员还要研究该程序在功能领域实施的任务、目的和目标，并将正在研究的工作程序与合作目标或策略联系起来。最后，工作小组还需制定一份详尽的工作流程图，以展示工作程序中的每一步骤、关键点的定位、完成方式及各工序间的关系。

（3）选择并确定标杆管理合作伙伴　这是很关键的环节，可分为两步：①在尽可能大的范围内考察潜在的合作伙伴。考察对象应该是行业领先者，或某项程序最优者，也就是真正的“标杆”。具体方法是浏览文件、与各种社团接触、访问该领域的专家、关注媒体的宣传，以便不遗漏真正有价值的“标杆”，并搜集可用于标杆管理的足够信息。②确定合作伙伴。确定的标准是：标杆企业与企业具有较多的可比性或相似性；对象企业有合作的意向。当然，还要确定合作伙伴的数量，标杆企业可以不止一个。

（4）选择绩效评估标准，收集相关数据　仔细挑选一整套易于理解且具有普遍性的评估标准。比较越仔细、精确，所得的数据就越可靠、有效。确定评估标准后，还要收集两方面的数据：①组织内部的数据。②合作伙伴的相关数据。数据要确保可靠性，即有效、可信。

（5）进行差距分析　将企业绩效与标杆企业进行比较，从而找出造成差距的原因。项目主持人和标杆管理小组成员都要有接受令人不快结果的心理准备。要把结果反映给决策层，同时通报给合作伙伴，与其分享信息。

（6）引进他人做法缩小差距　这是标杆管理最具实质性的一步。标杆管理就是要通过分享他人的知识来提高自己。但是，引进绝不是照抄照搬，而要运用“借鉴—改造—采纳”的程序，不仅允许，而且必须对标杆企业的做法作适当调整，使之更适合企业的组织结构和文化。

（7）监察与修订　改进效果如何需作监察，监察的内容主要有两点：①与合作伙伴的差距是否缩小。②缩小的速度如何。倘若结果不甚理想，则可在调查基础上修订绩效评估标准，然后重新回到第六步。

自我测试

一、单项选择题

1.（　　）是指在每年预算年度开始时，将所有还在进行的管理活动都看做从零开始，根据组织目标对现有的每项活动重新审查。

A. 弹性预算　　B. 零基预算　　C. 项目预算　　D. 固定预算

2.（　　）是通过对各种可能的方案进行费用效果分析，选取实现目标最佳途径的预算方法。

A. 弹性预算　　B. 零基预算　　C. 项目预算　　D. 固定预算

3. 体现在保障货币资金安全性、完整性、合法性和效益性资金安全性控制主要是（　　）。

A. 事前防范　　B. 事中控制　　C. 事后控制

4.（　　）是反映现实的利润在销售利润收入中所占的比重。

A. 资本金利润率　　B. 成本费用利润率

C. 销售利润率

二、多项选择题

1. 根据控制在执行过程中发生作用的时段，人们将控制工作分为（　　）。

A. 事前控制　　B. 成本控制　　C. 财务控制　　D. 现场控制

E. 反馈控制

2. 预算工作中的不利倾向包括（　　）。

A. 预算过于详细　　B. 预算目标取代了组织目标

C. 预算使工作效能低下　　D. 预算缺乏灵活性

E. 预算过于频繁

三、案例分析

程某是一家有一定规模的中小企业的经营者，这几年在艰难的创业过程中渡过了一个又一个难关、克服了一个又一个困难，及时抓住了市场机遇，使企业在很短的时间内得以迅速成长壮大。但是，随着企业规模的不断扩大，管理上常显得捉襟见肘：比如，明明账上有利润，但在接一项重要订单时，突然发现资金周转不过来；又如在进行某一业务时，总认为会有一定的利益，但结果又往往与预想不符。

李某经营一家化工厂，生意做得红红火火的，有了一定的资金积累。这几年看到房地产赚钱，于是投资办了一家房地产公司，但楼盖到一半，突然发现钱不够用。原因是每一项工程费用都超出计划费用，原已筹集的资金已不敷使用，而银行看到该公司停工，也不再贷款，原来的贷款又到了期，李某焦头烂额。

以上两个例子的发生原因是什么？产生这些问题的症结到底在哪？

四、实践练习

请结合你身边一个较熟悉的企业，根据企业当前的目标帮其设计一个财务预算控制方案。

参考文献

[1] 周三多，陈传明，鲁明泓．管理学原理与方法［M］.5 版．上海：复旦大学出版社，2009.

[2] 斯蒂芬 P 罗宾斯，玛丽·库尔特．管理学［M］.7 版．毛蕴诗，译．北京：中国人民大学出版社，2004.

[3] 孙永正．管理学［M］. 北京：清华大学出版社，2003.

[4] 张德，曲庆 .2002 清华 MBA 联考清华辅导教材管理［M］. 北京：清华大学出版社，2002.

[5] 刘明珠．管理学（MBA 联考）［M］. 北京：北京大学出版社，2003.

[6] 吴志清．管理学基础［M］. 北京：机械工业出版社，2007.

[7] 冯拾松，赵红英．管理学原理［M］. 北京：机械工业出版社，2010.

[8] 袁雪峰 . RJ 公司激励体系建构研究［D］. 济南：山东大学管理学院，2006.

[9] 尤利群．管理学［M］. 杭州：浙江大学出版社，2009.

[10] 李国政．管理学［M］. 北京：北京交通大学出版社，2009.

[11] 张双喜，白景坤．管理学［M］. 北京：北京理工大学出版社，2009.

[12] 汪洁，丁皓．管理学基础［M］. 北京：清华大学出版社，2009.

[13] 黄琳胤，曲建国，禹智波．管理学原理［M］. 北京：清华大学出版社，2009.

[14] 乔颖丽．管理学原理［M］. 北京：清华大学出版社，2009.

[15] 杨善林．企业管理学［M］. 北京：高等教育出版社，2004.

[16] 徐君．企业战略管理［M］. 北京：清华大学出版社，2008.

[17] 邵一明．战略管理［M］. 北京：中国人民大学出版社，2009.

[18] 谢和书．现代企业管理［M］. 北京：北京理工大学出版社，2009.

[19] 陈维政．人力资源管理［M］. 北京：高等教育出版社，2006.

[20] 朱秀文．管理学教程［M］. 天津：天津大学出版社，2004.

[21] 王晓君．管理学［M］. 北京：中国人民大学出版社，2004.

[22] 徐子健．管理学［M］. 北京：对外经济贸易大学出版社，2002.

[23] 张满林．管理学理论与技能［M］. 北京：中国经济出版社，2010.

[24] 余凯成，程文文，陈维政．人力资源管理［M］. 大连：大连理工大学出版社，2001.

[25] 黄煜峰，荣晓华．管理学原理［M］. 大连：东北财经大学出版社，2007.

[26] 陈树文．组织管理学［M］. 大连：大连理工大学出版社，2005.

[27] 陈鸿雁．管理心理学［M］. 北京：北京交通大学出版社，2008.

[28] 戴淑芬．管理学教程［M］.2 版．北京：北京大学出版社，2005.

[29] 傅夏仙．管理学［M］. 杭州：浙江大学出版社，2007.

[30] 王重鸣．管理心理学［M］. 北京：人民教育出版社，2004.

[31] 迈克尔·贾勒特．强化组织变革的适应力［J］. 中欧商业评论，2009（4）.

[32] 霍长线．企业组织变革阻力及相应措施［J］. 魅力中国，2009（28）.

[33] 杨晓春. 企业生命周期与组织变革 [J]. 河北职业技术学院学报, 2006 (6).

[34] 戴春禄. 管理学基础 [M]. 哈尔滨: 黑龙江科学技术出版社, 2006.

[35] 林根祥. 管理学基础 [M]. 武汉: 武汉理工大学出版社, 2006.

[36] 张国忠, 魏颖辉. 管理学基础 [M]. 北京: 北京航空航天大学出版社, 2007.

[37] 蒋永忠, 张颖. 管理学基础 [M]. 大连: 东北财经大学出版社, 2006.

[38] 李明芹. 管理学基础 [M]. 东营: 中国石油大学出版社, 2005.

[39] 王春利, 李大伟. 管理学基础 [M]. 北京: 首都经济贸易大学出版社, 2001.

[40] 杨观敏. 管理学基础与应用 [M]. 北京: 中国农业出版社, 2005.

[41] 仲岩, 卢海涛. 管理学基础 [M]. 武汉: 武汉理工大学出版社, 2007.

[42] 李健. 现代管理学基础 [M]. 大连: 东北财经大学出版社, 2006.

[43] 张满林. 管理学理论与技能 [M]. 北京: 中国经济出版社, 2010.

[44] 沈力杰. 领导科学 [M]. 北京: 人民日报出版社, 2007.

[45] 陈鸿雁. 管理心理学 [M]. 北京: 北京交通大学出版社, 2008.

[46] 周菲. 组织行为咨询与诊断 [M]. 北京: 中国经济出版社, 2003.

[47] 秦言. 部门经理手册 [M]. 北京: 中国商业出版社, 2002.

[48] 姚裕群. 团队建设与管理 [M]. 北京: 首都经济贸易大学出版社, 2006.

[49] 王绪君. 管理学基础 [M]. 北京: 中央广播电视大学出版社, 2008.

[50] 邹晓春. 沟通能力培训全案 [M]. 北京: 人民邮电出版社, 2008.

[51] 李建军, 俞慧霞. 与客户有效沟通的 N 个技巧 [M]. 北京: 中国纺织出版社, 2006.

[52] 马蒂·布朗斯坦. 有效沟通 [M]. 北京燕清联合传媒管理咨询中心, 译. 北京: 机械工业出版社, 2004.

[53] 迈克尔·波特. 麦肯锡最佳管理: 1980 ~ 1994 年麦肯锡一等奖 [M]. 薛有志, 译. 长春: 长春出版社, 2003.

[54] 大卫·厄温. 有效沟通的第一本书 [M]. 熊金才, 译. 汕头: 汕头大学出版社, 2004.

[55] 侯光明. 管理激励与约束 [M]. 北京: 北京理工大学出版社, 1999.

[56] 刘正周. 管理激励 [M]. 上海: 上海财经大学出版社, 1998.

[57] 汪雪兴. 管理心理学 [M]. 上海: 上海交通大学出版社, 2004.

[58] 理查德·丹尼. 激励为王 [M]. 王龙, 译. 北京: 海峡文艺出版社, 2003.

[59] 袁声莉. 经济转型期企业员工激励模式研究 [M]. 北京: 中国财政经济出版社, 2005.

[60] 张雁. 管理学原理 [M]. 北京: 中国人民大学出版社, 2000.

[61] 单凤儒. 管理学基础 [M]. 北京: 高等教育出版社, 2001.

[62] 叶萍. 管理学基础 [M]. 北京: 电子工业出版社, 2007.

[63] 陈嘉莉. 管理学原理与实务 [M]. 北京: 北京大学出版社, 2008.

21世纪高职高专规划教材书目（经管、财会和文法类）

（有＊的为普通高等教育“十一五”国家级规划教材，有＊＊的为普通高等教育国家级精品教材并配有电子课件）

＊高等数学（经管类用）
应用文写作
应用文写作教程
经济法
经济法实务
经济学概论
计算机文化基础
文献信息检索教程（第2版）
创新能力考试指导
＊现代教育技术
大学生身心健康教育
职业院校学生心理健康
心理学原理与应用

法律基础
＊现代教育技术
法律基础概论
税法
税法实务
税收法律与案例分析
行政法
＊办公自动化技术
电子商务
＊电子商务概论
计算机网络技术

＊管理学原理（第2版）
管理学基础
管理信息系统
管理实践指南
企业经营管理
统计学
统计学及统计实务
项目管理
金融学概论
金融学基础

宏观经济学
宏观经济学——原理、案例与应用
＊流通经济学（第2版）
西方经济学
微观经济学

国际投资
国际贸易实务
国际贸易理论与实务
国际金融
国际商务谈判
国际货运代理实务
外经贸英语函电
外经贸英语信函写作
外贸英语函电与单证
商务英语函电（第2版）
＊商务英语口语
商务英语口语教学指要
英语翻译
英美概况
港口物流实用英语

＊推销学（第2版）
消费心理学
消费心理学及实务
市场营销学
现代市场营销学
市场营销实务
营销策划项目教程
网络营销
公司理财项目教学案例
＊汽车营销学
汽车营销实务
汽车保险与理赔

保险学
保险实务
＊证券投资学（第2版）
证券交易实务（第2版）

＊中国税收（第2版）
中国税制及实务处理
中国税收及策划
审计学
审计实务
公司理财项目教学案例
公共关系原理及实务
秘书学原理及实务
档案管理学

会计基础
基础会计
＊＊基础会计学
财务管理
管理会计
财务会计
成本会计
管理会计
会计电算化
企业财务管理
会计模拟实务
财务会计综合模拟实训教程
＊财务报表分析（第2版）

＊广告学概论（第2版）
广告文案写作
旅游学概论
中国旅游地理
饭店财务与管理
餐饮服务与管理

现代物流基础
物流技术基础
物流仓储与配送
物流管理
物流运输管理与实务

＊房地产开发与经营（第2版）